玛雅通史

全彩图文第十版

〔美〕**迈克尔·D. 科** MICHAEL D. COE

〔美〕**斯蒂芬·休斯顿** STEPHEN HOUSTON 著

张炜晨 译

THE MAYA

TENTH EDITION

北京联合出版公司
Beijing United Publishing Co., Ltd.

玛雅通史（全彩图文第十版）

[美] 迈克尔·D. 科
[美] 斯蒂芬·休斯顿 著
张炜晨 译

图书在版编目（CIP）数据

玛雅通史：全彩图文：第十版 / (美) 迈克尔·D.科, (美) 斯蒂芬·休斯顿著；张炜晨译. -- 北京：北京联合出版公司, 2024.4
ISBN 978-7-5596-7351-0

Ⅰ.①玛… Ⅱ.①迈…②斯…③张… Ⅲ.①玛雅文化—文化史 Ⅳ.①K731.2

中国国家版本馆CIP数据核字(2024)第006742号

THE MAYA Tenth Edition

by Michael D. Coe, Stephen Houston

Published by arrangement with Thames & Hudson Ltd, London
The Maya © 1966, 1980, 1984, 1987, 1993, 1999, 2005 and 2011 Michael D. Coe
The Maya © 2015 and 2022 Michael D. Coe
Revised and updated in collaboration with Stephen Houston
This edition first published in China in 2024 by United Sky (Beijing) New Media Co., Ltd, Beijing
Simplified Chinese edition © 2024 United Sky (Beijing) New Media Co., Ltd
All rights reserved.

北京市版权局著作权合同登记号 图字：01-2024-0439号
审图号：GS（2023）3986号
本书地图系原书插附地图

出 品 人	赵红仕
选题策划	联合天际·社科人文工作室
责任编辑	管 文
特约编辑	宁书玉
美术编辑	梁全新
封面设计	孙晓彤

出 版	北京联合出版公司 北京市西城区德外大街83号楼9层 100088
发 行	未读（天津）文化传媒有限公司
印 刷	北京华联印刷有限公司
经 销	新华书店
字 数	370千字
开 本	889毫米 × 1194毫米 1/16 22.25印张
版 次	2024年4月第1版 2024年4月第1次印刷
ISBN	978-7-5596-7351-0
定 价	128.00元

关注未读好书

客服咨询

目录

前言

　　自1966年《玛雅》[1]首版问世以来，已经过去很多年了。彼时，作者迈克尔·D. 科认为时机已经成熟，应该为玛雅文明撰写一本简明扼要，同时相当准确完备的书，供学生、旅行者和对此有兴趣的大众读者参考。这本书最好便于携带，这样当人们参观令人惊叹的玛雅遗址时，就可以随时从背包里拿出来阅读。在此后所有的版本中，迈克尔一直秉承着这一宗旨。随着玛雅文字被逐步破译，从前沉默不语的铭文吐露秘密，玛雅人这才有机会用自己的声音来讲述属于他们的故事。为此，迈克尔·D. 科邀请他以前的学生，也是玛雅文字和社会学权威斯蒂芬·休斯顿与自己合作，一同编写新版《玛雅》。这恰好形成了一个完美循环：当年正是这本书吸引休斯顿投入对玛雅文明的研究。然而，就在《玛雅》第十版的筹备过程中，迈克尔·D. 科离世了，享年九十岁。他曾在危地马拉和墨西哥发掘了奥尔梅克文明和其他早期文明遗址，并利用文字和图像破解了玛雅人的信仰体系，成为古代中美洲和玛雅研究领域的领军人物，还因撰写了大量广受好评的书籍和文章而闻名。迈克尔·D. 科培养了许许多多的学生，展现出今人难以企及的渊博学识和专业素养。本书充分体现出他勇于探索的精神，以及对古往今来全体玛雅人的敬意。这个民族辉煌灿烂的历史在本书中也得以彰显。与此同时，休斯顿借助最新版本的修订来缅怀迈克尔·D. 科，纪念这位令人钦佩的老友。

　　在过去几十年里，对玛雅文明的研究可谓日新月异，几乎每周都有新发现公布，尤其是在每年5月的旱季尾声，研究成果总会接踵而来。基于对玛雅文字和图像的全新探索，且得益于激光雷达（激光成像、探测和测距）、年代测定、古代食物研究等领域的技术进步，考古学家在墨西哥、危地马拉、伯利兹和洪都拉斯等地纷纷取得了重大进展。我们现在对根据王宫所在地来鉴别不同玛雅社会的方法有了相当深刻的了解。逐渐进入我们视野的还有科潘和埃尔佐茨等古城的"开拓之父"，以及他们的故乡。学者们发现卡拉克穆尔的历史角色比

1　此处为本书原书名*The Maya*直译。——编者注

早期研究人员想象的重要得多。不仅如此，他们还认识到伯利兹沿海地区具有相对独立的地位，尤卡坦半岛存在独特的发展轨迹，缺乏铭文记录的地区也有着不同性质的社会形态。考古学家在危地马拉的塞巴尔、塔巴斯科的阿瓜达菲尼克斯及其他地区发掘出玛雅文明早期遗址，恢宏庞大的纪念性建筑群让所有人瞠目结舌。此外，遗传学方面也取得了新进展。研究人员还找到了玛雅地区最早的人类居住遗址，以及玛雅人同来自墨西哥特奥蒂瓦坎的异族人有往来的进一步证据。最重要的是，人们对过去学术界经常忽视的人群，如妇女和下层人士有了更多了解，而早前，国王和贵族才是学术研究关注的对象。我们对贸易活动和农业生产有了新认知，这使人们以截然不同的眼光看待古代玛雅社会。专家学者亦同玛雅人的后裔展开了更为密切的合作。然而，有一些谜题依然悬而未决：玛雅前古典期的社会性质和发展过程是怎样的？危地马拉高地的玛雅族群有哪些特征？古典期和后古典期之间的过渡时期到底出现了哪些事件，紧接其后又发生了什么？这些问题仍待解答。有早期理论认为，其他民族也曾深度融入玛雅历史。现在，旧理论得到了新证据支持，并再度流行起来。从古至今，玛雅人从未与世隔绝。

写作过程中，许多同僚为我们提供了建议，分享自己的学识，其中包括已经去世的学者，特别是玛雅古代定居点和景观研究领域的先驱温迪·阿什莫尔、对特奥蒂瓦坎文明无所不通的智贤乔治·考吉尔，还有推动玛雅研究发展的关键人士乔治·斯图尔特。本书第九版的许多匿名评论者提出了很多改进意见，编辑马克·萨普韦尔也贡献良多。汤姆·加里森、斯科特·赫特森、猪俣健、基思·普鲁弗、安德鲁·谢勒、特拉维斯·斯坦顿、卡尔·陶贝对本书内容和结构提出了具体意见，给予我们很大帮助。我们还从特拉奇·阿登、杰米·阿韦、蒂姆·比奇、谢里尔·比奇、德米特里·别利亚耶夫、杰弗里·布拉斯韦尔、因加·卡尔文、马塞洛·卡努托、拉蒙·卡拉斯科、阿伦·蔡斯、奥斯瓦尔多·钦奇利亚·马萨列戈斯、约翰·克拉克、阿琳·科尔曼、弗朗西斯科·埃斯特拉达-贝利、尼古拉斯·邓宁、查尔斯·戈尔登、莉兹·格雷厄姆、克里斯托弗·黑尔姆克、希瑟·赫斯特、布兰登·詹姆斯·贾斯廷·詹宁斯、哈里·凯图宁、丹尼·劳、罗德里戈·连多·斯图亚多、卡米洛·卢伊、西蒙·马丁、玛丽·米勒、尚蒂·莫雷尔-哈特、乔尔·帕尔卡、伊丽莎白·帕尔默、豪尔赫·佩雷斯·德·拉腊、蒂莫西·皮尤、威廉·林格尔、罗布·罗森斯威格、弗兰考·罗西、费尔南达·萨拉萨尔、安德鲁·谢勒、阿玛拉·索拉里、大卫·斯图尔特、卡尔·陶贝、亚历山大·托可维宁、马克·岑德尔、雅罗斯瓦夫·拉瓦卡等学者处收集到了新资料。本书如出现错误，责任完全在我们。

关于单词：本书中，闭塞辅音用紧接其后的撇号表示（如"k'ahk'"，即"火"）。新规则中唯一的例外是那些在文献中已约定俗成、为学生和游客熟知的遗址名称，如果改变拼写，可能会造成混淆（如"Tikal"，即"蒂卡尔"，按理应该写为"Tik'al"）。元音则始终和西班牙语的发音大致相同。长元音用双字母表示，如"muut"（鸟）。这一特征与其他发音规则在玛雅文字体系中都有体现。

非闭塞辅音的发音与英语大致相同，但有以下例外：

' ：喉塞音（位于词首或两个元音之间），类似于英语单词"button"或"cotton"中"tt"的美式发音；

h ：喉擦音，同英语中的"h"发音；

j ：软腭擦音，同作曲家巴赫姓氏（Bach）的最后一个辅音发音；

q ：舌后塞音，类似喉音"k"，仅限于高地玛雅语；

tz ：清齿擦辅音，发音时舌尖紧贴在牙齿后面；

x ：同英语中的"sh"发音。

读者将在本书中接触一些纳瓦特尔语单词。纳瓦特尔语是阿兹特克帝国的通用语言，也在西班牙征服时期广泛用于贸易交流（近期研究表明，纳瓦特尔语受到了其近支语言匹普语的影响）。纳瓦特尔语中的名称是根据16世纪征服者使用的语言以罗马字母转录的。同玛雅语名称一样，纳瓦特尔语名称没有重音标识，因为两者的重读位置都有规律：玛雅语单词通常在最后一个音节重读，而纳瓦特尔语单词在倒数第二个音节重读。还要注意的是，最近征询当地人意见后，研究人员发现各种玛雅语的名称也有变化，本书结合语言学家丹尼·劳的建议做出了修改（**图1.8，1.9**）。可这也会导致混淆，比如"Yukatekan"（尤卡特坎语）指的是一系列语言的集合，而"Yucatecan"（尤卡坦）则指一个地区。

读者可能很想知道，本书字里行间那些听起来颇有异国情调的古城和考古遗址名称源自何处。其中一些的确出自真正的尤卡坦玛雅语，使用于殖民时期早期的尤卡坦半岛，比如乌斯马尔、奇琴伊察、科巴、图卢姆等，但它们也可能不是这些地方的原名。尤卡坦半岛的阿坎塞、埃克巴兰姆、玛雅潘则肯定是这些地方最初的名字。其他一些地名显然源于西班牙语，如彼德拉斯-内格拉斯（西语中意为"黑岩石"）、塞巴尔（木棉之地）、帕伦克（设防之地）、纳兰霍（橘子树）、埃尔米拉多（鸟瞰之地）等。也有不少地名是考古学家根据玛雅语自创的，并不一定准确，包括博南帕克、乌夏克吞、苏南图尼奇、卡米纳胡尤、阿巴赫塔卡利克等。近期对碑文的研究表明，位于佩滕地区的亚萨哈遗址在古典期就叫这个名字，尤卡坦半岛上的埃克巴兰城亦是如此。不过研究也发现，蒂卡尔的古代名称其实是"穆特"，而帕伦克的则是"拉卡姆哈"。随着玛雅文字研究继续推进，其他古城的原名肯定也会浮出水面。

将用放射性碳测年法测定的年代与公元纪年准确关联起来的工作已经取得了重大进展。对狐尾松的树轮年代学研究显示，一旦到公元前700—前800年之前，"真实"年代与放射性碳测年法测定的年代之间的偏差就会越来越大，到公元前4500年，最大偏差达到了800年左右。在过去几年里，研究人员在通过放射性碳测年法校准玛雅历史年表方面亦实现了突破，尤其是利用贝叶斯统计方法对放射性碳年代数据做加权或排除计算，以此得到了更为精准的结果。猪俣健等人应用此法，令人信服地排除了那些不合理的样本，并将不同类型的证据（如陶器）相互联系起来。基于此，我们选择摒弃在本书之前的版本中使用的方法，转而主要使用公元纪年法。也就是说，玛雅古典期（约公元250—900年）的年表实质上不受放射性碳测年法影响，而取决于玛雅长纪历与欧洲基督教公历之间的关联是否准确。本书采用西蒙·马丁和乔尔·斯基德莫尔提出的玛雅历-公历关联理论（专家口中的"584286常数法"）[1]。所有对应的欧洲基督教公历日期均以格里高利历表示。最后，关于图表的说明：读者在书中括号内看到的数字均与内文图表一一对应。

---

1 粗略统计，有50种不同的玛雅历和公历转换系数，时间相差从数天至数个世纪不等。常数法是从儒略周期的起点（公元前4713年）开始计算，至玛雅创世日期所经过的天数。按以前流行的古德曼-马丁内斯-汤普森（GMT）理论，创世日期为公元前3114年8月11日，据儒略周期起点584283个儒略日，所以GMT又称"584283常数"。除了GMT外，还有"584285常数"，以及本书采用的"584286常数"等理论。比如所谓的玛雅"世界末日"预言（当然是现代人牵强附会出来的无稽之谈），若用未修正的GMT"584283常数"计算，"末日"为2012年12月21日，若按本书采用的"584286常数"法，则为2012年12月24日。因此如读者用不同的历法换算器计算，结果可能会因为基准常数不同而有差异。——本书无原注，除有特殊标注，脚注均为译者注

年代表

校准年代	时期	南部地区		中部地区	北部地区	重要事件及发展成就
		太平洋沿岸	南部地区			
公元前3000年 公元前1800年	远古期	- - - - - - - 尚图托		伯利兹远古期遗址		狩猎、捕鱼、采集 部分玉米种植
公元前1000年	前古典期早期	巴拉 罗科纳 奥科斯 切尔拉 夸德罗斯				村庄起源，陶器，小型雕刻（像） 出现不平等社会 奥尔梅克文明对太平洋沿岸地区产生了早期影响
公元前300年	前古典期中期	乔科塔尔 康克斯	阿雷瓦洛 拉斯查尔卡斯	库尼尔地层 马蒙		最早的低地玛雅村落 阿瓜达菲尼克斯和塞巴尔 纪念性建筑和图像艺术广为传播 开创文字系统
公元250年	前古典期晚期	克鲁切罗 伊萨帕风格	米拉弗洛雷斯 圣克拉拉 奥罗拉	奇卡内尔 霍穆尔1 马萨内尔		低地大型金字塔式建筑，圣巴托洛 低地第一块记录日期的玛雅石碑，蒂卡尔
公元600年	古典期早期	蒂基萨特	埃斯佩兰萨	扎卡尔 1 2 3	区域风格 阿坎塞	特奥蒂瓦坎人入侵及影响 卡拉克穆尔实现霸权
公元800年	古典期晚期		阿玛特尔-潘普洛纳	特佩乌 1 2	早期科巴	人口最多时期 博南帕克壁画
公元925年	古典期终期	科特苏马尔瓜帕	昆桑托	巴亚尔/ 特佩乌3	普克	古典玛雅崩溃，普顿崛起 奇琴伊察全盛期
公元1200年	后古典期早期	铅釉陶器 托希尔	阿亚姆普克		奇琴 托尔特克	托尔特克文明与玛雅文明在尤卡坦地区相互融合
公元1530年	后古典期晚期	索科努斯科 阿兹特克	米克斯科别霍	塔亚索	玛雅潘 独立城邦	玛雅潘联盟 高地城邦 西班牙征服

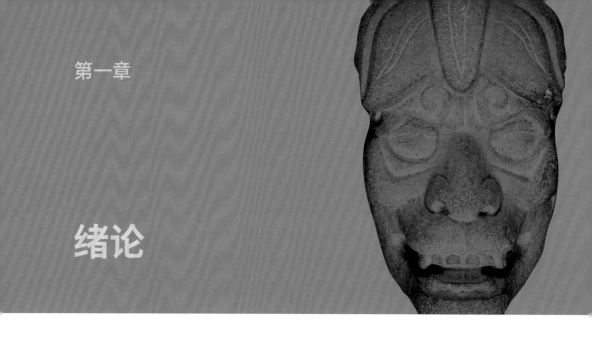

第一章

绪论

　　玛雅人并没有消失，他们人口超过600万，是秘鲁以北最大的单一美洲原住民族群。玛雅人的凝聚力一直在增强，如果说他们过去并不把自己的民族视为一个整体（学术界可能过分强化了其统一性），那么现在，他们对泛玛雅身份的认同感比之以往任何时候都强烈。

　　除了人口众多，玛雅人在地理上的凝聚程度也非常引人注目。与墨西哥和中美洲其他更分散的土著族群（不包括瓦斯特克人，亦称提奈克人）不同，玛雅人在16世纪西班牙征服时期被限制在了一个完整、连续的区域内，包括尤卡坦半岛、危地马拉、伯利兹、墨西哥塔巴斯科州和恰帕斯州的部分地区，以及洪都拉斯和萨尔瓦多的西部地区（图1.1）。

　　世界上很少有地方如玛雅地区这样，其中的社会语言、视觉艺术和物质文化都如此一致：只要围着过去几个世纪里说玛雅语的族群所在地画一个圈，圈里所有考古遗址和文字就都属于古玛雅文明。置身于纷杂的语言和社会之中，文化上却还能保持相对同质性，这说明玛雅人并没有遭受其他族群侵袭。比如阿兹特克人，他们与玛雅人建立了紧密的贸易关系，但从未将自己的帝国疆域扩展到对方领土之上。不过，玛雅人可能同美洲其他族群一直保持交流，而且各族群在各自的发展过程中也深刻地相互影响。只要检视古典期早期的玛雅文明与墨西哥谷地上庞大的特奥蒂瓦坎城之间的关系，这一点就一目了然。

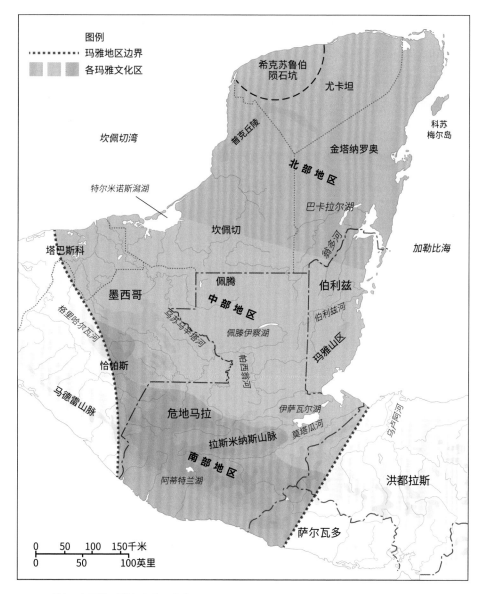

1.1 玛雅地区主要地形特征和文明分布

在前西班牙征服时期，玛雅文明属于被人类学家称为中部美洲[1]的地理区域，其北部边界与墨西哥农耕区边界大致重合。不过也有一些学者将这一地区的范

---

1 "中部美洲"（Mesoamerica）是历史和文化概念上的地区，范围与现有的国界或单一民族区并不吻合，包括现墨西哥大部分地区、伯利兹、危地马拉、萨尔瓦多全境以及洪都拉斯、尼加拉瓜、哥斯达黎加的部分地区。奥尔梅克文明、玛雅文明、阿兹特克文明都属于这一地区。前文中出现的"中美洲"（Central America）则是一个地理概念，指美洲大陆中部地区，包括危地马拉、伯利兹、萨尔瓦多、洪都拉斯、尼加拉瓜、哥斯达黎加和巴拿马等七个国家。

围扩展出去，使其甚至包括美国西南部的大部分地区。东南方向上，中部美洲从加勒比海一直延伸到太平洋，囊括了现在的洪都拉斯和萨尔瓦多。前征服时期晚期，哥斯达黎加的西北地区在文化上似乎也是中部美洲的一部分。一般而言，正是这条东南边界将玛雅人与其他说着不同语言、有着截然不同的生活方式及物质文化的族群区分开。中部美洲的所有文明或多或少拥有一些当地特有的共同特征，这在美洲其他地区的文明中即便有也十分罕见。这些特征包括：文字；无花果树皮或鹿皮制成的屏风状折叠书册；复杂深奥的天文历法；对行星（尤其是金星）在动态星空背景中运动的精确认识；在专门场地举办的橡胶球比赛；提供各种商品和服务的市场；挖心斩首的人祭仪式；热衷于从耳朵、舌头或阴茎放血的自我献祭；王朝统治制度；极其复杂的泛神论宗教信仰，崇拜对象包括自然神以及象征王室血统的神灵等。所有中部美洲的宗教信仰都设定了"宇宙"诞生至毁灭的周期，而且这个宇宙的四个方位和中心各自拥有特定的颜色、树木和神祇。数千年来，人类就在这片土地定居，各个族群之间有着密切的互动和交流，一直持续到征服时期及之后。

尽管玛雅低地和高地的生活方式存在巨大差异，但中部美洲共同的饮食基础都是玉米、豆类、辣椒和南瓜这四种古老的食物，直至今日依然如此。可可是不可或缺的调味品，能有效提升生活品质。当然，在前征服时期，从美国西南部到秘鲁也能发现这些食物的身影。有些农作物（如玉米）尽管最初在墨西哥驯化，但似乎是在传入南美洲后才充分发挥出它们滋养庞大人口的潜力。可可最早也是在南美洲驯化的。然而，中美洲人食用玉米的方法非常独特：他们首先将成熟的硬玉米粒投入熟石灰水中煮沸，制成玉米糁，接着将糁置于磨盘上，用手磨研磨，然后捏成未发酵的面团，之后就可蒸熟为玉米粉蒸肉（或称墨西哥粽），还可以制成一种被西班牙人称为"托尔提亚"（tortilla，原意为"小圆饼"）的薄饼。后者可能在前征服时期晚期从墨西哥传入玛雅地区，其烹制特点是需要将三块石头搭成炉灶，然后在架于其上的黏土烤盘上烙制。

玉米糁的加工方式虽然十分奇怪，但其重要性无论怎么强调都不过分。由于玉米天然缺乏人体必需的氨基酸和烟酸（一种B族维生素），倘若人只食用未经处理的玉米，便会营养失调，极易患上糙皮病（一种维生素缺乏症），导致痴呆，甚至死亡。玉米经石灰（中部美洲和美国西南部）或灰烬（北美洲）处理后，可增强人体内必不可少的氨基酸平衡，将原本无法获取的烟酸从食物中释放出来。如果没有这项技术发明，人类就不可能在中部美洲定居。高产的玉米品种还推动了人口大规模增长，此话题将在第二章和第三章中探讨。

鉴于中部美洲不同文明之间存在诸多相似之处，人们得出结论：它们必然有着同一起源，只是年代过于久远，可能永远无法通过考古发掘证明。然而，考古学家一致认为早在3000多年前，墨西哥南部的奥尔梅克文明就已经在历经数百年的创新基础上完善了这些文化特征。我们有理由认为，中部美洲各文明的精英阶层在许多个世纪里一定存在活跃的思想和物质交流，只是有些时期较强，有些时期较弱罢了。这一现象本身也使各地区在独立发展的同时形成了共有的风俗习惯。正是在这样一个可靠的粮食供应体系和文化交流环境中，玛雅文明诞生了。

生态环境

地球上很少有地方像中部美洲那样拥有如此丰富的地形地貌，从白雪皑皑的火山之巅到炎热干旱的沙漠腹地，再到多雨潮湿的热带丛林，囊括了几乎所有极端生态环境。玛雅地区位于这片土地的东南角，与其所处的大环境相比，这里的环境变化要小一些，没有高海拔苔原，沙漠也被限制在内格罗河上游、莫塔瓜河中游以及尤卡坦西北部荆棘森林附近的狭长地带。这一地区的热带森林面积比墨西哥（玛雅地区以外的部分）更为广阔，但随着过度开发，这句话或许应该加上"曾经"二字。

玛雅人生活的土地由两种泾渭分明的自然环境构成：高地和低地。这两部分在地质构造、动植物生态、人类社会形态等方面都有着很大区别。根据定义，海拔1000英尺（304.8米）以上的地区为玛雅高地（图1.2），主要由死火山和活火山组成。连绵的火山从墨西哥恰帕斯州东南部蜿蜒向南，直至中美洲南部，有些火山的高度超过了1.3万英尺（3962.4米）。这条巨大的山脉主要由第三纪和更新世的火山大喷发形成，留下了厚度达数百米的浮岩和火山灰覆盖层，其上是薄薄的土层，有些部分也分布着塞满肥沃土壤的深孔洞。经过数千万年的雨水冲刷和侵蚀，山脉形成了高度割裂的地貌景观。陡峭的山脊之间散布着峡谷沟壑，也有一些相对宽阔的山谷，如危地马拉城以及克萨尔特南戈、科米坦等城镇所在的地区，长期以来一直是玛雅人重要的聚居中心。火山山脉北部有一条更古老的火成岩和变质岩带，再往后是第三纪和白垩纪的石灰岩带，孤立于东北部的玛雅山区的地层则基本上生成于古生代。

高地降水主要依赖雨季，大约从每年5月持续至11月初。信风裹挟着风暴从大西洋和加勒比海地区吹来，每年这段时间，高地地区受到的日照也最强烈。高地和低地的雨季有两个高峰，降雨量在6月和10月达到峰值。就高地而言，降雨量最大地区是墨西哥恰帕斯州和危地马拉的太平洋斜坡[1]地带。由于潮湿气候利于可可生长，该地区在前征服时期以盛产可可而闻名。不过一般来说，玛雅高地的降水量并不会比北欧温带国家多。

高地植物群落随土壤和地形不同而异。在干燥的山坡和山脊顶部，松树和草本植物占主导地位，而橡树则在地势较低的潮湿山谷中繁茂生长。与低地相比，高地的野生动物种群并不算特别丰富，但这可能是人类密度过大所致。

1　太平洋斜坡位于美洲大陆分水岭以西，地势向下延伸到太平洋。在北美，落基山脉是斜坡地带的东部边界。中美洲的太平洋斜坡分界线是马德雷山脉，南美洲的则为安第斯山脉。

1.2 玛雅高地上的阿蒂特兰湖

尽管高地和低地居民都会通过焚烧多余植被和休耕的方式种植农作物，但两个地区的传统农业模式仍然差异很大。高地人耕种土地很有节制，休耕间隔取决于农田在斜坡上的位置。高处的田地可能只能连续耕种10年左右，而后必须闲置长达15年；而在低海拔地区，农田一般可连续种植15年，之后休耕5年即可。在危地马拉高地的人口稠密区，几乎所有可利用的土地都处于被开垦或休耕状态。如今，随着农产品商品化，畜牧场及大规模的水果、花卉、蔬菜、咖啡种植园挤占了更多传统农业用地。玛雅人全年种植好几种玉米，耕作方式是首先犁沟撒种，待发芽后起垄。这种玉米田被称为"米勒巴"（milpa），田间还可以套种豆类、南瓜、甜木薯等伴作物，以及各类大小、颜色、辣度不同的辣椒。总而言之，虽然高地农作物种类与低地大同小异，但其耕植模式似乎很适合土壤肥沃厚实的人口密集区。尽管此地森林茂密、杂草丛生，但对农作物不构成严重威胁。

然而，北部的低地才是玛雅文明研究的重心（图1.3）。每一名从危地马拉城飞往蒂卡尔遗址的游客都会注意到，此处的环境与高地形成了令人难以想象的巨大反差。佩滕－尤卡坦半岛由一整块硕大无比的石灰底岩构成，厚约9840英尺（约2999.2米）。半岛突入蔚蓝的墨西哥湾，西部与北部朝向墨西哥湾，而珊瑚礁环绕的东海岸则面向加勒比海。这些石灰岩经过大约3000万年才从海中升起，并随着海平面变化时隐时现。南部地质结构更为古老的佩滕和伯利兹地区抬升幅度最大。这个地区地势崎岖，平原上隆起一座座山丘，呈喀斯特地貌。当你向北走进尤卡坦半岛，便能发现地形变得更加平坦，如果从空中鸟瞰，这片区域就如一块毫无特色的绿色地毯。但这只是假象，若步行其间，你就会发现多孔的石灰岩地面上到处坑坑洼洼的。由一连串低矮山丘组成的普克丘陵是半岛北部唯一地形起伏明显的区域。丘陵高度几百米，如同一个倒"V"形横跨墨西哥坎佩切州北部和尤卡坦半岛西南部。6600万年前，一颗宽7～50英里（约11.3～80.5千米）的不规则陨星闯入这片广阔区域，撞出了希克苏鲁伯陨石坑。直至今日，陨石坑边缘地带依然遍布坑洞。这场撞击造成了全球性灾害，导致除鸟类祖先之外的所有恐龙大规模灭绝。

与南部起伏的山地不同，低地地区除西部和东南部（那里形成了面积广阔的冲积洼地）之外，几乎没有常流河。拥有众多支流的乌苏马辛塔河是极其重

1.3 一名站在齐巴纳–门萨巴克遗址附近的拉坎敦玛雅人。
这处殖民时期的遗址位于玛雅低地茂密的恰帕斯雨林内

要的河流系统。水流从危地马拉北部高地和墨西哥恰帕斯州拉坎敦地区汇入这条大河，然后向西北蜿蜒，流经许许多多已荒废的玛雅城市。最后，河水携带的黄色泥沙沉积在墨西哥湾海底。流入加勒比海的大型河流有伯利兹河、新河、伯利兹与墨西哥的界河翁多河以及莫塔瓜河。莫塔瓜河在流向大海的途中要先后穿过覆盖着松树和橡树的山丘、遍布仙人掌的沙漠和热带森林。

低地气候炎热，到旱季尾声更是令人不适。雨季始于5月，一直持续到12月，但与世界上其他热带地区相比，这里的降水量其实并不算丰沛。例如，佩滕大部分地区年降雨量只有70~90英寸（约177.8~228.6厘米），向北至墨西哥尤卡坦州，数值在此基础上甚至还会不断减少。降雨概率也不稳定，年景不好的时候可能发生旱灾。真正的强降水出现在佩滕和伯利兹的最南部、墨西哥恰帕斯州的拉坎敦地区以及塔巴斯科平原。夏季的大部分时间里，这些地方会是一片泽国。

低地地区，尤其是尤卡坦半岛几乎没有湖泊。很多区域缺乏地下水资源，饮水问题十分严重。危地马拉北部的佩滕地区有面积广阔的湿地，在西语中被称为"巴霍斯"（bajos）。夏季，湿地水量充盈，但在少雨的冬季则往往干涸见底。一些地方还有一种被称为"阿瓜达斯"（aguadas）的水潭，面积较小，具有与"巴霍斯"类似的季节性。某些阿瓜达斯为人造，或在天然水潭的基础上扩建。不过在尤卡坦半岛，当地人的饮用水（和洗澡水）主要来自"天然井"（cenote），这个单词是西班牙人由尤卡坦语中的"tz'onot"一词变形而来。这些天然井呈圆形，有些规模很大，由地下洞穴坍塌后形成，最终形态还受到希克苏鲁伯陨石坑的影响。由于天然井深处常年充满从石灰岩中渗透而出的水，所以自人类首次抵达这片土地，这些天然井的位置就注定成为人们选定定居点的首要考虑因素。沿着墨西哥金塔纳罗奥州海岸还分布有规模更大的岩洞，如萨克阿克顿洞，长达215英里（约346千米），可能是世界上最大的水下洞穴。半岛的北半部相对干旱，又基本上不存在天然井，因此普克地区的居民面临着极为严峻的生存困境。地下水位低于地表约328英尺（约100米），即使很深的洞穴也不可能满足普克地区密集人口的需求。于是，玛雅人挖掘、建造了数以千计的"楚尔敦"（chultun），即地下蓄水池。这种蓄水池呈瓶状，入口围有一圈宽阔的灰泥裙墙，以便在雨季收集降水。半岛南部的居民点亦存在类似设施，可能同样用于蓄水，也可能用于储存食物。

低地南部曾经覆盖着一片高大的森林，如今却因过度砍伐、开垦，尤其因牧牛而惨遭破坏。森林的主导树种是高达150英尺（约45.7米）的桃花心树，以及面包果树和人心果树。人心果树为古玛雅人提供了木材，也为现代人提供了制造口香糖的原料。许多对玛雅人来说很重要的果树（如鳄梨树）也生长在这里。这片森林只有部分常绿树，到旱季很多树种都会落叶，但在一些降雨量较大的地方生长着真正的非落叶雨林。这里的土壤、湿度、地形等微观条件十分适合物种繁衍，因此生物多样性为世界之最。据博物学家大卫·华莱士统计，包括大部分玛雅地区在内的中美洲面积仅占全球陆地面积的0.5%，却拥有地球上7%的生命。

在热带季雨林中，尤其是佩滕和墨西哥坎佩切州南部地区，还分布有开阔的稀树草原，上面长满粗草，点缀着矮小的平顶树。人们对这些稀树草原为何形成还没有达成共识。曾有人认为这是因为古玛雅人过度开垦土地，但现代学者已抛弃了该假说。另一方面，肯定有人维持稀树草原生态，使其不致退化，因为尽管没有农民来此耕种，但猎人会定期烧荒，促进新草生长，吸引猎物。当年科尔特斯率领军队前往伊察国首都塔亚索，穿越这些草原时，遇到了一群当地人眼中的圣鹿。它们对人类毫无防备，任由这队征服者宰杀。往北往西，年降雨量都会大幅下降，森林让位给布满荆棘的低矮丛林。最后，沿尤卡坦半岛北岸生长的植被变成了特别适应干燥气候的灌木丛。

对古玛雅人来说，低地地区拥有丰富的动物资源。尤卡坦半岛被玛雅人称为"火鸡和鹿之地"。鹿和野猪（通常被称为"新世界猪"）随处可见。蜘蛛猴和聒噪的小型吼猴很容易猎取，它们也是玛雅人口中的珍馐。较大的鸟类有长着金绿色羽毛的眼斑吐绶鸡以及凤冠雉等。较危险的野兽有世界上最大的有斑猫科动物美洲豹和喜欢逐水而居的貘。玛雅人捕猎美洲豹是为了获取华丽的皮毛，并将其作为祭品；猎杀貘则是为了吃肉，遇到特别坚韧的貘皮还可制作玛雅武士的盾牌和盔甲。潜伏在耕田和丛林中的危险动物还有毒蛇，如可怕的粗鳞矛头蝮蛇，这是世界上最具攻击性的蛇类之一，无论如何都要敬而远之。古玛雅人十分热衷食用节肢动物，尤其是毒蜈蚣。昆虫也是美味，如萤火虫，他们将其形容为"携带火把的虫子"。

影响玛雅文化和社会发展最重要的因素是低地地区的农业生产潜力，但各地情况绝非千篇一律。尤卡坦半岛西南部的佩滕和普克山区分布有厚实肥沃的土层，但面积有限，地块如马赛克般支离破碎、大小不一。覆盖这种土壤的区域范围越大，能养活的人口就越多，能支撑起的中心城市规模也就越大。耕地复种、森林管理还有以梯田和排干水的农田为特征的集约化农业大幅提高了粮食产量。16世纪的方济各会主教迭戈·德·兰达可谓全方位深入了解玛雅社会生活的权威人士。对尤卡坦北部的农业条件，他如此评论："尤卡坦半岛是我见过土壤最少的区域，完全就是一块有人居住的大岩石，土壤极少。"难怪早期殖民编年史对西班牙人抵达前发生在尤卡坦半岛的饥荒着墨良多。该地区以出产蜂蜜和盐而闻名，因此当地人可能较少依赖农作物收成，而是靠商品贸易和奴隶贩卖过活。

现在几乎所有人都认识到，如果长期失去森林保护，热带地区的土壤肥力就会迅速下降。随着地表上形成一层板结化红土，土地变得无法耕种。在热带降雨、强烈日照以及水土流失的破坏下，农业灾难很快就会出现，用时之短出乎意料。基于这样的土壤条件，唯一可行的可持续农业生产方式就是低地玛雅人采用的刀耕火种轮垦法，森林也因此才能有间隔地持续再生。这看起来很简单，但农民的丰富经验也必不可少。秋末或初冬，玛雅农民会选择一块排水良好的土地，他们砍伐森林，但通常会留下高大的树木为农作物遮阴，并防止水土流失。到旱季结束，砍倒的木材和灌木会付之一炬。那段时期滚滚浓烟，雾霾遮天蔽日，整个低地都难觅阳光（图1.4）。最后，玛雅人在灰烬中戳出小洞，将玉米种子播撒进去。

　　一块经过清理的低地玉米田通常只能生产两年，此后产量就会锐减，第三年便不再适合种植作物。此后，玛雅农民必须另换一片森林，从头开始。休耕

1.4 从危地马拉望向墨西哥方向，
当地人正在焚烧乌苏马辛塔河附近低地上的玉米田

期在佩滕地区可能为4~7年，在墨西哥尤卡坦州则可能长达15~20年。近年来森林遭到破坏，但在此之前，若从空中鸟瞰，会发现整片大地上交错散布着再次焕发生机的田地和新清理出的地块，犹如一床由不同深浅的绿色补丁拼接而成的被子。

那么，轮耕制是古代玛雅人生产粮食的唯一方式吗？现在有确凿证据表明，他们的耕作方式不仅相当多样，集约化程度还很高。对待常年湿润和经过排水两种不同状态的田地，选用的耕作方式也有着关键的区别。过度潮湿的环境并不利于玉米生长，于是许多地区的玛雅人为避免受河流季节性泛滥的影响，便在地势高出河边低洼地或湿地的区域开垦出一种被称为"培高田"[1]的狭长矩形田块，这种方法类似于墨西哥中部阿兹特克农业中的浮园耕作法。通过摄影和激光雷达技术（**图1.5**），即一种利用光脉冲测量地表的航空测绘法扫描，人们在低地各处零星发现了古代培高田存在的证据。它们或位于湿地边缘附近，或分布在伯利兹北部及毗邻的墨西哥金塔纳罗奥州的部分区域。这些地方的水位高度在年复一年的干湿季循环中并无太大变化。放射性碳分析表明，许多培高田可以追溯到前古典期晚期（公元250年之前）和古典期（公元250—800年），为其间玛雅人口大幅增长提供了物质基础。得克萨斯大学奥斯汀分校的蒂莫西·比奇和谢里尔·卢扎德-比奇提出，这类田地可能是当地人为应对水位上升、环境变化不利而做出的创新。

地理学家尼古拉斯·邓宁及其同事发现，一些地块可能产生于天然斜坡和地面龟裂处，然后玛雅农民将其扩建并模仿其形式自行开垦另外的地块。在坎佩切，用于与其他沿海地区贸易活动的棉花无疑是在这样的地方种植的。其他地区的人在农田上修筑土垄，让本来会被雨水冲刷走的土壤能保留在梯田里。玛雅人在卡拉科尔、伯利兹和坎佩切南部的里奥贝克等地建造了可能让他们耗时费力的梯田，还在其他地方修了一些防止水土流失的小土堤。然而，无论是现在还是过去，玛雅低地大部分土地都不适合开垦为培高田或梯田。前征服时期的低地玛雅人食用的大部分玉米可能仍是在米勒巴中种植的，用的是至今仍在使用的轮耕法。同样重要的食物来源是至今在玛雅村落中依然随处可见的家

1　培高田是一种用于耕种的高台，人工水渠将其划分成大小基本均等的地块，农民可以在一定程度上控制耕种条件。

150　　300米
500　　1000英尺

北

1.5 史前玛雅人在墨西哥坎佩切州特尔米诺斯潟湖附近建造的培高田。
在主河道附近的泛滥平原上可以看到矩形地块

庭菜园，其中可种植鳄梨、番木瓜、甜椒、番石榴以及许多其他本地水果。森林也必须保留并妥善管理，以提供建材、柴火和药材。加利福尼亚州立大学多明格斯山分校的肯·塞利格松证明，在尤卡坦半岛，坑窑是以木材为燃料烧制石灰的极其高效的手段，而石灰用途广泛，更是建筑必不可少的原料。

　　所有这一切都意味着，古典期部分低地地区的人口密度远远高于我们根据旧假说（玛雅人只会耕种米勒巴）估出的密度。对整个危地马拉北部地区的激光雷达调查也发现，玛雅聚落虽然大小不一，规模也经常变化，但总是相当集中，从而支持了上述结论。有人推测，公元800年左右，中部低地有700万～1100万人口；宾夕法尼亚州立大学的大卫·韦伯斯特认为，该地区人口最低数量在200万～300万。可是，没有哪位考古学家敢说自己的估算绝对正确。这些新证据和假说还有助于研究另一个问题，即在玛雅总人口中有多大比例可以脱离农业生产，从事其他方面的工作。这甚至可能关系到玛雅社会崩溃之谜，不过仍存在争议（见第七章）。

自然资源

自与玛雅人初次接触的那一刻起，西班牙人就无比失望地了解到玛雅低地没有金矿、银矿，于是他们很快就将那里视为穷苦之地。然而，那种黄色金属对玛雅人来说毫无价值。事实上，直到约公元800年，当地人一直对黄金知之甚少。不过玛雅人拥有其他各种丰富的资源，这对他们的日常生活、宗教仪式和贸易活动都有比黄金重要得多的意义。

可用作建筑材料的石灰岩几乎遍地可见。这种石材质地较软，只有长时间暴露在空气中才会逐渐变硬，因此开采简单，也易于加工。玛雅人在南部低地的一些石灰岩层中发现了燧石矿床，开采后打造出了农民刀耕火种不可或缺的石斧，甚至在非常早的年代就出现了专门开发这种资源、制作燧石工具的部落。例如，伯利兹北部科尔哈遗址的大型工坊早在前古典期就已建立。但想要制作研磨玉米粉的手磨和磨盘，就必须使用比石灰石更坚硬的石材。当地人通过贸易网络大量获得了产自危地马拉火山区的合适材料，以及伯利兹玛雅山脉的露头花岗岩。危地马拉城东北部的埃尔查亚尔和西北部的圣马丁希洛特佩克两地的火山区拥有大型浮石露天矿，也出产一种天然火山玻璃，即黑曜石。这种材料可加工成各种工具，如小刀、矛头、飞镖，以及可用于木工、刮削和祭祀仪式的棱柱状石叶等。

要维持人体健康，血液中的钠浓度须保持稳定，而这种元素会随着排泄流失。肉类食品富含钠，因此以狩猎为主的民族（如因纽特人）不需要摄入盐，但像玛雅人这样居住于热带地区的农民每天则需要摄入约8克盐才能维持体内钠平衡。盐也是制作皮革、咸鱼、干虾的原料。将鱼虾腌制后再食用，不仅可补充必要的盐分，还能满足调味需求。根据考古学家安东尼·安德鲁斯计算，蒂卡尔这样规模的古典期大型城市，保守估计拥有人口4.5万，所以每年必须获得131吨以上的盐。幸运的是，整个中部美洲最大的盐矿就在玛雅地区。其中效益最好的是沿尤卡坦半岛北部海岸线分布的潟湖盐床。玛雅人在潟湖中建造了网格状浅盐池（至今仍在使用），利用旱季自然蒸发水分。一旦池底结上厚厚的硬盐层，他们就用耙子将盐耙起，装入篮子运走。在征服时期前夕，这些盐床被尤卡坦半岛最强大的王国控制，产出的盐甚至远销墨西哥韦拉克鲁斯北部的帕努科河流域。太平洋沿岸也有盐矿，不过人们的制盐方法不尽相同。在太平洋沿岸及重要内陆矿源，如古典期城市萨利纳斯－德洛斯－努埃塞罗斯附近的盐矿，人们煮卤制盐，或直接从平坦的盐床上刮盐。考古学家海瑟·麦克基洛普以及青山和夫在伯利兹南部被红树林环绕的潟湖附近发现了古典期晚期玛雅人煮盐、储盐、腌制食物的确凿证据。

玛雅精英阶层还有其他特殊需求，最重要的便是用于装饰、进贡的玉石、绿咬鹃羽毛和海贝，也许还需要货币。绿玉石采自莫塔瓜河中上游流域，以或大或小的卵石形态积累在河流沉积物内。1998年，因飓风"米奇"而暴发的山洪将土壤和岩石冲走，一处古老的蓝绿玉石矿源因此重见天日。珍贵的绿咬鹃尾羽犹如炫目的彩虹，闪烁着带蓝绿色的金光。这种羽毛可以从绿咬鹃的自然栖息地找到，也就是在危地马拉的上维拉帕斯省、拉斯米纳斯山脉、墨西哥东南部的恰帕斯州与洪都拉斯的云雾森林[1]。成千上万支这样的羽毛成为玛雅统治者及其随从华丽服装上的装饰，到公元9世纪玛雅社会崩溃时，绿咬鹃几乎濒临灭绝。最珍贵的贝壳是一种红白相间的带刺海菊蛤，需要潜入加勒比海或太平洋沿岸水域获取，也有可能是从遥远的南方地区交易来的。内陆的玛雅人还会换来大量凤凰螺壳，加工成号角，用于仪式、战争和狩猎活动。

区域划分

玛雅人占据了三块性质截然不同的独立区域，分为南部、中部和北部，后两者全境都属于低地地区。南部地区包括危地马拉高地和与其相邻的墨西哥恰帕斯州，以及太平洋沿岸炎热的平原和萨尔瓦多西半部。文化方面，南部地区也与中、北部地区大不相同，缺失了某些最具玛雅特色的要素：建筑上的叠涩拱、玛雅长纪历以及石碑－祭坛建筑群（前古典期除外）。南部大部分地区，如恰帕

1　云雾森林是一种热带或亚热带山地雨林，经常性或季节性地环绕着云雾。

斯高地的中、西部，是在相对较晚的时期才被说玛雅语的民族占领的。

玛雅文明正是在中部地区凝聚成如今这般广为人知的形式。中部以现危地马拉北部的佩滕省为中心，涵盖了墨西哥塔巴斯科州、坎佩切州南部、金塔纳罗奥州，再穿过森林茂密的南部低地，将伯利兹、危地马拉的莫塔瓜河流域以及洪都拉斯最西部的一处狭窄地域也囊括进来。中部玛雅文明的文化特征包括叠涩拱、鸡冠状屋脊、成熟的长纪历、文字和石碑 - 祭坛建筑群。中部玛雅文明主要兴盛于古典时期，分布范围也比早期学者认为的更广。从公元10世纪初开始，南部大片土地便沦为绿色荒野，人口有限且分散，定居点一般位于湖泊或河流附近。

正如已知的那样，玛雅文明在北部和中部地区有着许多共同点，因为两地之间不存在阻碍文化交流或人群流动的自然屏障，但彼此之间也不乏明显差异，部分原因是尤卡坦半岛大部分地区的农业生产力水平不相等。建立大规模人口聚居点（城市和乡镇）的位置往往取决于天然井和水潭的位置。其他差异则体现在文化层面，即是否受到了墨西哥的影响，这一问题本书将在第八章具体讨论。与南部低地相比，北部地区或沿海区域的人口没有大规模向外迁徙。总体而言，玛雅人口总数即使在今天也仍然很庞大。

发展阶段

探索古玛雅文明是一个零散的过程。当地居民认为那些古代建筑里居住着他们祖先的灵魂和神祇，而欧洲人怎么看则是后来的事情了。随着西班牙在尤卡坦半岛建立强权，各色人等，如令人敬畏的兰达主教、在1588年访问了著名的乌斯马尔遗址的弗雷·安东尼奥·德·休达·雷亚尔等，都对散布于这片土地上的遗迹到底有多古老困惑不已，但从当地人那里又几乎得不到任何解答。早在1690年，危地马拉的弗朗西斯科·安东尼奥·德·富恩特斯·古斯曼便记录了玛雅高地城市的景象。18世纪末，西班牙龙骑兵队长安东尼奥·德尔·里奥对帕伦克遗址进行了开拓性探索和挖掘，但直到1822年他的考察报告在伦敦发表后，世人才开始对玛雅遗迹产生广泛兴趣。德尔·里奥的陪同人员，危地马拉艺术家里卡多·阿尔门达雷斯绘制了相当精细的现场复现图。现代玛雅考古学源于美国外交官兼律师约翰·劳埃德·斯蒂芬斯及其英国同伴，风景画家弗雷德里克·卡瑟伍德的漫长而艰难的旅行。他们在1839—1842年深入玛雅地区，向全世界直观展示了这个消失的热带文明曾经的辉煌（图1.6，1.7）。

自兰达主教等人以来，斯蒂芬斯和卡瑟伍德率先提出当前居住于这片土地上的玛雅原住民才是这些城市遗迹的建造者，而不是其他所谓权威臆测的以色列人、威尔士人、鞑靼人等四处漂泊的民族。不过他们还是没有能力推测这些遗迹的建造年代，哪怕是估算都无能为力。直到当时的萨克森国立图书馆馆长恩斯特·弗尔斯特曼等人研究了玛雅历法，以及19世纪末英国人阿尔佛雷德·莫兹利编写的关于玛雅铭文的宏伟著作出版后，对玛雅年代学的研究才算真正取得了突破。此外，哈佛大学皮博迪博物馆在此期间也对玛雅遗址展开了大规模发掘。随后，华盛顿卡内基研究所、杜兰大学、宾夕法尼亚大学和墨西哥国立人类学与历史学研究所也相继投入发掘工作。

1.6 乌斯马尔遗址修道院建筑群一隅。平版版画，英国风景画家弗雷德里克·卡瑟伍德绘制，1844年

1.7 暴风雨中，科潘遗址一处倒塌、开裂的"C"字形石碑。这座纪念碑于公元711年12月2日落成，记述了科潘王国第十三位统治者瓦沙克拉胡恩的历史。平版版画，弗雷德里克·卡瑟伍德，1844年

现在，确定古玛雅年代的依据有四大类：田野考古本身，特别是对陶器这样的物质文化进行时间分类；自1950年以来一直使用的放射性碳测年法，其精度随着统计方法的改进还在不断提升；由后征服时期作家撰写并流传至今的玛雅历史著作，但内容局限于前征服时期晚期；玛雅历法和基督教公历的相关性。这两部历法之间的换算关系非常复杂，需要用额外几句话来解释。玛雅长纪历是一套独立于其他系统之外、逐日计时的历法，犹如一台巨大的时钟，神话中是在过去的某一个时刻开始运行。本书第三章和第六章将详细讨论这一话题。根据现有证据，玛雅人最早在公元前36年开始记录长纪历日期。到古典期，长纪历已在中部和北部地区的所有古代城市中普及。进入征服时期后，玛雅人转用一种缩写形式来表达年代，但会出现难以确定日期的情况。现在，根据玛雅编年史《契兰·巴兰之书》的明确记载，西班牙人建立尤卡坦州首府梅里达城的时间是公历1542年1月，就在缩写长纪历[1]某个特定周期结束后不久。另一个

1　缩写长纪历又称为短纪历，后文作详细说明。

无可置疑的证据来自兰达主教。他告诉我们，在以52年为一轮回的玛雅历法中，公历1542年的玛雅新年在儒略历[1]中是1553年7月16日。任何试图将玛雅历法与基督教公历关联起来的研究都必须考虑《契兰·巴兰之书》和兰达主教的说法。

凑巧的是，正好只有两种相关理论，即汤普森和斯平登的理论符合上述要求和田野考古提供的证据，而后者确定的玛雅年代比前者早260年。哪一个是正确的呢？古玛雅人以人心果树干为梁架设在神庙门道上，其中许多保存了下来，可以用于放射性碳年代测定。宾夕法尼亚大学曾对取自蒂卡尔遗址的一大批样本展开研究，最近又用更精确的加速器质谱分析法再次测定。研究结果给予汤普森的相关理论压倒性支持。西蒙·马丁和乔尔·斯基德莫尔在另一项研究中检视了玛雅人的日（月）食记录，将其与科学推算的日期对应起来，一举消除了分歧。大多数玛雅学家对此很满意，因为采用任何其他年表都会产生矛盾，严重悖于我们已知的两千多年玛雅文明发展史。

我们现在推断，玛雅地区的文明脉络是这样演绎的：最早进入高地和低地的人类是"古印第安人"。他们在至少1.3万年前（可能远早于此）来到此处，在一系列持续不断的环境变迁中成功挺过了结束于约公元前9500年的更新世末期（冰河时代），而后一直生活到公元前6000年左右。从那时起到公元前2500年，出现了被称为"远古人"的猎人、农夫和园艺种植者，他们的生活方式在墨西哥高地更常见。随后是短暂的过渡期，玉米成为主食。在公元前2000—公元250年的前古典期（亦称"形成期"），以村庄为单位的农业模式在南、北、中三大地区都已稳固确立，玛雅地区第一次形成了真正意义上的密集聚居点。其他文化特征（金字塔、城市、石碑铭文、壁画等）出现在前古典期的最后几个世纪。这段早期繁荣预示了古典期即将来临，有些人甚至疑惑为什么不将这几百年也归入后者。人们将低地玛雅人竖立石碑、使用长纪历的辉煌时代定义为"古典期"，时间跨度为公元250—800年。但8世纪末到9世纪，低地地区遭受了巨大破坏。这是一个因地区不同而情况迥异的复杂时期，玛雅文明就此进入"古典期终期"。这一阶段结束时，玛雅人已经离开了古典期的城市，而北部和南部地区的人似乎也已感受到侵略的威胁。入侵者是来自墨西哥的异族，也许更可能是已墨西

1　历史上公元纪年也有两个版本，即儒略历和我们现在使用的格里高利历，后者颁布于1582年，对应日期比前者晚10天。

哥化的玛雅人或与塔巴斯科地区有关的族群。"后古典期"就此开始，一直持续到欧洲人漂洋过海来到这里。

族群语言

虽然讲玛雅语的族群无论何时何地都具有非同寻常的凝聚力，但"玛雅语"其实是一整套语系，包含许多种密切相关却又难以互通的语言。这种情况是长期内部分化使然（图1.8）。就像英国人与罗马尼亚人交流时很困难一样，尤卡坦地区的玛雅人同恰帕斯高地人交谈时也会不知所云。诸多玛雅语都是从同一门语言发展而来的，人们曾多次尝试根据玛雅语演化顺序建立其谱系。下图是根据得克萨斯大学奥斯汀分校丹尼·劳的研究成果绘制的，他还尽可能遵循当地土著人的用法，提供了这些语言中最新的名称和拼写方式（图1.9）。已故的莫里斯·斯沃德什提出了一种巧妙的词汇比较法，帮助语言学家推测不同玛雅语从其祖语中及彼此间分离的大致时期。然而应该强调的是，这种方法中尚有许多不确定因素。首先，它假设基本词汇的变化或分化速度在整个时间和空间上都恒定不变。一些专家研究古典期铭文后提出，用此法推导的铭文年代似乎太晚了，其准确性存疑。不过就算这种方法被证明是完全错误的，它也提供了关于各种玛雅语言间整体关系的有效信息。

在遥远的过去，可能只有一种玛雅语，即祖玛雅语，发端于危地马拉西部高地。有一种语言学猜想认为，瓦斯特克语和尤卡特坎语从祖玛雅语分离出来后，前者沿墨西哥湾海岸迁移到墨西哥的韦拉克鲁斯州北部和塔毛利帕斯州，而后者占据了尤卡坦半岛。在尤卡特坎语支中，尤卡坦语是今天的主要语言，无论是城镇居民还是乡村农民都在使用，而拉坎敦语仅剩下几百名居住在恰帕斯雨林和乌苏马辛塔地区西南部的土著使用。曾经与世隔绝的拉坎敦人至今还不时留长发，制作弓箭（主要售卖给游客）。他们似乎是古典期玛雅社会崩溃后从尤卡坦半岛分化出来的某个大族群的幸存者。

接着，祖玛雅语再次一分为二，分化为西部语族和东部语族。在西部语族中，古乔尔兰－泽套兰语南下向中部地区传播，又在那里分裂为乔尔兰语支和泽套兰语支。泽套兰人后来的历史可谓众所周知：在恰帕斯高地，仍然生活着成千上

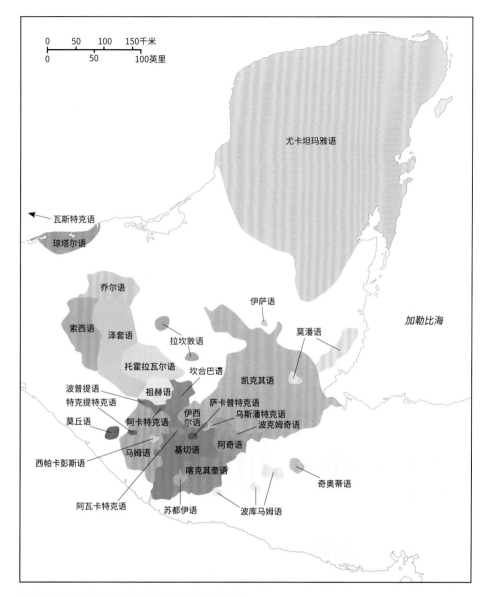

1.8 各玛雅语在殖民时期和现今的地理分布示意图

万名泽套兰族后裔，即泽套人和索西人。他们，尤其是索西人，依然顽强地坚持着自己的传统服饰和习俗。关于在玛雅历史中扮演重要角色的乔尔兰语，我们将在后文详述。其他西部语族还包括坎合巴语、托霍拉瓦尔语、莫丘语和祖赫语。这些语言的分布范围都与各自可能的发源地相距不远。

　　东部语族包括马姆安语支。其中，马姆语在某个未知时间传播到太平洋沿

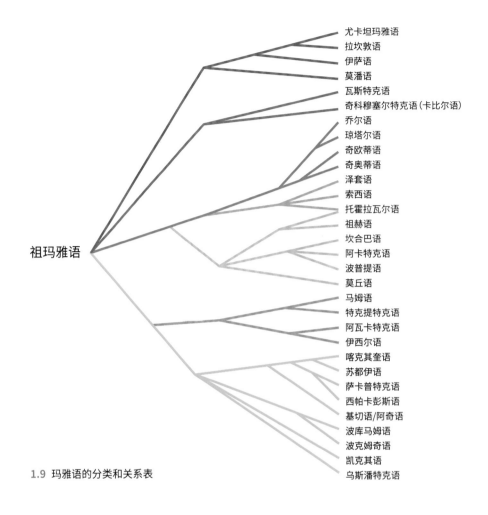

祖玛雅语

尤卡坦玛雅语
拉坎敦语
伊萨语
莫潘语
瓦斯特克语
奇科穆塞尔特克语(卡比尔语)
乔尔语
琼塔尔语
奇欧蒂语
奇奥蒂语
泽套语
索西语
托霍拉瓦尔语
祖赫语
坎合巴语
阿卡特克语
波普提语
莫丘语
马姆语
特克提特克语
阿瓦卡特克语
伊西尔语
喀克其奎语
苏都伊语
萨卡普特克语
西帕卡彭斯语
基切语/阿奇语
波库马姆语
波克姆奇语
凯克其语
乌斯潘特克语

1.9 玛雅语的分类和关系表

岸的平原地带。另一种马姆安语名为伊西尔语。伊西尔人居住在以古城内巴赫为中心的区域内，这个玛雅族群在20世纪末成为一场血腥屠杀的主要受害者。前征服时期晚期，玛雅南部大部分地区都由使用东部语族语言的基切人和喀克其奎人占据。这两个强大的族群及其近支苏都伊人将村落建在火山环绕的阿蒂特兰湖畔或附近区域。自征服时期以来，凯克其人从危地马拉的上维拉帕斯省中部扩张到了伯利兹南部和危地马拉伊萨瓦尔湖周边曾使用乔尔兰语的低地地区。凯克其人现在成了佩滕地区主要的非西班牙语族群。他们在历史古镇多洛雷斯及弗洛雷斯居住的时间其实比说西班牙语的人还要短。

那么，古代玛雅铭文和书面记录用的是什么语言呢？只要浏览一下语言分布图就会发现，除西班牙语外，尤卡坦半岛被尤卡坦语占据，其他语言都被排除在这片土地之外。而且毫无疑问，尤卡坦语也是北部地区书写员使用的日常语言。现存的四部玛雅手抄本的作者平日说的可能就是尤卡坦语，不过这四部文稿却不一定都是尤卡坦语写就的。尤卡坦语的发展过程令人颇为费解，因为它在整个半岛上的变化相对较少。在部分学者看来，这表明该语言的扩张时间相对较晚，抑或出于某种社会原因，半岛上出现了大面积语言融合的现象。在后古典时期，伯利兹大部分地区可能都使用尤卡坦语，因为该国南部和邻国危地马拉的玛雅人说的莫潘语就属于该语支。但是，玛雅中部大部分地区在语言分布图上却是一片空白，只有零星区域由拉坎敦语、不久前才迁入的凯克其语以及尤卡特坎语支中的伊萨语占据，而伊萨语可能是在公元13世纪或之后才从北方传进佩滕地区的。认为中部地区大多数铭文都是用尤卡特坎语写成的观点恐怕无法成立。

多年前，已故的埃里克·汤普森爵士提出，古典期的中部地区居住着说乔尔兰语支的族群。仅从其目前的分布状况来看，乔尔兰语支中的琼塔尔语和乔尔语多用于西北部的低矮丘陵和平原区，而奇奥蒂语多用于东南地区。几乎可以肯定的是，乔尔兰语支曾占据一片巨大的弧形地带，穿过中部地区，至少延伸到了伯利兹边境。有一些西班牙语文件可以证实这一点。

大多数石刻铭文使用的语言又是什么呢？有种观点认为，这种语言不是尤卡特坎语，甚至不是西乔尔兰语（琼塔尔语和乔尔语），而是东乔尔兰语的一种原始形式，现在被称为古典奇欧蒂安语，其衍生的直系语言是曾经在莫塔瓜河谷地区使用的奇欧蒂语，最终发展为奇奥蒂语。现在仍有大约1.1万名生活在危地马拉东部奇基穆拉省的玛雅人说这种语言，他们的聚居区就建在古典期城市科潘的正西面。从危地马拉经陆路前往那座辉煌遗址的游客，沿途会经过一些村落，他们从当地村民口中听到的就是1000多年前流行于科潘、蒂卡尔和帕伦克等地的早期语言。

早期，整个玛雅低地，甚至半岛北部说尤卡特坎语的书写员都将古典奇欧蒂安语视为一种高贵的文学语言。有充分证据表明，即便是玛雅北部地区的铭文和后古典期晚期的折叠抄本，使用的基本上也都是一种与古典奇欧蒂安语类似的语言，而非尤卡坦语，不过这些文献中仍然存在一定比例的双语内容。在这方面，古典奇欧蒂安语对玛雅人起到的作用类似于其他文明中强势语言的作用。我们可以拿美索不达米亚的苏美尔语、尼罗河沿岸的中埃及语、印度及东南亚印度化地区的梵语和中国的古汉语来与其类比。这些语言就像古典奇欧蒂安语那样，在口语已经消亡或转化为其他语言之后很久，依然是人们的首选书面语。除玛雅语，玛雅低地还存在一些仅限于某些偏远地区小范围使用的语言。这可能代表有外来族群曾侵入该地，也可能是玛雅各语言扩张融合过程中残存的痕迹。

鲜为人知的匹普语（又称纳瓦特语）与阿兹特克帝国的主要语言纳瓦特尔语非常相近。匹普人集中在萨尔瓦多西部，但在太平洋沿岸、危地马拉的莫塔瓜河河谷及萨拉马谷地也有聚居点。一些专家认为，他们是在后古典期早期托尔特克文明崩溃时，从墨西哥进入玛雅地区的。使用索克语的族群人口数量稀少，居住于墨西哥恰帕斯州至危地马拉边境地区一带的太平洋沿岸附近。索克语可能是曾经广泛分布的米些-索克语系的残支。在玛雅语和匹普语传播前，尚不明确从属关系的辛卡语似乎已经扩展到太平洋沿海平原的东部全境，但辛卡人的领地范围在考古学和民族学的研究中仍是一片空白。纳瓦特尔语自身作为一门举足轻重的贸易通用语言，在征服时期被应用于墨西哥坎佩切州南部特尔米诺斯潟湖上的西卡兰科港地区。玛雅语中确实出现了外来词汇，证明很早以前其他文明就同玛雅人有过接触，并对其文化产生了影响。瓦哈卡地区的萨波特克人可能发明了中部美洲历法的基本要素，也可能是第一批使用玛雅"图画"文字的人。在作为玛雅思想体系根基的"260天纪年法"，即卓尔金历中，他们还贡献了好几个"日名"。在之后的后古典期，许多词语、名称和头衔都由墨西哥人或墨西哥化族群从纳瓦特尔语地区引至玛雅地区。

气候变化及对文明的冲击

纵观整段玛雅历史及其史前史，我们往往认为当前盛行于玛雅地区的气候条件从来如此，未曾改变。但近期的古气候研究对这一假设提出了挑战，揭示出该地区历史上的气候波动比人们早前认知中的剧烈得多。蓬塔拉古纳自然保护区位于尤卡坦半岛东部，离古典时期的科巴遗址不远。从该保护区湖底采集的沉积岩芯表明，介形类生物（微小的淡水甲壳纲动物）形态与气候变化紧密相关。当这些生物混入沉积岩后，可以体现样本中氧-16和氧-18含量的相对水平。在不与其他水系相连的热带湖泊内，这两种氧同位素的丰度受当地蒸发量和降水量比例控制。高浓度氧-18意味着降水稀少；反之，高浓度氧-16说明蒸发量小。由于可以在一定程度上准确测定样本年代，在众多研究人员的共同努力下，现在我们已经构建出玛雅低地连续3500年内的气候变化记录。对伯利兹岩洞和墨西哥金塔纳罗奥州普拉亚德尔卡曼附近半淹没洞穴内石笋的研究则进一步完善了气候变化理论。岩洞内的沉积物缓慢而稳定地堆积，显示出玛雅地区曾多次出现类似的干旱情况，研究可以用几十年的精度表示持续数十年的干旱。前古典期晚期经历了一段降水量高于平均水平的降雨期，之后多场长达多年的旱灾陆续来袭：第一场发生在公元230年左右，第二场发生于公元820—870年，之后在公元1020—1100年、公元1530—1580年又发生了两场。时间较短一些的严重旱灾分别出现于公元420年、公元930年和公元1800年。据考古学家道格拉斯·肯尼特研究，臭名昭著的厄尔尼诺现象会引起气压和水温的变化，从而剧烈影响南美洲及其周边地区的天气，它是造成周期性干旱的罪魁祸首。

这些结论可谓石破天惊，对前征服时期及古代玛雅文明史研究都具有深远意义。前古典期大部分时间里，玛雅地区气候湿润（氧-18浓度低），现在已成为沼泽浅滩的湿地在当时还是浅水湖。然而自进入古典时期后（约公元250年），严重的干旱给该地区造成极大影响。我们注意到，这一气候转变与佩滕地区东北部前古典期晚期超大型城市的消亡相对应。最引人注目的发现是公元820—870年的旱灾。本书第七章将会讲述，在这一时期，玛雅低地南部的社会结构崩溃了，之后北部普克地区的城市也相继被废弃。我们现在通过多种手段得到的确凿证据表明，古典时期进入公元9世纪后，玛雅低地的环境便已经严重恶化，无法再维持大量人口生存。可能还存在一些次要因素同古典时期社会的崩塌有关，但极端干旱和农作物年复一年的歉收才是终结这一辉煌灿烂文明的决定性因素。据新墨西哥大学的基思·普鲁弗推测，这样的气候变化将逐步引发干旱，可能会影响现代玛雅族群的生存，威胁他们未来几十年内的粮食安全。

第二章

早期玛雅

《波波尔·乌》是基切族玛雅人的伟大史诗，讲述了远古之神特佩乌和古祖马兹将地球从虚空之水中释放出来，并繁衍出动植物的故事。神完成创造后渴望得到赞美和崇拜，于是用泥土塑造出一群类似人类的生物，可最后又把它们打回原形。接下来，神创造了一个木头种族，不过这些没有思想的人偶也被他们摧毁了，取而代之的是有血有肉的"人类"。然而，这种"人类"却走向邪恶，随着黑雨倾盆，洪水席卷大地，它们终究还是被消灭得一干二净。最后，真正的人类，即基切人的祖先从玉米面团里诞生了。这个故事还得到了考古证据的补充完善。早在我们所知的玛雅人出现之前，人类便已经来到这片土地，在此生活数千年之久（图2.1）。

第一批人

人类何时定居美洲？尽管考古学界历经多年探索，但依然没有达成确切共识。一种理论认为，一定是来自西伯利亚的族群跨越白令陆桥后抵达了西半球。大约在1.4万年或更早以前的更新世末次冰盛期，海平面远比今天低，因此在白令海峡形成了一道宽达上千千米的陆桥。不过，欧亚大陆的人类肯定很早以前就会驾驶船只了。最新证据表明，与世隔绝的澳大利亚早在6.5万年前便有人类定居。因此，白令陆桥存在与否并不一定是关键：最早迁入美洲的人类很可能

图例
▲ 早期狩猎营地
● 远古期遗址
■ 前古典期早期及中期遗址

坎佩切湾

昆切
泽比查尔顿

奥约内格罗 ▲
▲●■ 洛尔顿洞穴　　尚霍尔 ▲

伯利兹远古期遗址
奎略
科尔哈 ▲

加勒比海

阿瓜达菲尼克斯 ■
纳克贝 ■
恰帕斯州特诺西克
乌夏克吞 ■
蒂卡尔 ■
伯利兹远古期遗址
巴顿拉米

圣伊西德罗 ■
埃尔维韦罗 ■
恰帕斯德科尔索 ■
纳兰霍
苏南图尼奇 ■
卡哈尔佩奇
圣玛尔塔
圣克鲁兹 ■
阿尔塔-德萨克里菲乔斯 ■
塞巴尔 ■

帕德雷彼德拉 ■

伯利兹诸岩棚 ▲

帕索德拉阿玛达 ■
尚图托 ●
韦韦特南戈 ▲
普拉亚德洛斯穆埃托斯 ■
约华 ■
阿尔塔米拉
伊萨帕 ■
洛斯塔皮亚莱斯 ▲
圣拉斐尔 ■
科潘 ■
拉维多利亚 ■
卡米纳胡尤 ■
萨利纳斯拉布兰卡 ■
雅鲁梅拉 ■
拉斯维多利亚斯 ■
埃尔卡门 ■

0　50　100　150千米
0　　50　　100英里

2.1 玛雅早期遗址分布图

取道海路，沿着考古学家乔恩·厄兰森所说的"海藻高速公路"，靠猎杀海洋哺乳动物、捕鱼、采集贝类和可食用海藻一路奋勇前进。

美国宾夕法尼亚州和墨西哥谷地中人类居住点的放射性碳测年数据表明，美洲原住民在1.7万年前就已经活动于北美和中美洲地区，在1.55万多年前抵达南美。2021年，研究人员宣布在美国新墨西哥州白沙国家公园发现了早期人类留下的足迹，他们确定这些青少年和儿童脚印的年代为2.3万年前。智利的蒙特贝尔德遗址显示，狩猎-采集者很早就占据了南美洲南部，经放射性碳测年校准，这一时间确定在公元前1.25万年左右。托马斯·迪尔海在那里发掘出一座小村落，其内部房屋由原木建造，为了稳定结构，人们还往地下打入了木质地桩。虽然在古人的工具中没有发现打制的抛射尖状器，但出土文物包括石质单面器与木质及骨质的尖头武器。到公元前1.1万年，人类便已经在南美洲最南端狂风凛冽的麦哲伦海峡边安营扎寨了。因此我们可以认为，当时美洲所有可居住地区遍布狩猎-采集者。那时南、北美两大洲还到处都是草原或稀疏的森林，大陆上漫步着成群结队的食草动物——猛犸象、马、骆驼和巨型北美野牛。

尤卡坦半岛东部的墨西哥金塔纳罗奥州是一片沿海平原，上面布满了巨大的蜂巢状注水洞穴，总长度可能达4350英里（约7000千米）。这些岩洞形成于12.5万年前，当时海平面比今天低200英尺（约61米）左右。随着后更新世时代全球温度上升，大量陆地冰盖融化，它们在1万年前的全新世被水淹没了。如今若想要探索其中大部分区域，只有最勇敢的潜水员穿戴好水下呼吸装备后才能做到。

2007年，由阿尔贝托·纳瓦领导的团队进入图卢姆小遗址北部的一处天然井。他们游过1000米长的通道后，终于到达一个被水淹没的巨大洞穴，他们称之为"黑洞"（Hoyo Negro）。洞底有一些已灭绝的哺乳动物骨骼，旁边还有一个倒置的人类头骨和几根长骨（**图2.2**）。进一步调查证明，这副骨架属于一名营养不良的少女。在这个洞穴尚且干涸的时代，她可能为了寻找饮用水才落入这个深穴。经放射性碳测年法测定，其遗骸年代为1.29万—1.175万年前。多项证据确认，"黑洞女孩"生活在公元前1.1万—前1万年，她就此成为已知最古老的美洲居民之一。在离图卢姆不远的尚霍尔洞穴中也有一副残缺不全的骨架，可追溯至黑洞女孩的

2.2 黑洞头骨，墨西哥。这是一名年轻女子的头盖骨，生活在公元前1.1万—前1万年。当年这个洞穴里没有水，她可能是在寻找深层水源时死在了这里

同一时期。附近另有一具稍完整的女性遗骸，其年代约为公元前8000年。她患有蛀牙，可能因为大量食用了富含糖分的野生块茎、水果或蜂蜜，她还饱受椎间盘突出和密螺旋体病的折磨（雅司病和梅毒都属于这类疾病）。

在那个遥远的时代，尤卡坦半岛的环境与今天我们熟悉的遍布热带森林和灌木丛的模样大相径庭。当年，这里是一片覆盖草木、点缀着石灰岩，并夹杂着亚热带森林的广阔平原。大型动物经常出没于此，如乳齿象、嵌齿象、巨型地懒和可怕的剑齿虎等很多现在已经灭绝的本地物种，还有今天我们熟悉的马、骆驼、美洲狮、土狼和貘等。毫无疑问，这些动物一定是该地区最早居民的猎捕对象。

考古学家已经在美国西部、加拿大和阿拉斯加发现了若干属于这一古老时代的营地遗址。最早得到充分证实的文化被命名为克洛维斯文化，经放射性碳测年法校准，其历史可以追溯到1.3万年前。美国西南部的几个狩猎场表明，克

洛维斯人偶尔会猎杀猛犸象取食。他们从原石底部沿单面或双面剥离出长石片，制出削面和凹槽，然后将这种精心打制的尖状器（**图2.3a，2.3b**）装配在飞镖上利用投矛器射出，杀死猛犸象这类体形庞大的厚皮类动物。从阿拉斯加到新斯科舍，克洛维斯尖头器分布广泛，还南下穿过墨西哥，进入中美洲，甚至在哥斯达黎加、巴拿马和哥伦比亚北部地区也有出土。从加工场里发现的残骸判断，它们很可能早在1.3万年前就出现在巴拿马的拉穆拉西部或哥斯达黎加的图里亚尔瓦等遗址。然而，克洛维斯人只捕杀大型猎物的老观点如今遭到新理论挑战：克洛维斯人是觅食方面的机会主义者，他们固然喜欢大型猎物，但同样吃小型动物、鱼类和可食用植物。

1969年，考古学家鲁思·格鲁恩和艾伦·布赖恩在危地马拉高地发现了洛斯塔皮亚莱斯遗址，并于1973年开始挖掘工作。该遗址位于美洲大陆分水岭一片开阔的草地上，寒冷多雨，雾气蒙蒙，很可能是时人在一处重要隘口临时设置的小型狩猎营地。他们找到的石器包括凹槽尖状器的底部、双面器、石凿、刮削器和石叶等，主要材料为玄武岩。遗憾的是，没有骨质物品保存下来，而且用放射性碳测年法对该地测出的结果也有问题：一些学者认为这里属于远古期晚期。路易斯·门德斯·萨利纳斯和乔恩·洛斯宣布，他们在危地马拉韦韦特南戈省附近的奇瓦卡贝发现了一处类似遗址，其中出土了黑曜石尖状器和其他工具，据信与周边的巨型动物遗骸有关联。这两处遗址和其他遗址都受到泥土滑坡和雨水

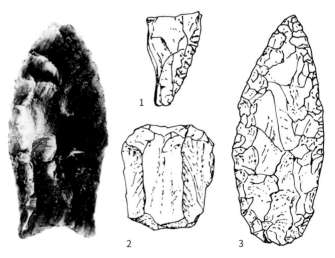

2.3a（左）狩猎时代早期的凹槽型克洛维斯尖状器，长2.5英寸（约6.4厘米），出土于危地马拉城以西的圣拉斐尔

2.3b（右）狩猎时代早期石器，出土于危地马拉托托尼卡潘省的洛斯塔皮亚莱斯。1.石凿；2.刮削器；3.黑曜石单面器，长3英寸（约7.6厘米）

2.4 萨基特苏尔岩棚，伯利兹布莱登自然保护区

2.5 劳氏尖状器，出土于伯利兹的多处岩棚遗址。图中上排出土于特兹伯特尤克斯岩棚，下排出土于马亚哈克卡波佩克岩棚。每个尖状器长约2～4英寸（约5.1～10.2厘米）

冲刷的严重影响，但仍有足够迹象显示当时的人对制造工具的原材料十分珍惜。制造者和使用者对大量石器二次加工，表明他们很难获取黑曜石。

克洛维斯风格的抛射尖状器并不是在玛雅地区发现的唯一尖状器。鱼尾尖状器因其带有凹槽、略微展开的柄部呈三角形而得名，可能是更新世末期在南美洲高地和低地发明的，在伯利兹遗址的地表层也偶有出土。新墨西哥大学的基思·普鲁弗提出，在一些伯利兹洞穴内发现的证据能充分证明人类自冰河时代末期以来，为适应不断变化的新热带界[1]环境取得的进步。另一种值得注意的人工制品是劳氏尖状器。这种工具平均长度约3.5英寸（约8.9厘米），有柄，燧石材质，制造年代比专家曾经认为的要早得多。这类石器相当大，可能不是为了安在飞镖末端，而是用作长矛或鱼叉的尖头（**图2.4，2.5**）。还有人假设，时人将劳氏尖状器安装在短木柄上用作刀具。根据普鲁弗的说法，最可能的情

1　新热带界，包括整个中美洲、南美洲、墨西哥南部及西印度群岛的动物地理区。引自《地理学名词》(第二版)，科学出版社，2006。

况是劳氏尖状器适应性很强，因此非常适合在阔叶林环境中使用，甚至可用于加工处理各类植物或木材。

远古期采集者和种植者

到公元前1万—前9000年，曾经覆盖北美高纬度大部分地区的冰原已经完全消退，在接下来的5500年里，世界各地的气候都比今天更加温暖。在欧洲，这段时期被称为气候最宜期，但在美洲许多地方条件绝非如此宜人，尤其对猎人而言。炎热干燥的天气（草原变成了沙漠）加上人类很可能过度捕猎，导致大型猎物灭绝。墨西哥高地的人类转向另一种生活方式，即重点采集野生植物的种子和根茎，猎取独居的小型动物。从他们的食物来源、半迁徙半定居的生活模式甚至使用的工具组中都能看到，远古期的原始人聚集成群落生活。这种社会结构从美国俄勒冈州南部扩张到美国大盆地地区（甚至持续至公元19世纪），再一直辐射到墨西哥东南部。

人们曾经断言，墨西哥是中部美洲重要的植物性食物（玉米、豆类、南瓜、辣椒及许多其他作物）最早被驯化的地方，但在秘鲁和哥伦比亚的研究表明情况更为复杂：人们在秘鲁发现了早期的辣椒，在哥伦比亚则找到了种植南瓜的证据。可以肯定的是，植物栽培技术在远古期某个时刻传到了玛雅地区。早年的学者，尤其是西尔韦纳斯·莫利，坚信玛雅人是第一个驯化玉米的族群。该理论基于一个被一再提及的假设，即这种植物的野生祖先是危地马拉西部高地玉米田中常见的杂草"大刍草"，不过这个前提条件在植物学家间引发过激烈争论。以已故学者保罗·曼格尔斯多夫为首的学派认为，大刍草不是玉米的祖先，而是玉米与另一种摩擦禾属植物杂交而成的后代，玉米真正的祖先是一种有细小穗轴的野生玉米品种，其颗粒小而硬，可以爆开。在墨西哥普埃布拉的特瓦坎山谷干洞中，人们已经发现了这种植物的穗轴，其年代可追溯到公元前3300年左右。现代遗传学研究已经无可辩驳地证明，大刍草正是人们长久以来寻找的玉米祖先。这种早期玉米起源于仍生长在墨西哥西南部巴尔萨斯河流域的某个特殊品种。检测伯利兹岩棚出土的人类遗骸后，加州大学圣巴巴拉分校的道格拉斯·肯尼特及其同事展示了这种食物对人体骨骼中同位素的直接影响。公元前2700年，玛雅地区的人类很少吃玉米，但到公元前2000年这种植物已经成为他们的主食，就算偏僻地区也出现了玉米的踪迹。在一些研究人员，如史密森尼学会的洛根·基斯特勒看来，玛雅地区种植的农作物似乎是来自南美洲和中美洲的产量更高的新品种。玉米就此奠定了在玛雅地区原住民族群中的崇高地位，无论是在他们的农业种植、神话故事还是在宗教仪式中，都少不了它的身影。

在玛雅高地，远古期留下的考古证据屈指可数，但在低地这种情况正在改善。研究人员分析从中部地区岩芯中重新提取到的风媒花粉后，对佩滕地区当时的情况有了一定了解。总的来说，冰河时代之后的数千年里，那里气候湿润宜人，环境高度稳定。热带森林在整个地区繁茂生长，只有在区域性干旱（约公元前4500—前2000年）发生时，森林才让位于农业，形成更开阔的景观。湖泊和其他地势较低的区域含有一种被称为"玛雅黏土"的沉积物，这是人们耕耘土地后，水土流失产生的无机层。到公元前2600年，佩滕地区已经有少量玉米种植，这也是分析当地岩芯和森林燃烧后产生的木炭得出的结论。然而，研究者只在约公元前1000年的湖底岩芯样本中提取到少量玉米花粉。这就引出一个问题：这群早期农民究竟是什么人？如果我们接受一些语言学家的观点，就会认为这些农民可能是从玛雅故地向北迁徙到尤卡坦半岛的尤卡坦人。不过仅凭考古学，很少能解决语言或族群起源相关问题。无论如何，我们没能在玛雅地区找到这一时期的遗址，所以谜团仍然存在。

伯利兹是例外，它为我们了解玛雅低地在这一时期的朦胧样貌提供了重要的新线索。科尔哈是一处关键遗址，直到古典期一直有人居住。玛雅人在那里经年累月地挖掘高品质燧石，并在科尔哈和切图马尔湾之间的淡水溪流域找到数个湖心岛和高地建设聚居点。得克萨斯大学的托马斯·赫斯特及其同事，以及美国奥尔巴尼州立大学的罗伯特·罗森韦格和玛丽莲·马森的调查表明，远古期人类在那里居住了很长一段时间，有些遗址的年代之久远令人震惊，如在卡耶可可遗址就发现了公元前4700年甚至更早的玉米加工痕迹。工具上残留的微体化石显示出时人食用辣椒、豆类、木薯和玉米的确切证据。然而，罗森韦格警告说，那里并没有出现古代适应性现象，取而代之的是受当地环境影响的"变化镶嵌体"。伯利兹北部的远古期晚期聚居地遗址出土了特有的燧石工具，被命名为收缩单面器。这是一种修整过的石锛，在当地工坊大量制造。还有各种大型石片工具和其他用剥离手法制成的工具也一同出土。微磨损观测实验表明，这种石锛曾经安有手柄，既可用于加工木材，也可作为多用途挖掘工具。公元前2600—前2200年，森林遭到大规模砍伐和焚烧，更为精细的农业种植模式出现，但比其他地区要晚。是否如考古学家乔恩·洛斯说的，这种延迟是因为人口较少，所以对创新的需求较小？还是因为在更多人定居于此之前，这里与中部美洲其他地区融合程度较低？也许"延迟"是一个带有误导性的词，因为那些从事狩猎、觅食、采集和小规模种植活动的人照样成功生存下来了。最有可能的情况是，广泛散布于伯利兹各处的远古期晚期遗址是季节性营地，仅用于开发当地土地和自然资源（包括燧石）期间居住。这些人是玛雅人吗？来自得克萨斯州的考古学家指出，根据对前陶器时代的样本进行放射性碳测年的最新结果，这段时期与公元前1000年首次出现陶器使用迹象的定居型村落之间似乎没有时间上的间隔。这意味着早在公元前3000年，种植玉米、说玛雅语的民族就来到了这片低地。然而，器物文化，甚至种族的连续性并不能证明语言也是连续的。我们可能永远也不会知道玛雅语何时出现在这里。

今天被称为"索科努斯科"（原为阿兹特克帝国的行省"Xoconochco"）的地区位于墨西哥南部的太平洋海岸和危地马拉紧贴着传统玛雅地区的边界。科研人员在那里发现了远古期人类活动的进一步证据。芭芭拉·伍里斯及其同事追溯了尚图托遗址的人类生活方式。尚图托人生活在约公元前5500—前1500年，即远古期的中晚期。在这4000年里，尚图托人居住在内海岸地带，但经常到外海岸长着成片红树林的河口采集蛤蜊和鱼，还可能在浅水潟湖里打捞小虾。日积月累，如今尚图托人曾经扎营的潟湖附近已经堆积了大量贝壳。

随着时间推移，这些觅食者逐渐做出改变，最终形成了一种全新的生活方式。他们以前整年都在海岸活动，但现在这种活动仅限于雨季。这一转变发生的时间与上文中潟湖附近贝丘遗址首次出现玉米的时间相吻合。植硅体（玉米和其他植物产生的二氧化硅微观元素）和研磨玉米粒的工具都证明了这一点。与此同时，尚图托人的捕鱼方式也发生了变化：他们显然抛弃了早期技术，不再利用船只、渔线、贝壳钩来捕捉独来独往的大型鱼类，转而使用渔网或陷阱来捕捉成群结队的小鱼。

前古典期早期村落

人口密集村落的出现表明，高效农业是前古典期（约公元前1800—公元250年）的重大创新，在太平洋沿岸尤其如此。是什么导致了这一现象？一些学者倾向于认为是玉米产量的提高；另一些则认为，将玉米粒浸入石灰水的加工工艺提高了其营养价值，这才是导致变化的真正关键。不过实际情况却不支持这一假说，一部分前古典期早期的人类遗骸显示出当时的人并非依赖玉米生存，他们很可能还摄入多种富含蛋白质的食物作为补充。然而其他研究人员，如罗伯特·罗森韦格指出，公元前2200年左右，世界各地的中纬度地区均发生了严重旱灾。这是一场全球性气候灾难，但影响却是地方性的：在那个朝不保夕的时代，也许集约型混合农业和村落生活给人们提供了新的安全保障。尽管如此，基思·普鲁弗还是提醒说，在伯利兹，人类开始食用玉米的年代比这一气候事件要早好几个世纪。无论根本原因是什么，玉米的地位和作用显然发生了一些变化。它进入人们的生活中心，成为不可或缺的资源。在公元前1000年左右，这对玛雅低地的居民产生了实质性影响。于是，茅草屋组成村落，在这片土地上星罗棋布，与现代玛雅村庄已经没有太大区别了。

研究中美洲东南部前古典期早期情况的重点地区不是佩滕或尤卡坦半岛，甚至不是玛雅高地，而是墨西哥恰帕斯州、危地马拉和萨尔瓦多最西部，炎热潮湿的太平洋沿岸地区。这片地区有蜿蜒曲折的河流、高度肥沃的土壤，还有就在沿岸沙滩后方的广阔潟湖和河口系统。学者们的眼光主要集中在索科努斯科。远古期，曾经半定居的尚图托人在那里的村落中留下了大量贝丘，说明他们开始了定居生活。前古典期早期始于约公元前1900年的索科努斯科，标志是人们的聚落形态、生存模式、技术手段和社会关系均发生了深刻变化。这一时期一直持续到约公元前1000年。由定居型村落组成的聚居点全年都有人居住，并逐渐向更远的内陆扩散。值得注意的是，聚居点都建立在一连串湿地旁边。湿地在雨季积满水，到了旱季鱼群便会集中于此，待水干涸后就很容易捕捞。正如考古学家约翰·克拉克和迈克尔·布莱克指出，湿地在旱季高峰期也保留了足够水分，可以用作地势较低的农田。因此，在肥沃的索科努斯科平原除了常规种植的两季玉米外，还有第三季收成。

　　时人到底种植了哪种或哪些农作物才能支撑这样的发展呢？人们在大约公元前1700年的索科努斯科遗址发现了玉米轴，但这些玉米果实小，产量也不高。此外，对人类骨骼样本的碳路径分析表明，在前古典期早期的村民饮食中，玉米并不十分重要。迈克尔·D.科和新世界考古基金会的加雷思·劳曾推测，当时村民可能依赖木薯，一种美洲热带地区出产的古老块根作物生存，而不是玉米。但他们很难找到这方面的证据，因而无法证实这种推测。从技术角度来看，最重要的技术创新是发明或引进了陶器，这种情况出现于约公元前1900年的巴拉时期（图2.6）。尽管巴拉陶器很可能是中部美洲最古老的陶器（中美洲的陶器历史更早），但其精巧程度和艺术美感还是令人赞叹。这类陶器主要包括薄壁无颈罐和深型碗。容器的表面色分为单色、双色和三色。陶工通过开槽、雕纹和雕塑轮廓来装饰这些陶器。无颈罐可能在沿海地区更常见，而内陆地区则多用敞口盘，这隐约透露出这些定居点扮演的不同角色。克拉克和布莱克明确提出，这些陶器并不单纯是烹饪器皿。人们依照葫芦的样子雕塑和装饰这些陶器，更可能将其用在仪式中，盛放液体和食物。那么当时的人怎么做饭呢？遗址里发

2.6 巴拉时期陶器复原图，陶器发掘于墨西哥恰帕斯州太平洋沿岸

现了被火烧裂的石头，所以推测他们采用石煮法制作熟食，即将石头加热，然后将其放入盛着水的防渗篮中。

值得注意的是，巧克力虽然与中部美洲有着千丝万缕的联系，但可能是在南美洲驯化的，而且早在巴拉时期就已经进了人们的腹中。这种食物是用可可树种子经过复杂工艺生产的，含有生物碱中的可可碱。好时食品技术中心的化学家杰弗里·赫斯特在巴拉时期的陶器碎片上检测到了微量的可可碱成分，所以这些华丽的容器里保存的很可能是液态巧克力。巴拉遗址还出土了中部美洲最早的烧制黏土雕像，这一工艺在整个前古典期一直传承下来。在墨西哥和玛雅地区的前古典期村庄里，居民们制造了数以千计的同类雕像，其中大部分是女性形象。人们普遍认为这与祈祷农业丰产有关，但缺乏证据支持。从数量判断，小雕像可能还有很多其他用途和意义，比如作为祈祷的神像、护身符、神话故事中的人物化身，抑或代表了某种社会角色和人们心中理想的人体形象。

在随后的罗科纳时期（公元前1700—前1500年），陶器的外形变得更加复杂（图2.7），出现了额外的装饰，如用摇摆压印技术（控制贝壳边缘在潮湿的黏土上以"之"字形移动）形成图案，以及用艳丽的粉色泥釉绘制条纹等。真正的炊具出现了，不过更加重要的是，等级社会首次登上美洲地区的舞台。一批批村庄和聚落在某个单一政体下组织起来，以能容纳1000多人、承担"首都"功能的大型村落为核心。位于墨西哥恰帕斯州的帕索德拉阿玛达就是这样一座"首都"。挖掘人员发现了一幢面积相当大的长条形房屋的黏土地基，房屋两端呈弧状，占地面积达1313平方英尺（约122平方米）。这无疑是举行公众仪式的重要场所，使用时间可能持续好几代人。在这里还发现了已知年代最早的球场，长约249英尺（约75.9米）。两座平行的土墩之间有一片运动场地，这是后来所有玛雅球场的标志性特征。如此不同寻常的设计也许是为了容纳更多观众，让他们俯瞰比赛，又或者与美式橄榄球赛场大致相似，是为了让双方球员在长条形球场上来回奔跑，激烈对抗。

随后的奥科斯时期（公元前1500—前1400年）是迈克尔·D.科及妻子索菲于1958年发现并定义的。该时期基本延续了罗科纳时期的特征，但出现了一种被称为绳纹的陶器装饰。这种装饰需要用缠绕着细棉线的桨状工具压印黏土的潮湿表面，在中部美洲地区可谓独树一帜，不过在东亚和北美的古老陶器上

2.7 罗科纳时期早期的空心头像（复原图），出土于墨西哥恰帕斯州滨海圣卡洛斯，高3.5英寸（约8.9厘米）

却很常见。奥科斯小雕像非常精致，若从解剖学角度欣赏，其中许多作品几乎呈现出达·芬奇构想中的完美人体比例，但也有一些没有手臂的年轻女子雕像。奥科斯时期之后，索科努斯科地区受到来自墨西哥湾沿岸、前古典期早期的奥尔梅克文明的强烈影响，但这就是另外一个故事了。

现在，与索科努斯科文化在手工制品和定居模式上非常相似的玛雅前古典期早期遗址已经遍布危地马拉的太平洋沿岸地区，甚至远至萨尔瓦多的埃尔卡门。与此形成鲜明对比的是，尽管经过几十年深入搜寻和挖掘，在玛雅中部和北部地区依然没有发现在这个时代使用陶器的村落文化。然而，森林干扰[1]和湖底岩芯中玉米花粉提供的证据表明，当时这些地区的确有人类存在。这仍是中部美洲考古学中的未解之谜之一。

---

1 干扰，生态学术语，指在不同空间和时间尺度上偶然发生的、不可预知的事件，直接影响着生态系统的演变过程并具有破坏性的现象。引自《林学名词》（第二版），科学出版社，2016。

前古典期中期的扩张

如果说公元前1000年以前的条件不适于在太平洋沿岸地区之外传播高效的农业耕作模式，那么在接下来的几个世纪里情况肯定相反。前古典期中期持续到公元前400年左右。在这段时间内，大量人口在玛雅高地和低地建立家园。他们使用陶器，其中大部分人可能说玛雅语。公元前1000年以前，人们以一种至今尚不明确的社会组织形式聚集在一起，绝大多数人承担农耕工作。在那之后，新的建筑和生活方式出现了。

其中一些改变首先发生在远离玛雅地区的韦拉克鲁斯南部和与其毗邻的塔巴斯科地区，这是一片炎热的沿海平原，原来是奥尔梅克文明的中心地带。这个文明始于前古典期早期，在前古典期中期结束时达到鼎盛，然后突然崩溃（很久之后，玛雅的部分地区也会如此）。迄今为止，已知最古老的大型奥尔梅克文明遗址是圣洛伦佐，位于墨西哥韦拉克鲁斯州夸察夸尔科斯河的一条支流附近。1966—1969年，耶鲁大学的一支考古队发掘了该遗址，此后一直由墨西哥国立大学负责此地的考察工作。这座前古典期早期遗址可追溯到公元前1400年，以风格独特的大型玄武岩石雕为代表（**图2.8**），属于完全成熟期的奥尔梅克文明。大约在公元前1100—前1000年，圣洛伦佐已经完全衰落，纪念碑也被砸毁敲碎。但在接下来的300多年里，从这一地区辐射出去的奥尔梅克文明依然影响着整个中部美洲。太平洋沿岸平原上的索科努斯科东部有一处坎顿科拉利托遗址，肯定是来自圣洛伦佐的奥尔梅克人建立的殖民定居点。他们可能被该地区丰富的可可资源吸引了。遗址发掘人大卫·奇塔姆表示，这群外来者既使用进口陶器，又使用本地制造的器具，但这些陶器百分之百都属于圣洛伦佐风格。至于圣洛伦佐本身，其居民大部分食物可能来自鱼类或其他水生资源，他们还会在附近肥沃的土壤里种植农作物。

从墨西哥恰帕斯州到萨尔瓦多东南部，奥尔梅克石碑散布在太平洋沿岸的山麓地带，所以毫无疑问，掌握这种艺术风格的族群在前古典期早期和中期便进入了这片膏腴之地。甚至在危地马拉城南部的阿马蒂特兰湖畔上方的崖壁上，还有一幅用红色和黑色颜料绘制的奥尔梅克风格岩画，描绘了两名贵族戴着头盔、手持无法辨认的物品相遇时的场景。墨西哥考古学家托马斯·佩雷斯·苏

2.8 墨西哥韦拉克鲁斯州圣洛伦佐的52号纪念碑，展现的是婴儿形态的奥尔梅克玉米神形象，前古典期早期圣洛伦佐时期（公元前1400—前1150年），高35英寸（88.9厘米）

亚雷斯在乌苏马辛塔河流域中部（如墨西哥特诺西克和埃希多-埃米利亚诺-萨帕塔附近）也发现了其他奥尔梅克雕刻作品。

但是，真正了不起的发现是由亚利桑那州立大学的猪俣健、丹妮拉·特里亚丹及他们的墨西哥同事合作完成的。他们利用激光雷达扫描技术，通过从飞机上发射的激光束记录茂密植被下的地表信息，目前已经获得了墨西哥乌苏马辛塔河附近沼泽地区，以及夸察夸尔科斯河等水系的全景图像。这项技术现在广泛应用于玛雅地区，由此揭示出整个区域中存在很多规整的巨大矩形地块。这些地块边缘有小土丘，大多数在东面的中点处有一段开口。从整体看，这些矩形地块大致呈南北向，但大多略微向东倾斜。正如猪俣健和特里亚丹展示的，其中有一处特别突出，即墨西哥塔巴斯科州的阿瓜达菲尼克斯遗址。该遗址从公元前1050年（甚至更早）至公元前750年处于全盛时代（图2.9），其广场规模之大前所未见，几乎有1.4千米长。以此为起点，宽阔的道路向北延伸超过3.7英里（约6千米），向南延伸的长度则稍短一些。

为了建成庞大的阿瓜达菲尼克斯遗址，时人必须付出近1100万人/日的工作量。巨大的平台内部用各种颜色的黏土填充，尽管只有约15米高，但总体质量超过了吉萨大金字塔。附近地面有些坑洼，当年可能是鱼塘，旁边还有数条相互平行的堤道，人可借此从西边进入广场。激光雷达在危地马拉北部也捕捉到了类似的定居点，只是面积较小，建筑也更为集中。猪俣健给所有这样的矩形地块贴上了"中期乌苏马辛塔模式"的标签。其特征是聚集在抬升的地面上，且离塔巴斯科季节性泛滥平原不远。由于圣洛伦佐文化中建筑形状也像矩形，亦有类似的坡道向南北延伸，所以猪俣健猜测它们可能就起源于"中期乌苏马辛塔模式"。考古学家在阿瓜达菲尼克斯遗址找到了一种长着鼻子的哺乳动物石灰岩雕刻，其形象可能是长鼻浣熊。这预示着未来他们会发现一种全新的艺术风格（图2.10）。

谁建造了这些平台，又是为了什么呢？一种观点认为，这些平台上面基本无人居住，只是偶尔有工程建设或大型仪式时才有人来访。另一假说是，人们曾在那里生活，但地面上的建筑没能经受住树根搅动，陶器在雨水和腐殖质的影响下也未能幸免（猪俣健和特里亚丹倾向于支持第一种说法）。这涉及一个更大的问题：人去楼空后，纪念性建筑物还有可能存续吗？至于平台主人的身份

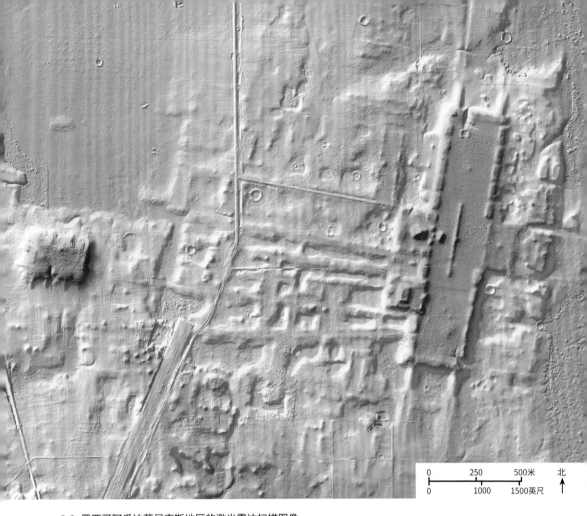

0 | 250 | 500米 北
0 | 1000 | 1500英尺 ↑

2.9 墨西哥阿瓜达菲尼克斯地区的激光雷达扫描图像

则是另一个谜：在前古典期中期，这一地区并非所有人都说玛雅语，但肯定也不乏说玛雅语的族群。

无论这些广场上发生过什么，它们后来都逐渐淡出了人们的生活。到公元前750年左右，阿瓜达菲尼克斯文化模式便被传播更广泛的"E群模式"取代，甚至在阿瓜达菲尼克斯遗址内部就能找到应用E群模式的例子。E群模式是以位于危地马拉玛雅城市乌夏克吞、最先被发现应用此种布局模式的E建筑群命名的。美国杨百翰大学的约翰·克拉克在墨西哥恰帕斯州发现了许多这样的建筑。最近，猪俣健和特里亚丹在阿瓜达菲尼克斯遗址附近也有类似发现。E群模式的核心同样是平台，但平台中心位置建有一座金字塔，而平台东面是一幢沿南北轴线布局的长条形建筑。从著名的奥尔梅克文明中心城市拉本塔到墨西

2.10 有鼻动物雕刻，出土于墨西哥阿瓜达菲尼克斯遗址

哥恰帕斯州的恰帕斯德科尔索，E群模式在相当广阔的地区范围内蓬勃发展了数世纪之久。

前古典期的卡米纳胡尤遗址

美洲最伟大的考古遗址之一是卡米纳胡尤遗址。该地位于危地马拉城西部边缘一个横跨美洲大陆分水岭、肥沃而开阔的山谷中。在探险家阿尔佛雷德·莫兹利的年代，那里还有几百座壮观的神庙土丘，然而到了当代，除了少数几座外，其余遗迹都被首都的房地产开发项目吞噬了。华盛顿卡内基研究所、宾夕法尼亚州立大学、墨西哥山谷大学，以及最近由危地马拉人类学与历史学研究所的芭芭拉·阿罗约主持的抢救行动都表明，尽管该遗址部分建于古典期早期，但绝大多数土丘无疑属于前古典期。砖窑和推土机带来的破坏给科学研究造成了无可估量的损失。

在这种情况下，要为卡米纳胡尤遗址及周边地区的古代遗迹确定时间序列绝非易事，但最古老的文化应该是拉斯查尔卡斯文化。该文化遗迹分布广泛，

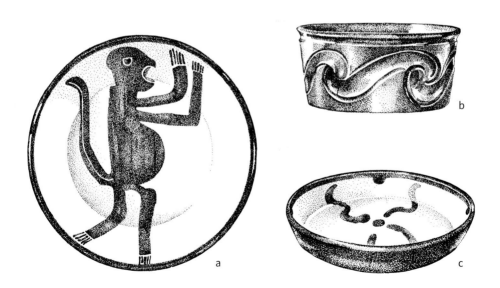

2.11 拉斯查尔卡斯文化陶绘，前古典期中期。a、c：白底红碗内壁图案；b：带有典型纹饰的灰褐色陶碗。a：直径12英寸（约30.5厘米）；b、c：等比例绘制

2.12 坐姿女像陶俑，前古典期中期，出土自科波尔奇的拉斯查尔卡斯文化遗址，高约4英寸（约10.2厘米）

也是那一时代占据危地马拉谷地的主体文化。拉斯查尔卡斯文化所处地层位置在前古典期晚期的沉积物之下，放射性碳测年表明，它在前古典期中期，公元前800—前350年昌盛一时，但最终社会还是崩溃了。不仅此地，当时还有很多城市，甚至远在奥尔梅克文明中心地带的拉本塔也毁灭了。危地马拉城谷地中曾因农业生产造成的水土流失开始放缓，森林重新焕发生机。

　　保存最完好的拉斯查尔卡斯文物出土于多个古老的瓶状坑洞。当地居民挖穿表层土壤，直到触及下面的火山灰层，但没有人确切知道他们挖这些坑有何目的。其中有些可能是为了烹制食物，有些则完全有可能是像居住在美国大平原地区的希多特萨人那样，用来储存玉米和豆子。无论如何，这些坑洞最终的用途肯定是"垃圾桶"。人们在坑洞中发现了已碳化的鳄梨种子、玉米芯、纺织品残存物、篮子、绳子，可能还有垫子的碎片。精美的拉斯查尔卡斯白陶以类似高岭土的黏土为原料，用红色颜料绘制高举手臂的蜘蛛猴、怪诞的龙面具和其他抽象图案，非常精致（图2.11）。拉斯查尔卡斯雕像以女性形象为主，造型生动活泼，在其他遗址少有发现（图2.12）。

直到最近，人们还认为拉斯查尔卡斯仅仅是一种由村民创造的质朴文化。但2005—2007年，芭芭拉·阿罗约对纳兰霍遗址进行了抢救性发掘，这才改变了上述观点。该遗址位于卡米纳胡尤西北面的山丘上，长久以来因两排无装饰石碑而闻名，现在人们已确认石碑属于拉斯查尔卡斯时期。这里显然是一处仪式中心，建有一座小型金字塔和相应的黏土平台，放射性碳测定年代为前古典期中期。尽管阿罗约与开发商达成合作，保留下部分遗址，但危地马拉城仍在发展之中，这显然不利于考古学家的工作。

玛雅低地

时间来到公元前10世纪。我们现在第一次有了确凿证据，证明在玛雅中部和北部地区出现了玛雅族群。猪俣健已证明，大多数证据的年代都应该压缩到较短的时间段内。实际上，他摒弃了玛雅文明是渐进发展的观点，取而代之的是人类活动大范围喷发的理论。说玛雅语的族群在南部低地扩散开来，可能与一种非常早期的陶器传承模式有关。在佩滕地区的阿尔塔-德萨克里菲乔斯、布埃纳维斯塔-努埃沃·圣·何塞、塞巴尔、西瓦尔和蒂卡尔等遗址，以及伯利兹的卡哈尔佩奇、奎略遗址的最古老地层中均发现了该种陶器。尽管这些容器风格不同，但都包括宽边缘外翻、带有刻纹的大盘子以及穿孔的陶滤器，后者可能用于清洗浸泡过石灰水的玉米粒。这些特征在伯利兹的遗址中尤其显著。在更西面的遗址里，考古学家找到了白泥釉陶器，与位于玛雅地区西部、墨西哥恰帕斯州格里哈尔瓦河流域内的恰帕斯德科尔索古遗址出土的陶器非常相似，很可能制陶技术就是从那里跟随说玛雅语的族群一起扩散到低地部落的。60年前，就像看待卡米纳胡尤文化一样，人们认为这些玛雅先驱也是一群农夫，他们中不存在社会分化，当然也没有自己的神庙或金字塔。但出土于佩滕南部帕西翁河畔塞的巴尔遗址的证据改变了这一局面。哈佛大学考古队在1964—1968年的挖掘中发现了一批用绿玉石制造的石

2.13 奥尔梅克风格的玉器,包括放血工具和独木舟模型,出土于危地马拉塞巴尔遗址。独木舟模型长约3.93英寸(约10厘米)

斧,其排列方式与奥尔梅克拉本塔遗址中类似的藏品如出一辙,此外还有一支奥尔梅克风格的玉质打孔乐器。这些文物的发现地点在前马蒙时期的雷亚尔-艾克欣地层之下,几乎贴着基岩,现在我们知道其年代约为公元前1000—前700年。从2009年开始,由猪俣健和特里亚丹领导的团队对该遗址的雷亚尔-艾克欣沉积层进行了更广泛的挖掘。他们还发现了几柄按照神话中宇宙方位放置的拉本塔风格绿玉石斧,说明在如此早的年代,塞巴尔就已经成为用黏土和泥巴建成的仪式中心了(图2.13)。盖蒂研究所的安德鲁·特纳辨识出,一些玉器模仿了珍珠贝的样子。当时的人将首饰佩戴在胸前,祈求风调雨顺,呼唤祖先的灵魂。这套仪式在玛雅世界里延续了数千年之久。玉石锛似乎象征着神木,也代表人们为农业种植而大规模砍伐森林时使用的工具。在塞巴尔,人们需要付出超过35万人/日的工作量来平整地面,获取土石原料以建造平台。遗址附近还有许多小型E群模式建筑，似乎作为塞巴尔主神殿的附属庙堂供当地人使用。

到约公元前800—前700年，玛雅人才在早期高台上建立起金字塔，并按照前文提到的E群模式布局。塞巴尔遗址的早期陶器直接衍生出所谓的马蒙文化（公元前600—前400年）和与其同质性显著的马蒙陶制品。马蒙或其他类似文化几乎遍布整个玛雅低地，而且一度被认为是小型村落形式的陶器文化。然而，我们必须考虑到佩滕地区特殊的发掘条件。低地玛雅人几乎总是把自己的神庙建在更古老的神庙之上，所以好几个世纪后，最早的建筑都被深深埋入堆积如山的古典期瓦砾和尘土之中了。因此，要在一个较大的遗址中寻找马蒙时期的神庙会耗费大量时间和人力。在尤卡坦半岛西北部，研究人员已经发现了大约23座这一时期的球场，在希科赫、霍特博、霍科纳克及波西拉等遗址也找到了大量建筑，其中甚至包括巨石结构建筑。考古学家费尔南多·罗夫莱斯·卡斯特利亚诺斯和托马斯·加拉雷塔·内格罗指出，最后两处遗址几乎还处于原始状态，早期遗迹就裸露在地表上，没有遭到破坏。在整个尤卡坦地区，一直到海岸外的科苏梅尔岛，人们都发现了风格一致的奥尔梅克玉器，说明该地区对外有过广泛的文化交流和互动。

与拉斯查尔卡斯陶器相比，马蒙陶器看起来相当朴素，但它似乎和拉斯查尔卡斯陶器有关联。马蒙陶器中最常见的是红色和橙红色的单彩陶，上面没有其他色彩装饰。通常情况下，这种陶器上唯一的点缀是在其内部简单刻画一些纹路，或在长颈瓶上涂抹红色斑点。偶像崇拜，如果能如此称呼的话，也出现在马蒙文化中。人们采取穿孔、装饰黏土条等手段，对雕像进行风格化处理。考古学家在蒂卡尔一处楚尔敦中发现了一批马蒙陶器。楚尔敦位于广场地面之下，呈瓶状，其形状和用途与拉斯查尔卡斯的类似结构相仿。这种地下洞穴是人们打穿地表，深入石灰岩层形成的，在玛雅中部和北部地区的遗址中随处可见。我们知道，到古典时期，它们在普克地区的功能是蓄水，而在中部地区则被用作坟墓或汗蒸浴室。玛雅建筑师最初可能为了获取优质石灰才打出这些地坑，但它们的存储用途（十有八九被用作蓄水池）也不应被忽视。不论楚尔敦之谜的答案是什么，它们都和马蒙文化一样古老。

另一件玛雅早期陶器的用途乍看之下令人颇为费解。许多前古典期中期的陶器都有像茶壶一样的壶嘴。人们早就知道这种陶器是用来倒某种液体的，但对究竟是哪种仍一头雾水。美国肯尼索州立大学的特里·波伊斯在伯利兹北部科尔哈遗址出土的几件陶器中发现了一些残留物，并将其交给好时食品公司化验分析。杰弗里·赫斯特在里面发现了可可碱的痕迹，年代可追溯到公元前600年左右。我们都知道，可可碱正是巧克力特有的一种生物碱。因为后世的中部美洲人对巧克力饮品上的泡沫情有独钟，所以赫斯特推测科尔哈村民通过这种壶嘴吹气，促使巧克力液体起泡。

玛雅中部地区的东南角，首批在科潘古城周围富饶山谷中定居的玛雅先民与马蒙文化有着截然不同的根源。前古典期早期即将结束时，沿太平洋海岸直至萨尔瓦多分布的村落文化都已经"奥尔梅克化"了。这一文化传统表现于奥尔梅克风格的刻纹陶器和石碑，并延续到前古典期中期。在前古典期中期的乌尔时期（公元前800—前400年），奥尔梅克文化浪潮甚至传入科潘河谷，那里突然出现了刻有奥尔梅克风格图案的陶碗，如"爪、翼"和"火焰眉毛"。在古典城市科潘的外围郊区地层深处，威廉·法什发现了一座乌尔时期的墓葬，陪葬品有奥尔梅克风格的陶器、9件抛光石斧和300多件钻孔玉器。尽管玛雅低地其他地区似乎也都使用奥尔梅克风格的玉器，但科潘地区的陶器则表现出与其更加不同寻常的联系。

奥尔梅克文明后来能渗透到玛雅地区东南边界地带，玉器无疑是非常重要的媒介。几十年前人们就已经知道，古典时期的玛雅人从科潘以西、莫塔瓜河流域的冲积层中采集通常比较暗淡的绿色玉石，而非蓝绿色玉石，但后者才是奥尔梅克人珍视的独特品种。2001年，包括地球物理学家拉塞尔·塞茨、矿物学家乔治·哈洛、地质学家弗吉尼亚·西森以及人类学家卡尔·陶贝在内的研究小组在莫塔瓜河上游的拉斯米纳斯山脉发现了几处玉石矿，从而解开了奥尔梅克人从哪里获得这种材料的谜团。从那时起，挖掘人员又在这些矿源附近相继找到多处工场遗址，并在河流下游发现了经河水冲蚀的原石。通过控制莫塔瓜河和科潘河谷，奥尔梅克人实际上垄断了玉石资源。这种物质之于这个原始社会就像黄金之于西班牙征服者一样重要。

前古典期中期为后世玛雅文明的繁荣发展打下了基础，但仍有许多需要我们了解的地方。这段时期结束时，玛雅社会出现大范围崩坏，其原因尚不得知。

当然，也正是在这一时期，玛雅地区开始使用玛雅语。不过我们熟悉的玛雅文明诸要素，包括拱形石砌建筑、自然主义风格的绘画和浮雕、长纪历以及文字系统等，在这个时期才刚刚开始萌芽。

第三章

玛雅社会
崛起

　　对考古学家来说，玛雅文明从前文一直讨论的村落或小型市镇－宗教中心发展至成就非凡的古典时代，似乎是一个极其漫长的过程。但我们现在意识到，这一进步就发生在被命名为前古典期晚期的那段时间内。前古典期晚期从公元前400或公元前300年持续到公元250年，我们探索越深入，就越觉得这段时期错综复杂、繁荣发达。从社会和文化演变的角度来看，前古典期晚期确实是古典期的预演，所有那些通常被归于古典玛雅的文化特征此时均已体现出来。然而这也会让人产生冲动，贸然将前古典期晚期社会与本书后面会介绍的古典期诸王国看作本质上相同的事物而走入误区。这两个阶段有着不同特征，对学者而言，相关证据也有明显区别（**图3.1**）。

　　随着与奥尔梅克文明相关的族群在公元前400年左右急剧衰落，玛雅地区也迅速发生了改变。发生在这个时间点不可能是巧合，但其背后隐藏的意义我们尚不清楚。我们知道的是，随着人口增加，尤卡坦半岛南部低地成为中部美洲孕育复杂社会的温床，为建立巨大城市创造了条件，这种现象在佩滕地区所谓的米拉多盆地（实为一处高地）尤其突出。在这个时代我们还看到玛雅文字和历法的起源。这两项发明也许是为了记录国王和王朝的历史，但这只是一种有争议的观点，因为除了日期和少数文字之外，我们还无法阅读其他最早的玛雅

图例
○ 前古典期晚期遗址
● 拥有纪念性雕塑的前古典期晚期遗址
▨ 伊萨帕艺术风格分布区域

迪兹比尔查吞
阿坎塞
奇琴伊察
亚述那
卡巴
玛尼
霍拉克顿
洛尔顿洞穴
圣罗莎希坦帕克
埃德兹纳

坎佩切湾

贝洛特
圣米格尔
伊奇卡巴尔
埃尔帕克马
塞罗斯
卡拉克穆尔
拉马奈
加勒比海
埃尔米拉多
瓦克纳
纳克贝
圣何塞
乌夏克吞
蒂卡尔
埃尔帕尔马
纳兰霍
巴顿拉米
尼克斯顿－奇奇
托普克特
苏南图尼奇
恰帕斯德科尔索
阿尔塔－德萨克里菲乔斯
霍穆尔
齐明卡克斯
圣奥古斯丁
圣克鲁兹
托纳拉
圣罗莎
圣费利佩
拉拉古尼塔
圣丽塔
乌塔特兰
埃尔伯顿
科潘
萨夸尔潘
伊萨帕
卡米纳胡尤
雅鲁梅拉
埃尔乔博
埃尔包尔
萨利纳斯拉布兰卡
蒙蒂阿尔图
塔卡利克阿巴赫
奥伯罗
乔科拉
丘库穆克
芬卡亚利桑那
查尔丘阿帕
克莱帕
乌苏卢坦

0 50 100 150千米
0 50 100英里

3.1 前古典期晚期遗址分布图。图中从东到西，建筑上装饰着巨型面具的遗址包括拉马奈、乌夏克吞、霍穆尔以及卡拉克穆尔

铭文。至于前古典期晚期玛雅社会起源何处，所有迹象都指向诸如危地马拉的塞巴尔这类城市，还有阿瓜达菲尼克斯遗址的神秘平台及其附属建筑物（见第一章）。事实上，现在玛雅低地许多地方都发现了人们修筑纪念性建筑的证据。我们也注意到奥尔梅克文明对玛雅地区产生直接影响的证据，如危地马拉的圣

巴托洛，尽管这只是一座小城，但我们会在本章中重点介绍。前古典期晚期的玛雅人肯定十分认可奥尔梅克先辈们的艺术品位，因为他们和后来的玛雅人一样，都很珍视奥尔梅克文化的玉器。但是，玛雅文明是否诞生自从属于奥尔梅克文明的族群呢？实际情况相当微妙复杂，因地区不同而情况各异，需要就具体地区重新诠释，寻找新理论。不过，有一件事确凿无疑，即中部美洲部分地区的人会向遥远的土地寻求文明灵感和身份起源。对古代墨西哥人来说，玛雅地区是一块盛产玉石、羽毛和巧克力的土地，或许还为后来墨西哥中部特奥蒂瓦坎城的金字塔提供了原型。而玛雅人将西方，也就是现在的墨西哥所在地区视为神话创作之源、王室合法性之所在，认为尚武精神甚至帝国王朝亦发端于斯。

玛雅人继承了古墨西哥人的生活方式，沿袭了他们思考、探讨自身存在的传统。他们认为宇宙需要秩序与维护，他们感知到自身与神灵、时间、空间以及圣地之间存在羁绊。为了唤起并强化这些思想，他们创造了文字和具有文字功能的图像，而这些直至今日依然深深吸引着我们。古玛雅人会把自己看作一个民族、一个整体吗？可能不会。他们中富人和穷人的关系一定很紧张。居住在城市里的人无疑同偏远地区的村民有着巨大差异。不同的语言、方言或地方性传统也会削弱人们的集体认同感。但在前古典期晚期，我们更加清晰地认知到了这些族群拥有共同的文化特征。

历法诞生

当人口数目变得越来越庞大，社会需要组织协调才能正常运行时，记录时间的系统就必不可少了。历法可以帮助国家统治者记录生活中的很多重要事件，指导农业种植和宗教礼仪，并记录天体运动。包括玛雅人在内的所有中部美洲人都遵循52年为一轮的"历法循环"规则。这可能是一套极其古老的历法，由两种排列的循环周期构成。其中一个设260天为一年，用数字1到13与20个有特殊名称的日子组合，以记录日期（**图3.2**）。日名在中部美洲的不同文化中存在差别，但通常与动物或神话有关。对玛雅人来说，260天是一个基本周期。一些学者用"卓尔金"（tzolk'in）这个单词来表示这个周期，但它实际上的玛雅语名称可能是13tuk。

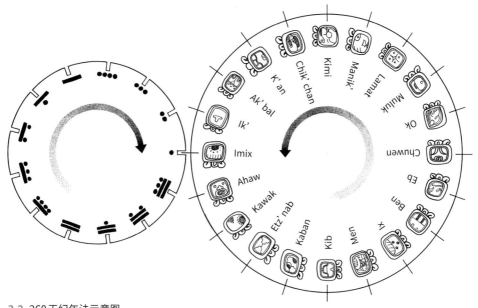

3.2 260天纪年法示意图，
日名使用尤卡特坎玛雅语表示

　　循环从1 Imix开始，接着是2 Ik'，3 Ak'bal，4 K'an，直到13 Ben；到了第14天，前面的系数还原为1，日名则为Ix，记为1 Ix，然后是2 Men，以此类推。260天周期的最后一日是13 Ajaw[1]，然后从1 Imix开始重复循环。要注意的是，对大多数日名，学者们会使用其尤卡特坎玛雅语名称，但这只是惯例，并不意味着玛雅文化圈中其他地区也是如此发音。260天纪年法如何产生仍然成谜。它与人类长达9个月的妊娠期相当接近，尽管十分怪异，其意义却一清二楚。这种历法中的每一天都代表某种特定征兆，或关联到某件事物。这20个命名日不可阻挡地向前推进，犹如一台永恒的算命机器，引领玛雅和墨西哥所有族群走向既定命运。当今，在墨西哥南部和玛雅高地的一些土著群体中，卓尔金历依然在祭司的维持下亘古不变地运行着。不同的日子对应着不同的命运：古典时期，一些地位较低的贵族会用日名，大概就是他们出生的那一天作为自己的名字。中部美洲其他地区也会使用这样的命名方式。

　　与260天为一年相对应的是"不定年"，或以365天为周期的"哈布年"

---

1 "Ajaw"一词在本书图3.2和图3.4中均表示为"Ahaw"，保留原文，未作修改。——编者注

| Pop | Wo | Sip | Sotz' | Sek |

| Xul | Yaxk'in | Mol | Ch'en | Yax |

| Sak | Keh | Mak | K'ank'in | Muwan |

| Pax | K'ayab | Kumk'u | | Wayeb |

3.3 哈布年或365天纪年法的月份符号，月份名使用尤卡特坎玛雅语表示

（ha'b）。之所以这么叫，是因为其实际回归年大约多了1/4天，这就需要每4年闰1天才能确保历法与太阳的运行规律一致。虽然玛雅人很清楚哈布年比回归年要短，但他们并没有相应修改历法。在哈布年里，有18个"月"，每月20天（图3.3），年底还要加上5天，这5天意味着不吉。玛雅新年从1Pop开始，第二天是2Pop，以此类推。然而，月末最后一天的系数不是20，而是一个标志，表明这个月的"边缘"或下个月的"座位"。这与玛雅人的哲学理念相符合，他们认为在任何一段时间真正开始前，人类都能感受到其影响；而即便这段时间表面上"结束"了，它产生的影响也将继续。"座位"还意味着当前某段时间正好

处于它注定的位置。

由此可以推断，260天纪年法中的任何一天在哈布历中都有相应位置，如1 K'an对应2 Pop。对标记为"1 K'an 2 Pop"的这一天，只有经过52个哈布年（18980天）后才会重复（图3.4）。这种纪年法就是历法循环，是墨西哥高地居民唯一掌握的纪年方式，但显然有缺陷，因为若时间跨度超过了52年就可能引起日期混淆。

虽然人们通常认为长纪历属于玛雅人，但在古典时期和更早之前，它已经在中美洲的低地地区广为传播了，不过最后将其打磨完善的还是中部地区的玛雅人。这实际上是另一种排列组合纪年法，只不过周期非常长。与历法循环不同的是，在长纪历涵盖的时间跨度内，任何事件的发生日期都能确定下来，不

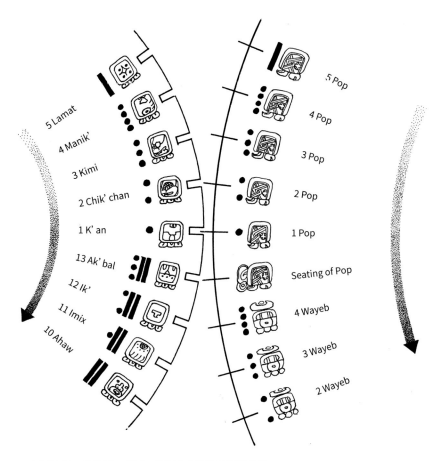

3.4 52年历法循环的局部示意图，使用尤卡特坎玛雅语表示

必担心含混不清。玛雅人和其他族群没有把不定年作为长纪历的基础，他们使用的是 Tun，即以 360 天为一周期。长纪历的循环规则是：

20 个 K'in	等于 1 Winal 或 20 天
18 个 Winal	等于 1 Tun 或 360 天
20 个 Tun	等于 1 K'atun 或 7200 天
20 个 K'atun	等于 1 Bak'tun 或 144 000 天

玛雅人刻在石碑上的长纪历日期由上述单位组成，从上到下按数量级递减。每个周期单位都有自己的系数值，全部值之和即为自上一个大周期结束以来度过的天数。这个周期长达 13 个 Bak'tun，以"4 Ajaw 8 Kumk'u"为最末一天。若转换为格里高利历，那么最近一个大周期的起点是公元前 3114 年 8 月 14 日，结束日则是公元 2012 年 12 月 24 日。人们习惯上以"9.10.19.5.11 10 Chuwen 4 Kumk'u"这样的方式记录某个长纪历日，若换算日期，那么：

9 个 Bak'tun	等于 1 296 000 天
10 个 K'atun	等于 72 000 天
19 个 Tun	等于 6840 天
5 个 Winal	等于 100 天
11 个 K'in	等于 11 天

换言之，上一个大周期结束以来的第 1 374 951 天，在历法循环中的位置就是"10 Chuwen 4 Kumk'u"。同样，为了确保一致，当今学者对这些时间单位的用法并不总是与古典时期相同。比如 Bak'tun 实际上应读作"pih"或"pik"，而 Tun 实际应被读为"ha'b"，这种转换可能会让现代读者感到困惑不已。

碑铭专家大卫·斯图尔特提出，古典期玛雅文明中的 13 个 Bak'tun 大周期实际上还嵌在一个更大的结构中，他称之为"大长纪历"，玛雅历法学家据此就能计算出宇宙过去和未来几千年甚至数百万年的时间。如此令人眼花缭乱的超级数字世所罕见，但它们就刻在好几座玛雅城市的石碑上。

关于系数本身也应该探讨一下。玛雅人和其他几个低地族群以及墨西哥瓦哈卡州的萨波特克人和米斯特克人一样，有一套相当简单的编号系统，只用到两个符号：一个圆点代表 1；一条横杠代表 5。4 以下的数字只用圆点来表示；

6表示为上面一个圆点，下面一条横杠；10是两条横杠。19是历法中使用的最大系数，为3横杠上面再加4个圆点。要处理更大的数，表示0的符号（其起源尚不清楚）就必不可少，本书将在第六章深入讨论这个问题。

人们普遍认为，长纪历一定是历法循环投入使用很久之后才开始运行的，但究竟是晚了几个世纪还是好几千年，我们目前还无法确定。目前已知最古老的长纪历日期为Bak'tun 7，记录在玛雅地区之外的石碑上，其中最古老的一座是恰帕斯德科尔索遗址的2号石碑。该遗址是一处主要仪式中心，早在前古典期早期便存在于墨西哥恰帕斯州中部干燥的格里哈尔瓦山谷内。那块2号石碑上刻有一串纵列数字"（7.16.）3.2.13"，后面接着是第"6 Ben"天，不过所有早期铭文中都没有记录以20天为一周期的不定年"月份名"。这列数字最开始的系数已经缺失，但还可以重构。其标示日期相当于公元前36年12月9日。5年后，时人在著名的石碑C（位于墨西哥韦拉克鲁斯州特雷斯萨波特斯的奥尔梅克遗址内）上雕刻了日期"7.16.6.16.18 6 Etz'nab"。

现在，Bak'tun 7中的第16个K'atun被认定属于前古典期晚期，而且我们可以肯定，除非这些日期是从"13.0.0.0.0 4 Ajaw 8 Kumk'u"（上一个大周期的结束日）以外的基数往前计算（这似乎不太可能），那么长纪历在公元前1世纪就已经抵达了其最终形式，而创造它的甚至可能不是玛雅人。

那么，这些人会是谁？在第一章中我们提到，奥尔梅克人说的可能是早期米些-索克语。在特万特佩克地峡和墨西哥恰帕斯州西部地区，仍有人使用这一语种。一些学者现在希望把玛雅地区以外最早刻有长纪历日期的遗迹也归于米些-索克人。1986年，一座宏伟的石碑在墨西哥韦拉克鲁斯州东南部一个叫拉莫哈拉的地方出土，上面刻有两个Bak'tun 8日期，分别对应公元143年和公元156年。石碑上还有大约400个文字符号，大多数碑铭学家称其为"地峡文"，但也有人将其称为"伊皮奥尔梅克文"（著名的图斯特拉雕像也是在韦拉克鲁斯州发现的，上面使用了同样的文字符号，可追溯至公元162年）。特伦斯·考夫曼和约翰·贾斯特森提出了一种破解地峡文的方法，并声称它们就是用米些-索克语写就的，但大多数符号学家并未认可这种理论。不幸的是，我们仍然不清楚到底是哪个语族创造出了地峡文，或促成了长纪历的早期发展。

玛雅文和地峡文之间的关系仍然混沌不清，这使情况更加扑朔迷离。最早的玛雅文字来自危地马拉的圣巴托洛，可追溯至公元前300年左右，早于地峡文字出现的时间。最近，面对从地峡文到玛雅高地文字再到南部低地文字的发展脉络，大多数考古学家的观点都被颠覆了。中部美洲的文字谱系比以前人们认为的复杂得多，但苦于文本样本太少，尚无法厘清各种文字之间的关系。另一个重要的观点是，存在起始日期就意味着当时的玛雅人不仅相信周期循环，还相信某些特定事件的的确确在遥远的过去发生着。后来的玛雅铭文对此解释说，那是众神竖立祭祀石碑、重铸宇宙熔炉的时期。类似信仰当时可能已经传遍特万特佩克地峡，也传入了玛雅地区。

伊萨帕港口和太平洋海岸

要回答玛雅文明如何发展之类的问题，墨西哥的伊萨帕遗址正是关键所在。该遗址位于恰帕斯州的塔帕丘拉东部，距太平洋海岸约20英里（约32千米）。这个内陆地区地势略有起伏，气候潮湿。伊萨帕遗址面积非常大，由80多座泥土堆砌的庙丘组成，庙丘表面饰有鹅卵石。尽管这个地区在殖民时期早期使用塔帕-丘尔特克语（米些-索克语的分支），但伊萨帕的宗教图腾带有浓郁的玛雅色彩，因此必定由说玛雅语的族群建立。研究人员确定它传承自一个名为拉布兰卡的大型聚居点遗址。该遗址与奥尔梅克文明有关，就在墨西哥和危地马拉的交界处附近。迈克尔·洛夫和朱莉娅·格恩齐对遗址进行了详细考察，记录下高约25米的金字塔，这是中美洲最早的金字塔之一。

早在前古典期中期，伊萨帕就是一处仪式中心，功能一直持续到古典期早期，但大部分建筑与几乎所有石刻可能都属于前古典期晚期。然而，目前学界对此仍有争议。美国奥尔巴尼州立大学的罗伯特·罗森韦格认为这些石刻的年代在公元前300—前100年；亚利桑那大学的猪俣健则将这个时间推后了一两个世纪。这个问题为何如此重要？因为根据不同年代可以判断低地玛雅人是否参与了这种早期艺术风格的创造，他们也可能只是其后来的主要继承者。许多学者支持猪俣健的观点，不过问题远未得到解决：众所周知，只要挪动了石刻的位置，就很难再确定其年代了。罗森韦格通过激光雷达技术发现，伊萨帕与其周边附属聚居点的布局和朝向非常一致，可能都处于同一个王国统治之下。隐约显现的矩形模式表明它们曾受到阿瓜达菲尼克斯和奥尔梅克文明的影响，不同大小的金字塔和平台位置还表明它们遵循着某种网格式布局。有一座特别大的金字塔坐北朝南，雄伟山脉成了它的背景。罗森韦格认为，大约在公元前100—公元100年，伊萨帕定居点受到了附近塔卡纳火山喷发造成的严重影响。伊萨帕人的主要艺术形式是浅浮雕，构图恢宏大气，但不免有些杂乱。有些场景表现的是帝王形象，比如一个衣着华丽的人在滂沱大雨或雾气弥漫中将战败的敌人斩首。人们还发现了一个气势不凡的石质王座。然而，充斥于后世玛雅艺术的王朝题材还不是伊萨帕艺术的主流，真正占主导地位的是以神话时代为背景的故事。恰克是玛雅神话中无所不在的雷电之神和雨神，有一幅浮雕描绘了恰克（早期形态）正生龙活虎地捕鱼的场景，也许是隐喻人们正在祈雨。

但在伊萨帕遗址里程碑式的艺术创作中，最重要的具象化玛雅神灵是一位"主鸟神"。他的形象是一种带神性的拟人化动物，可能就是神鹰（图3.5）。他也是玛雅众神之一——维科布·卡库伊科斯（意为"七鹦鹉"）的前身。到前古

3.5 伊萨帕遗址的2号石碑临摹图。主鸟神落在果树上，双子英雄正向他打着手势。前古典期晚期，约公元前100年或更晚

典期晚期，其形象在佩滕和伯利兹神庙的巨大灰泥面具上也常出现。维科布·卡库伊科斯是《波波尔·乌》中的"太阳"，早在人类被创造之前就存在于世，性格跋扈傲慢（参见后文"双子英雄和创世记"一节）。在一座石碑上，可以看到主鸟神飞下来吃厚叶金匙木上结的果子，双子英雄分别站在树两侧的场景。另一座石碑描绘了主鸟神栖息在树上，而乌纳普从下面凝视着它，鲜血从乌纳普的断臂中向外喷涌的场景。反复出现的元素必然表现了人们耳熟能详的图像主题。例如，主场景上方斜线条之间的"U"字形，可能是玛雅古典艺术中普遍存在的"天空"的早期表现形式。

因此，那些我们认为属于低地玛雅人的典型文化特征，比如石碑−祭坛复合体（早前在卡米纳胡尤附近的纳兰霍遗址出土）、玛雅雨神恰克，还有强调神话场景且非常重视描绘羽毛和服饰细节的平面艺术风格，早就出现在伊萨帕遗址，也使那里成为主要的文化中心。考古学家在伊萨帕没有发现文字和历法，但只要沿着太平洋斜坡地带向东进入危地马拉，就能找到刻有铭文和记录着"Bak'tun 7"日期的遗址。

其中一座危地马拉古城叫阿巴赫塔卡利克，位于郁郁葱葱、水源充足的山麓地带。在西班牙征服时期，它是巧克力的主要产地，现在则专门种植咖啡、甘蔗和其他作物。该遗址占地面积至少有2.5平方英里（约6.5平方千米），拥有一座球场和多座黏土堆砌的庙丘。这些土丘排列在梯形土地上，表面覆盖着鹅卵石和其他石头。遗址中的2号石碑有些损坏，其上雕刻着两个衣着华贵的人物形象。他们戴着高高的羽毛头饰，隔着一列垂直铭文面对面站着，上方有一团云状旋涡，从中可以看到一张天神的脸。铭文顶端的符号无疑是一种尚处于褪褓中的引导性字符，在后来的古典期铭文中，这种字符总是位于长纪历日期的开头。下一个符号是Bak'tun的系数，几乎可以肯定是数字7。近几十年来，米格尔·奥雷戈和克丽斯塔·希伯·德·拉瓦雷达在发掘期间找到了一些新的石刻文本，其中一部分样式华丽，结构完整。他们还发现了几座陪葬有玉石项链和大型雕像的王室墓葬。

更完整的Bak'tun 7铭文出现在埃尔包尔遗址的1号石碑上（**图 3.6**）。该遗址位于危地马拉阿巴赫塔卡利克东南部的一座废弃咖啡种植园内。这一地区在古典期晚期是科特苏马尔瓜帕文化的中心。石碑右边，一个侧身人像摆出僵

3.6 埃尔包尔遗址1号石碑拓片图。它是玛雅地区最早记载着日期的文物。石碑右边，一个侧身人像呆板地站立着，上方有一张脸正透过云卷往下看

硬的姿势，手里拿着黑曜石匕首。他上方有一张祖先或神灵的面孔，正透过云卷往下看。他前面有两列垂直铭文，右边一列刻得很浅，现在已经被侵蚀殆尽；左列顶端是系数12，下方是一块无肉的下颌骨，这是日名"Eb"的墨西哥式书写方式。然后是四个难以辨认的符号，接着是一系列长纪历数字，复原后为"7.19.15.7.12"，对应历法循环中的"12 Eb"。这一天是公元37年3月5日，这使这座石碑成为严格意义上玛雅地区最早记录有明确日期的文物。

在结束本小节前，我们还必须谈谈在太平洋沿岸地区和卡米纳胡尤广为流行的第二类雕像风格。这种雕像体积巨大，雕工粗糙，而且都闭着眼睛，大腹便便，腿部畸形，脸部浮肿，下颌突出。这位神祇的确切身份目前依然神秘，他是大地之灵，还是神话中的小丑、贪吃鬼，抑或灶神？正如朱莉娅·格恩齐指出的，这个形象从前古典期中期摆放在家庭中的小雕像发展而来，但最终结果却与"小型化"完全相反：从某种意义上说，原本朴实低调的雕像因承担了更多公共职能而变成了"庞然大物"。

双子英雄和创世记

我们现在知道，从前古典期晚期到西班牙征服时期，大量古玛雅形象都明确展现了一个本质上与农业息息相关的创世故事，这也与玛雅人的主食，即玉米的种植和收获周期有着深刻关联。当然，还有许多其他与玉米相关的主题。故事中最重要的桥段在《波波尔·乌》中为后世留存下来。这本书在基切玛雅语中是"箴言之书"的意思，讲述了屠杀怪物的英雄双胞胎和他们的父亲玉米神的事迹。他们所在的必定是一个包罗万象的神话体系。通过对玛雅铭文和考古记录的分析，以及与其他著名的中部美洲文明，如阿兹特克文明比较，我们可以从民族史角度充实这部神话的内容。

宇宙最初由一对祖神（在《波波尔·乌》中称为"Xpiyacoc"和"Xmucane"）从虚空之水中创造，之后经历多次新生与毁灭，循环往复。每一代世界里都居住着不甚完美的生命。这些生命中的最后一批是木头人偶，它们因不愿或没有能力赞美神灵而惨遭厄运。一场大洪水淹没了整个世界，灭绝了创世史上的倒数第二个物种。接着，天幕坠落，太阳、月亮和星星也彻底熄灭。就在这黑暗之中，一只巨大而傲慢的鸟怪（《波波尔·乌》中的维科布·卡库伊科斯或"七鹦鹉"）宣称自己是新生的太阳和月亮——后面还会有它的故事。

创世祖神生了一对双胞胎。其中一个是玉米神（胡·乌纳普，或"1 Ajaw"），而他的兄弟"7·乌纳普"只不过是他的替身或同伴。这位年轻英俊的神结婚后生了两个儿子，分别取名为胡·巴茨和胡·丘文。后来，玉米神和他的双胞胎兄弟在球场打球，但发出的声响激怒了多位冥界之主（玛雅人称冥界为"Xibalba"，意思是"恐怖之地"）。他们被召唤到冥界，在几个阴森恐怖的房间里经受了一系列考验和审判，其中一个房间里住满了死亡蝙蝠。最后，兄弟俩作为祭品被斩杀，玉米神的头被挂到树上（蒲瓜树或可可树）。

一天，某位冥界之主的女儿从树下经过，听到悬在树上的头颅对自己说话。她举起手，竟然神奇地怀孕了。6个月后，女子因行为不检而被驱逐出冥界，来到地面上。她找到她即将出生的孩子的祖父母（远古造物神）当年建造的房子，权作庇护之所。冥界公主生下的孩子就是双子英雄：乌纳普（古典时期被称为胡恩·阿乔）和斯巴兰克（古典时期被称为雅克斯·巴赫拉姆或"幼美洲豹"）。他们机智过人，是优秀的猎人、吹箭手和球手。

这对双子英雄利用计谋，将嫉妒他们的同父异母兄弟胡·巴茨和胡·丘文分别变成了猴子或猴人。玛雅人也将猴人视为神或半人半神来崇拜。他们认为猴人是所有艺术家的守护神，为音乐、舞蹈、写作和雕刻保驾护航。

与美洲其他许多土著文化一样，双子英雄的主要任务是消灭世上的妖魔鬼怪。乌纳普和斯巴兰克首先拿"七鹦鹉"维科布·卡库伊科斯开刀。当这只珠光宝气的巨鸟降落到一棵厚叶金匙木上，对它最喜爱的水果大快朵颐时，乌纳普用吹箭筒击碎了它的玉牙。双方随后展开肉搏，尽管鸟怪扯掉了乌纳普的胳膊（后来这条胳膊恢复如常），但也注定逃脱不了灭亡。虽然创世神用柔软的玉米粒为维科布·卡库伊科斯换掉了坏牙，可这只巨鸟还是不光彩地死去了。双子英雄接着又杀死了两个怪物，一个是火山，另一个是地震的制造者。

最后，双子英雄击败了冥界之主。就像遇害的父亲和叔叔一样，他们也被召唤到冥界，置于充满各种酷刑和恐怖的房间。他们使出百变花招，与死神斗智斗勇，逆转战局，甚至还在球赛中击败了对手，可双子英雄还是被杀死了。然而上界诸神并不希望他们死去，又将其复活。聪明的年轻人再次设下奇谋妙计，伪装成舞者和滑稽小丑混入冥界王庭，成功杀死了敌人，即疾病和死亡的化身。取得最终胜利后，他们让玉米神，也是他们的父亲胡·乌纳普复生。重返凡尘的旅途中，玉米神乘坐独木舟经过冥界水域。两位年老的神灵为他划桨，还有赤身裸体的年轻女子在旁边相伴，她们把他之前被掠走的珠宝和头饰如数奉还。这趟旅程可能危机四伏，因为蒂卡尔遗址出土的两件古典期晚期骨刻作品显示，那艘独木舟正在下沉，而船上的人

陷入绝望。但在双胞胎儿子的帮助下，玉米神从地面的裂缝中钻了出来。在这里，地面被描绘成龟甲的形态。

很明显，整个神话故事展现的轮回与玉米的丰收密切相关。在旱季快结束时，玛雅农民将玉米种子播种到用挖掘棒挖的洞里，象征着把玉米神送往冥界，使其暂时死亡。多亏了玉米神的双胞胎儿子鼎力相助，他重获新生，并以幼芽形态再次钻出地面，迎接即将到来的雨水滋养。所以，许多殖民时期的玛雅人把复活后的耶稣与玉米神联系在一起，也就毫不奇怪了。

在几乎所有时期的玛雅宗教图画中都可以看到这个关于生死轮回的神话，以及许多《波波尔·乌》中没有记录的同类故事。从前古典期晚期开始，七鹦鹉就以主鸟神形象出现在建筑物和纪念碑上，有时甚至"栖息"在它的树上。人们可以通过丝绸般的头发和年轻的外表辨认出玉米神。双生子中，乌纳普的身上有着独特的黑点作为自己的"神性标记"，而斯巴兰克身上则有美洲豹的斑纹。

卡米纳胡尤和玛雅高地

在公元前100—公元150年的韦尔贝纳时期和阿雷纳尔时期，卡米纳胡尤无论是在城市规模、神庙数量还是雕刻的精美程度上，都与伊萨帕遗址难分伯仲。前文已述，卡米纳胡尤曾是危地马拉城西郊一处重要仪式场所。在此发现的大约200个土丘中，许多可能都是在这两个时期修筑的。当时的卡米纳胡尤统治者肯定在玛雅高地拥有强大的经济实力和政治权力。

考古学家玛丽昂·哈奇、埃里克·庞西亚诺和托马斯·巴里恩托斯发现了一片现已消失的湖泊（**图3.7**）。卡米纳胡尤人绕其建造土质平台，湖泊周边还有一套相当复杂且高效的农业系统。多条灌溉渠道与湖泊相连，其中一条将水输送至一个宽约52英尺6英寸（约16米）、深约36英尺（约11米）的人工蓄水池，后者再引出支渠灌溉农田，水渠两侧甚至还建有梯田。一条被称为"蛇之山"（Montículo de la Culebra）的巨型水渠架于地面之上，控制着流向南方的水源，也许还有助于将石料从采石场运往现在的危地马拉城东部。可能是土地过度开发或地壳运动（该地区处于地震高发带），导致这片湖泊在公元伊始便干涸了，城市也随之逐渐萎缩，直到古典期早期才复兴。

通过对这一时期两座墓葬的发掘，人们对统治者的奢华生活有了更多了解（**图3.8**）。卡米纳胡尤的E-III-3号土丘由几个层层叠加的神庙平台组成，每个平台上都有一座阶梯式平顶金字塔，通过正面的宽阔石阶上下。该土丘的最终高度超过了60英尺（约18.3米）。由于周边没有容易加工的建筑石材，这些平台都是用一筐筐普通黏土及生活垃圾堆砌的。几乎可以肯定的是，神庙本身为茅草屋顶，由木质立柱支撑。显然，每一次增建都是为了安置某位位高权重者的遗体。时人将平台顶部切开，向下挖出逐层缩小的矩形坑，直抵早前的神庙平台。将遗体安放好后，再用新的黏土覆盖。由此可见，玛雅金字塔的纪念性墓葬建筑功能起源于前古典期。

尸体包裹着华服，从头到脚涂满朱砂，被置于木质担架上，最后放进墓穴。生前地位显赫的死者拥有大量随葬品，无论是种类还是数量都异常丰富，甚至还包括成人和儿童人牲。在一座坟墓中，有300多件做工复杂的物品放置在尸体周围或墓顶之上，但尸体胸口和头部空无一物，可能是因为古代盗墓贼注意到

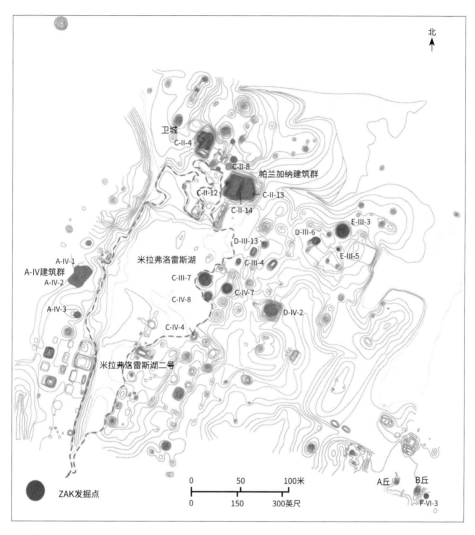

北

卫城
C-II-4

C-II-8

帕兰加纳建筑群

C-II-12　　　　C-II-13

C-II-14

E-III-3

D-III-13　　　　D-III-6

米拉弗洛雷斯湖

A-IV-1

A-IV建筑群　　　　　C-III-4

A-IV-2　　　　　　　　E-III-5

C-III-7

C-IV-8　　　C-IV-7

A-IV-3

D-IV-2

C-IV-4

米拉弗洛雷斯湖二号

A丘　　B丘

ZAK发掘点

0　　　　50　　　100米

0　　　150　　　300英尺

F-VI-3

3.7 危地马拉卡米纳胡尤遗址地形平面图，显示了前古典期晚期消失的湖泊的范围。灰色位置为近期由卡米纳胡尤佐纳考古项目（ZAK）负责发掘的区域

下层坟墓坍塌带动神庙地面塌陷，于是偷走了那些容易盗取的物品。出土物品中，有用玉片装饰的面具或头饰残块（原先可能固定在木坯上）、曾经挂在死者耳垂上的玉坠、刻有涡形纹路的绿泥片岩碗，还有用皂石和铬云母石雕刻的小瓶子等。

E-III-3和其他地方出土的器皿属于一种前古典期晚期盛行于中部美洲东南部的陶器风格，其影响范围从伊萨帕到萨尔瓦多，再向北直抵玛雅中部和北部

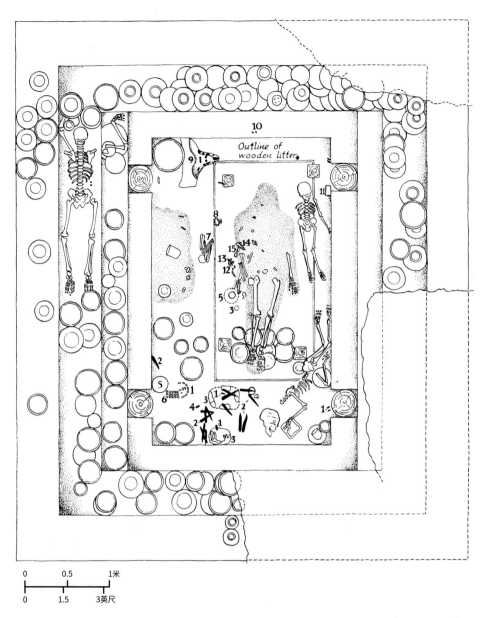

3.8 卡米纳胡尤E-Ⅲ-3号土丘2号墓平面图,前古典期晚期。1. 玉珠; 2. 黑曜石片刃; 3. 云母片; 4. 镶嵌玉石的物品; 5. 灰泥粉饰的葫芦; 6. 鹅卵石; 7. 玄武岩制品; 8. 人牙; 9. 镶嵌玉石的面具或头饰; 10. 黑曜石; 11. 黄铁饰物碎片; 12. 皂石制品; 13. 骨器、鱼齿、石英晶体; 14. 魟鱼鳍刺; 15. 匙形骨器。其他所有圆形物体都是陶器

地区，但各处出土的该风格陶器在精细程度和复杂性方面存在差异。就这一点而言，卡米纳胡尤陶器在外形上拥有更富活力的曲线轮廓，沿口和器身有精致的翻边，下方出现了器足。陶器艺术中最有趣的是人形器皿，其中有些是微笑的老人形象。彩色灰泥常被用来实现粉色和绿色等颜料的效果，因为直接用泥釉烧制无法获取这些颜色。大多数碗和罐子上都雕刻着涡形纹路。乌苏卢坦式陶器据信起源于萨尔瓦多，曾在那里广为流行，也是一种被广泛交易的商品。这类陶器上有一种辨识度很高的装饰纹样，几乎就是玛雅地区前古典期晚期的标志。当时的工匠用多头刷将隔绝材料（如蜡或细黏土）涂在陶坯表面。胎体在缺氧条件下烧制后颜色变深，变为暗橙色或棕色。工匠除去隔绝材料之后，之前设计好的黄色平行波浪纹就会呈现出来。危地马拉人类学与历史学研究所的芭芭拉·阿罗约研究了另一类样式独特的罐子，称其为"蒙特阿尔托红陶"。这种罐子似乎是专门用来储存玉米、豆子、种子或巧克力的。这些罐子成堆出现，说明时人在卡米纳胡尤西部地区设立了专门的储存区域，也许还建立了控制经济的中央机构。

鉴于危地马拉城快速扩张对卡米纳胡尤遗址造成了巨大破坏，我们还有很多工作要做。现在看来，当时的艺术家已经有能力创作大型伊萨帕风格雕塑，也孕育出了后世的玛雅古典艺术风格（图3.9）。不仅如此，从少量神秘文字中可以看出，统治这座山谷的精英阶层已经完全掌握了识字技能。人们曾在排水沟里偶然发现了两件文物，其中一件是高大的花岗岩碑，雕刻着一个戴着一串怪诞面具的人物形象。这些面具明显模仿了伊萨帕神祇的形象，其中一个是主鸟神的头。戴着面具的人大步流星，手中拿着一块打制的异形燧石（图3.10）。他的两侧刻画着带尖刺的陶土香炉，考古学家已经在挖掘过程中发现了这种香炉的实物。另一件文物更特别，很可能是一个王座或祭坛。其现存碎片显示出几个伊萨帕神祇（其中一个留着胡子）围绕着一个人的场景。这个人的眼睛被朝下的三叉戟代替，也挥舞着一块形状奇特的燧石。他大概是某个后来出现在蒂卡尔遗址的神灵的前身。刻在这些人物周边的符文可能是他们的"历法名"。在古代中部美洲，无论是神还是人，身份都是通过各自的出生日期识别的。这个王座或祭坛下面刻有几列更长的文字，包含可识别的玛雅符文，即代表"20天"的"Winal"，此处可能也有"人"的含义（因为人的手指、脚趾加起来有20个！），

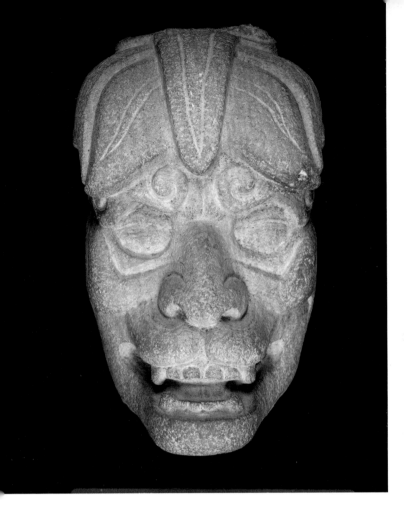

3.9（左）具有美洲豹特征的老年神石质头像，卡米纳胡尤遗址，前古典期晚期，高16.5英寸（约41.9厘米）

3.10（对页）这座来自卡米纳胡尤遗址的花岗岩碑上雕刻着一名装扮成主鸟神的统治者，高6英尺（约1.8米）

但整体内容还完全是谜。这个符文的含义是从萨尔瓦多的查尔丘阿帕遗址的铭文中得知的。

除了雕刻精美的石碑和王座（在伊萨帕和危地马拉的阿巴赫塔卡利克也有发现）外，韦尔贝纳－阿雷纳尔时期的工匠们还创作了一种被称为"剪影"的雕刻艺术形式，也许最初是打算用在神庙或广场的地面上。雕刻内容为各种大小的青蛙或蟾蜍，以及很多其他图像。第65号石碑是在卡米纳胡尤遗址发现的最大文物，可能比上文讨论的雕塑年代还要久远。石碑上，三名统治者依次坐在王座上，每个人的两侧都跪着俘虏（**图3.11**）。统治者们的头饰上有用当地文字书写的最早一批明确的姓名。正如芭芭拉·阿罗约指出的，公元150—200年，创造这些雕刻的文明在干旱和动荡中走向了终结。大量祭品也许暗示着人们当时有多绝望。

3.11 卡米纳胡尤遗址第65号石碑。这幅年代久远的巨大浮雕描绘了三名在位统治者，每人两侧都有一对双手被缚的俘虏。每个统治者的身份都可以通过各自特殊头饰上的姓名符文识别。浮雕背面有已被侵蚀的站立人物像。前古典期晚期，高9英尺6英寸（约2.9米）

佩滕和玛雅低地

前古典期晚期，玛雅高地和太平洋沿岸地区正处于非同寻常的文化繁盛期，中部和北部地区也没有停步不前。在广袤的森林中，农业经济高度发展，宏伟的神庙在丛林空地上拔地而起。但很明显，低地人从一开始就走上了一条与他们的南方亲族不同的文化之路，其独特性很快就会在古典时期显现。

虽然各地区之间的文化存在细微差别，但占统治地位的只有一种广泛分布的文化，即奇卡内尔文化。正如南部地区，阔口、折沿、精致的沿口、轮廓复杂的乌苏卢坦式陶器也是这一时期的文化标志。同时，这种陶器也广泛分布，而且外观相似：在墨西哥恰帕斯德科尔索的一处王室墓穴中，出土了一件造型简洁、比例匀称的陶器，用来让巧克力饮品起泡（图3.12）。大多数陶器无足，外观仅限于黑或红的单色，瓶身上泥釉厚而有光泽，摸起来像蜡。奇怪的是，大部分已知的奇卡内尔文化遗址中并没有雕像，这说明当时的崇拜对象发生了改变。

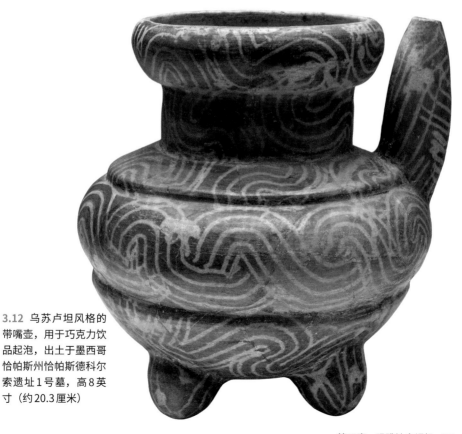

3.12 乌苏卢坦风格的带嘴壶，用于巧克力饮品起泡，出土于墨西哥恰帕斯州恰帕斯德科尔索遗址1号墓，高8英寸（约20.3厘米）

不过奇卡内尔文化最不寻常之处还是大兴土木，完成了古代世界最大的建筑之一。佩滕-尤卡坦大陆架拥有取之不尽、用之不竭，且易于切割的石灰岩矿，还有丰富的燧石资源可用来制造加工石灰岩的工具。此外，低地玛雅人早在马蒙时代就发现，若将焚烧石灰碎渣产生的粉末与水混合，就能得到非常耐用的白色熟石膏。他们还很快意识到，一种由石灰岩碎渣和泥灰制成、类似混凝土的建筑填充物在加强结构方面具有不菲的价值。他们有时还从沼泽地挖来浓稠的泥浆加进去发酵。

有了这些资源就能建造大型建筑。公元前100年左右，土木工程开始激增，而在此之前的两个世纪里，建设项目其实一直在持续。当年的工程规模相当庞大，诸如丁塔尔等城市就修筑了令人惊叹的长距离灌溉渠和道路。考古学家玛丽·简·阿库纳主持的丁塔尔城激光雷达测绘项目和挖掘工作揭示出，时人对复杂灌溉系统的修建可谓雄心勃勃。阿库纳还找到多处大型防御工事的遗迹。对佩滕地区的西瓦尔、埃尔米拉多、纳克贝、乌夏克吞以及卡拉克穆尔（位于墨西哥坎佩切州南部边界）等遗址的深度发掘显示，大型金字塔、平台和王宫在奇卡内尔时代便已初具雏形。许多建筑有灰泥浮雕贴面，阶梯两侧也装饰了巨大的灰泥面具，所有这些元素都融合了当时占主导地位的宗教意象。例如，学术界普遍认为，华盛顿卡内基科学研究所在20世纪30年代发掘的乌夏克吞E-VII-sub金字塔是在奇卡内尔时期建造的（图3.13）。由于被后期建筑覆盖，这座被截去顶端的神庙平台完好地保存了下来。神庙外立面涂抹着明亮的白色灰泥，分层而上，可以看见每一层都有独特的裙墙，这是低地玛雅建筑的一大特征。金字塔四面中间均有阶梯，嵌入阶梯两侧的巨大面具看来模拟了羽蛇和山脉的形象。这些阶梯朝向四个方向，表明仪式活动与这些区域有关。平台地面上的柱坑说明上层建筑是用柱子和茅草搭建的。

在E-VII-sub金字塔对面的广场东部，有一个南北走向的长条状低矮平台，顶部有三座小型建筑物。考古学家很早就意识到，从金字塔分别看向这三座小建筑物时，视线对应的就是地球公转至二至点和二分点时日出的方位。这种建筑排列方式被称为E群模式。正如第二章阐述的，在南部低地的其他前古典期中、晚期遗址内，也发现了这样的E群模式建筑，但部分建筑的位置不如乌夏克吞遗址中的精确，因此一些人对它们能否起到辅助天文观测的作用表示质疑。

蒂卡尔遗址的前古典期晚期墓葬证明，奇卡内尔精英阶层拥有的物质财富

3.13 乌夏克吞遗址E-VII-sub金字塔北侧的照片，这座金字塔属于前古典期晚期奇卡内尔文化建筑。在这座灰泥粉饰的金字塔顶部，曾有一座用柱子和茅草搭建的神庙。金字塔高26英尺4英寸（约8米）

与卡米纳胡尤社会的精英阶层不相上下。例如，具有典型结构特征的第85号墓葬由下层结构合围，以原始的叠涩拱封盖，里面只有一副男性骨架。令人惊讶的是，此人缺少头骨和大腿骨。但从其身边放置的丰富随葬品可以推测，他在战斗中阵亡，尸体也遭到敌人破坏，其臣民后来才将这具残缺不全的尸体找回来。时人用纺织品将遗体小心翼翼地包裹起来，竖直放置。一张小型绿玉石面具，眼睛和牙齿部位镶嵌着贝壳，似乎曾作为头颅替代品被缝在裹尸布上（图3.14）。随葬品中还有一根象征着玛雅人自我献祭的魟鱼鳍刺和一枚海菊蛤壳。墓室周围堆着至少26件奇卡内尔晚期陶器。分析后世铭文发现，蒂卡尔王朝的起源可追溯到一个生活在公元1世纪，名叫雅克斯·埃赫布索克（意为"第一阶梯"或"第一平台鲨"）的人。根据碑铭学家西蒙·马丁研究，这很可能就是他的陵墓。当然，王朝肯定还有更早的统治者，但这个在后世铭文中经常被提及的人物可能就是王室地位出现变化的例证。类似的转变后来也出现在墨西哥中部的阿兹特克领主身上。在殖民时期的回顾性文献中，这些领主从衣着朴素的酋长变成了真正的国王，身着华服，佩戴象征着王权的玉石或绿松石饰品。

3.14 眼睛和牙齿部位镶嵌了贝壳的绿玉石面具，出土于蒂卡尔遗址85号墓葬，高5英寸（12.7厘米）

古典期的玛雅人在建设并维护庞大的中心城市方面取得了卓越成就，但这有时会使我们忽略前古典期晚期的玛雅文明同样繁荣辉煌，伯利兹的两处遗址就证明了这一点。首先是塞罗斯，这是一座布局相对紧凑的遗址，位于切图马尔湾南缘新河入海口附近一座狭小的半岛上。华盛顿大学的大卫·弗赖德尔在发掘和测绘中发现，这处前古典期晚期的聚居中心有4座主要金字塔型建筑和许多其他建筑。遗址周边环绕着一圈类似护城河的水渠，可能与培高田相连。其中一座金字塔为两层神庙平台，中央阶梯的两侧装饰着4个精致的灰泥面具雕塑。它们与在乌夏克吞遗址和蒂卡尔遗址的早期平台建筑上发现的巨大面具有着显而易见的关联。现在，从西瓦尔（弗朗西斯科·埃斯特拉达-贝利发现了令人惊艳的面具），到霍尔顿（布丽吉特·科瓦切维奇和中佛罗里达大学的迈克尔·卡拉汉组织发掘），每年都有这样的雕塑重现于世。不过可以肯定的是，想要正确理解这些遗迹的意义依然充满挑战。这些面具种类繁多，足以令学者疑惑，无法确定它们到底描绘的是谁或什么东西。有些可能与特定的山丘有关，有些则被认为是供奉在平台顶神庙内的诸神。

新河上游，塞罗斯西南方向相当远的地方坐落着重要的拉马奈遗址（在伯利兹的旧地图上标注为"印第安教堂"）。从1974年开始，皇家安大略博物馆的大卫·彭德格斯特经过多年野外考古发掘，终于让这座遗址重见天日。后来，伦敦大学学院的伊丽莎白·格雷厄姆继续彭德格斯特的研究，直至今日。拉马奈遗址坐落在一片因河流形成的长条形湖边，目前已经定位的718座建筑物沿湖岸狭长地带分布。其所处地理位置和数量庞大的建筑遗迹说明它在古代玛雅的贸易活动中承担着重要作用。尽管此地从远古期到后征服时期一直有人居住，但其重要性主要体现在前古典期晚期壮观的神庙金字塔上，因为这种金字塔为古典期早期建筑的发展奠定了基础。其中一座金字塔上装饰着一个与塞罗斯遗址中非常相似的灰泥面具雕塑。

米拉多地区

玛雅低地南部在前古典期晚期的全部成就都集中在纳克贝和埃尔米拉多这两处遗址。它们位于佩滕最北端的高地，周边遍布面积巨大、被当地人称为

3.15 危地马拉佩滕北部埃尔米拉多遗址的复原图。这座前古典期晚期城市是古代美洲最大的城市之一

巴霍斯的湿地。早年这些湿地可能是浅水湖。埃尔米拉多遗址位于纳克贝西北约8英里（约12.9千米），二者通过一条横跨湿地的堤道相连。同墨西哥金塔纳罗奥州的伊奇卡巴尔遗址相似，埃尔米拉多遗址无疑也是研究玛雅早期城市生活的焦点（图3.15）。埃尔米拉多遗址难道是规模空前且尚不为人知的玛雅政权所在地吗？有可能。但这样的城市发现得越多，情况就越复杂，而且还有很多遗迹都深埋在古典时期的建筑之下。危地马拉的埃尔帕尔马遗址由詹姆斯·多伊尔负责发掘，后来得克萨斯大学奥斯汀分校的托马斯·加里森继续其工作。尽管这处遗址目前还不为人重视，但在鼎盛时期，其规模甚至比附近的蒂卡尔城还要庞大。也许这张前古典期的城市网络与奇欧蒂安语作为一种强势语言大面积传播相对应。仪式和语言往往被绑定在一起，与强大的政权同时运作。对埃尔米拉多遗址的调查和测绘工作最初由布鲁斯·达林和雷·马西尼主持，后由理查德·汉森跟进。研究结果表明，该遗址属于前古典期晚期（奇卡内尔文化）。尽管直到古典期晚期，一些金字塔的高台院落内还有人活动的迹象，但整个遗址在古典期早期就基本上已经被废弃了。考古学家还发现了越来越多的早期防御工事，说明埃尔米拉多和当时其他城市之间的关系并不融洽。

遗址内有两组大型建筑，彼此间由一条宽阔的堤道连接。事实上，埃尔米拉多拥有自己的堤道系统，以城市为中心向四周沼泽地辐射出去。东建筑群以丹塔金字塔及其关联平台为主，占地44.5英亩（约0.2平方千米）。金字塔和矗立其上的建筑物高度加起来达230英尺（约70.1米）。西建筑群的蒂格雷金字塔至少高180英尺（约54.9米），体积497 000立方码（约380 000立方米）。

与塞罗斯、拉马奈、乌夏克吞、蒂卡尔、西瓦尔、霍尔顿等遗址一样，埃尔米拉多遗址的金字塔阶梯两侧也装饰着硕大的灰泥神祇面具雕塑。一座已发掘的建筑物上装饰了代表主鸟神的巨大面具，呈典型的前古典期晚期风格。另一处灰泥雕塑表现了神祇（肯定是恰克神）游泳的形象，上方还有一群水鸟正在捕鱼（图3.16）。在玛雅文明史上，这一精彩时期的典型特征是三联体建筑模式，即一座主金字塔外加两座彼此相对的金字塔，三者都有阶梯可直通下方中心广场。此种模式在埃尔米拉多遗址和其他类似的早期低地遗址中均有发现。三联金字塔的规模和所处的中心位置表明其具有重要功能，甚至可能包括举行

3.16 灰泥浮雕,雨神恰克（下方）,拟人化的云卷和水鸟神（上方）。特科洛特风格,埃尔米拉多遗址,前古典期晚期

葬礼。在危地马拉的瓦克纳遗址,考古人员发现一座三联金字塔里可能有一间墓穴（可惜已被洗劫一空）,为这一推测提供了依据。另一条线索来自埃尔帕尔马遗址。詹姆斯·多伊尔在一座三联金字塔的前端轴线上发现了一处古典期早期墓葬。这个位置是否能让人思恋安葬在附近的前古典期先人呢？

　　我们现在认识到,公元150年之前,米拉多盆地中的城市因天灾而崩溃,同整个低地南部在古典期尾声遇到的情况类似。埃尔米拉多、纳克贝和其他中心聚落被遗弃在森林中,原因至今不明。可能与后世一样,人口大幅过剩外加严重干旱和湿地淤积导致了巨变。地理学家尼古拉斯·邓宁及其同事强调,我们对古典期终结时发生的灾难已经有了不少了解,这场前古典期的崩溃也具有与之类似的特征。它发生在几代人身上,或发生在略有不同的时间段,表明社会长期处于不断恶化的脆弱状态,缺少弹性应对危机。玛雅海岸地带也受到了海平面和地下水位上升的影响。以蒂卡尔为代表的城市适应了新环境,而埃尔米拉多和许多其他聚居地却没能坚持下来。

圣巴托洛

玛雅地区最伟大的考古成果之一出现在2001年。当时，考古学家威廉·萨图尔诺在蒂卡尔东北约25英里（约40.2千米）的茂密森林中偶然发现了规模相对较小的佩滕文化遗址圣巴托洛。为了躲避强烈的阳光，萨图尔诺进入盗墓贼在金字塔中挖掘的一条临时通道，却意外看到了一幅保存完好的壁画的局部。盗墓贼只会搜寻可以出售的文物，对壁画则不屑一顾。他发现的就是目前已知最古老的玛雅壁画之一，可追溯到公元前100年或更早，其精美程度堪比著名城市博南帕克的古典期晚期壁画（见第五章）。这幅壁画估计有90英尺（约27.4米）长，经过清理和修复，为研究前古典期晚期的玛雅宗教和社会提供了崭新视角。从某种程度上说，它是伊萨帕雕刻中人类和玉米创世故事的彩绘版本。这幅壁画绘制在"拉斯平图拉斯"金字塔背后一幢面积不大的平顶建筑内，覆盖了四面墙的上半部。在金字塔的一次扩建中，壁画室（1号房间）被部分拆除，里面填满了瓦砾，萨图尔诺的项目小组清理后才让壁画重见天日。建筑外部，时人以更多壁画和主鸟神形象的大型灰泥浮雕为装饰。

负责壁画复制工作的考古学家希瑟·赫斯特说，这幅画至少出自三位艺术家之手。他们直接在湿灰泥上用艳丽的颜料（红、黑、黄、白、灰、蓝）作画，每位艺术家都有自己偏爱的配色。北墙上描绘了玉米神从洞穴中取出一瓢水的场景，四名年轻女子（在后宫服侍他的玉米少女？）伴随左右，其中一人为他奉献上玉米粉蒸肉（**图3.17**）。所有人都站在一条长着羽毛、从巍峨山脉的"胃"里爬出来的大蛇上——这是一种拟人手法，所谓的胃实际上是山洞。画中主角眼睛斜视，嘴角朝下，与奥尔梅克时代遗留下来的玉米神真人大小玉石面具形象完全相同。

西墙上绘有至少四位青年领主，分别站在一棵世界之树前。每棵树顶上都栖息着一位主鸟神，嘴里各叼着一条双头蛇。就像《波波尔·乌》神话和伊萨帕遗址描绘的，一位主鸟神已经下到厚叶金匙木上吃起了果子。在每幅画中双子英雄都手握阴茎，用一根长长的工具刺穿皮肉，鲜血喷涌而出——这是一

3.17（上）玉米神壁画复原图。他身边环绕着女性人像，头部为远古期奥尔梅克风格。危地马拉圣巴托洛遗址，公元前1世纪或公元前2世纪，前古典期晚期

3.18（下）圣巴托洛遗址西墙壁画的细部复原图。主鸟神栖息在世界之树上，而四位年轻的领主之一在献上已经被杀死的鹿之前，刺穿了自己的阴茎。前古典期晚期

种王室仪式，在此之前，我们只知道其存在于玛雅古典期和后古典期（不过可以证实奥尔梅克人会用玉质工具和魟鱼鳍刺放血）。领主和树之间有一些祭品，包括一头鹿（图3.18）和一条鱼。正如卡尔·陶贝指出，图中的祭品顺序与1500多年后的《德雷斯顿手抄本》中的场景几乎一模一样（见第六章）。这的确说明祭祀仪式具有不可思议的连续性。在这些场景右边，玉米神戴着奥尔梅克式面具在一个四叶形洞穴内敲打着龟壳，而这个洞穴本身就处于一只巨龟（可能代表地球）体内。陶贝将此解释为吵闹的雨神促使人类发明了音乐和舞蹈。

走向房间的西北角，可以看到一个人坐在高台上，另一个地位较低的人爬上梯子，给他戴上头饰。这表现的可能是一种典礼。进入古典期后，这种活动在危地马拉的彼德拉斯-内格拉斯相当于国王即位后举办的仪式。圣巴托洛壁画，是否如许多学者认为的那样展示了一位国王的风采？还是说，它描绘的是一种被后世统治者沿用但有改动的早期仪式？无论采信哪种解释，圣巴托洛壁画中的大多数图像都关乎神话中的生灵，而不是人类。房间相对低矮、宽敞，绘画位置（所有画面都向站立近赏的观众倾斜）带有训导意味，这又引出另一种可能性：它们是用于传授神秘的玛雅信仰吗？众所周知，玛雅社会后期为青年设立了专门的教育场所，可能圣巴托洛的壁画建筑也具有类似功能，为的是向青少年传授深奥的知识。

虽然圣巴托洛遗址的墙壁上刻有一些文字，但数量稀少，而且极难解读，因为当时玛雅人还没有发展出完整的语音文字系统。2005年，萨图尔诺和他的团队发现，在1号房间下面还有更早的建筑。他们还发掘了一块刻着10个垂直排列字符的石头。其中一个字符可能是"ajaw"，即"国王"，其余字符目前还无法辨认，但在形式上与地峡文字有模糊的相似之处。放射性碳测年显示，这列字符是玛雅地区已知最古老，甚至可能是整个中部美洲最古老的文字，从而证明玛雅人至少在公元前300—前200年就掌握了读写能力。圣巴托洛还有更多东西等待考古学家发现。得克萨斯大学奥斯汀分校的埃德温·罗曼在壁画室上方被称为"伊西姆"的建筑中找到了更精细的绘画碎片，用色手法相当精湛。

前古典期至古典期，玛雅低地

在整个佩滕-尤卡坦半岛，只要铲子挖得足够深，就绝对能目睹灿烂的前古典期晚期文明。就算在条件看起来不那么有利的北部地区，也有建造于这一时期的大型建筑，比如亚述那的宏伟高丘。这是一座神庙的底层基础结构，长427英尺（约130米），宽197英尺（约60米）。雷·马西尼研究表明，前古典期晚期的居民在墨西哥坎佩切州中北部的埃德兹纳遗址建造了一套庞大的水利系统。输水渠类似于举行玛雅仪式的道路，从城市中心向各个方向辐射出去，长达13.75英里（约22.1千米），甚至还有护城河环绕着某种堡垒式建筑。调查还意外发现，在靠近当今危地马拉弗洛雷斯城的尼克斯顿-奇奇遗址，这一时期还出现了网格状城市布局（图3.19）。纽约市立大学皇后学院的蒂莫西·皮尤正在研究这种网格状布局对当时城市规划的影响。

到公元2世纪和3世纪的前古典期晚期尾声，我们就即将迈进玛雅文明的古典时代了。围绕广场布置的神庙、用石灰石和灰泥建造的建筑、金字塔上的裙墙和正面阶梯、墓穴、描绘各种自然主义题材的壁画——所有这些在前古典期晚期结束时都已经成形了。在这个短暂的时代，各种全新的陶器特征传播、融合，而且似乎是首次在一个广阔的范围中流行开来。其中最重要的特征是中空的附属部件、乳房状碗足、沙漏形陶罐架以及陶身上的彩饰等。玛雅陶绘的特点是在半透明的橙色光滑底面上涂抹各种绚丽颜色，但无论这种风格最初是在哪里发明的，都肯定不是佩滕地区。玛雅建筑中使用的叠涩拱工艺必定是从建造坟墓的方法演变而来，到公元250年已经在佩滕地区的各遗址普及开来。叠涩拱原理很简单：在墙壁的起拱线上将石块重叠向上排列，直到拱顶，最后用平板石封拱。来自上方的巨大推力能够被厚重的墙壁和碎石混合填充物吸收，确保建筑屹立不倒，但这种工艺也存在固有的结构性缺陷。尽管如此，叠涩拱一被采用，就同墨西哥地区标志性的茅草屋顶或平梁屋顶一样，成了低地玛雅建筑的典型特征。

此时玛雅文字中还没有出现长纪历日期，但学者们已经对玛雅人日益熟练的读写能力产生了新的兴趣。在前古典期晚期即将结束时，肯定有一些铭文记录了颂扬伟大人物事迹的内容。尤卡坦半岛的洛尔顿洞穴石壁上的人形浮雕就

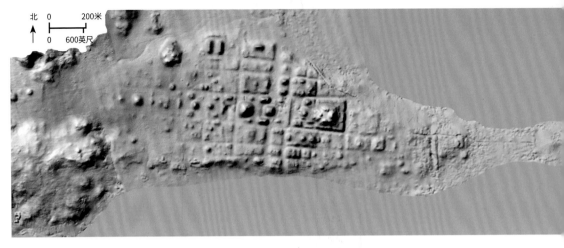

3.19 危地马拉尼克斯顿 – 奇奇遗址的网格化城市布局

能证明这一点（壁画中出现了与玛雅历法有关的图像，可惜对确定壁画完成时间没有太大帮助）。不过用文字记录统治者生命中重要日期的做法要到古典期前夕才会在低地盛行。这方面一个很好的例子是收藏在敦巴顿橡树园里的一件绿玉石胸饰，据说来自金塔纳罗奥州（图3.20）。这件胸饰正面刻有一张神祇的脸，说明它最初是件奥尔梅克风格饰品。前古典期晚期，工匠又在其背面精致地刻上一位衣着华丽的统治者形象。统治者呈坐姿，面对着四列文字。他的肩膀旁边刻着名字，几乎可以肯定是"天鹃"。同一字形组合在铭文中出现了两次，另一次在动词"就座"的早期字符之后。碑铭学家得出结论，这件胸饰背面记录了这位统治者"就座"或即位时的情况。

　　长纪历在低地首次亮相大约在公元250年，玛雅文明已经进入古典期早期。王室生活和君主更替已经成为玛雅各王国的主要关注点。辉煌灿烂的玛雅古典文明即将闪亮登场。

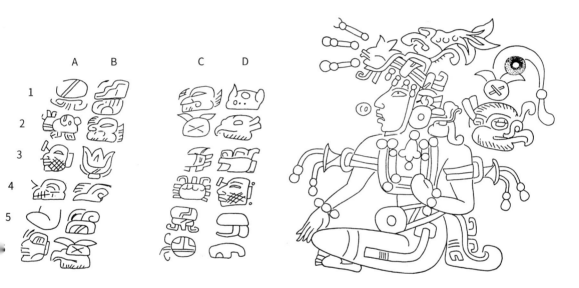

3.20 绿玉石胸饰上的刻纹。"就座"(即位)的统治者名字出现在B6处,在他的肩膀后面又出现了一次。
前古典期晚期

第四章

辉煌古典：早期

公元250—900年的约6个半世纪中，玛雅人建立了全新的社会形态，并留下了鲜活而丰富的证据（**图4.1**）。在这一时期，我们终于可以辨识出历史上曾经真实存在的人物，他们的生活既有戏剧性又令人着迷。前古典期的统治者显得神秘莫测，王宫和贵族宅邸到底是何结构也不甚清晰。但到古典时期，随着人口空前增长，完整的王室宫殿出现在人们的视野中。宫廷以统治者和他（偶尔也会出现"她"）的亲信或家族为中心。有些朝臣可能是王室旁系，权势熏天，因此必须受到拉拢和监视，以免他们过于自命不凡，失去控制。

往下就是各种各样为王室服务的人，如祭司、精锐的武士、音乐家以及符文刻匠等。最后一个群体的名称在字面上意为"计豆者"，含义与我们所称的官僚阶层有重叠。所谓豆，其实就是巧克力豆，一种颇有价值的物品。他们监控着商品和服务价格的涨落，确保统治者能征收到足够的赋税和贡品，以满足开支或让自己有可观的财物慷慨恩赐他人。有一类人身形明显畸形，如侏儒和驼背，不禁让人想起17世纪西班牙国王腓力四世的宫廷小丑，著名画家迭戈·德·委拉斯开兹在画布上留下了他们不朽的形象。再往下就是在记录中看不到但肯定存在的群体，如厨师、清洁工、运水工、洗衣工等，他们是宫廷中真正的仆人。

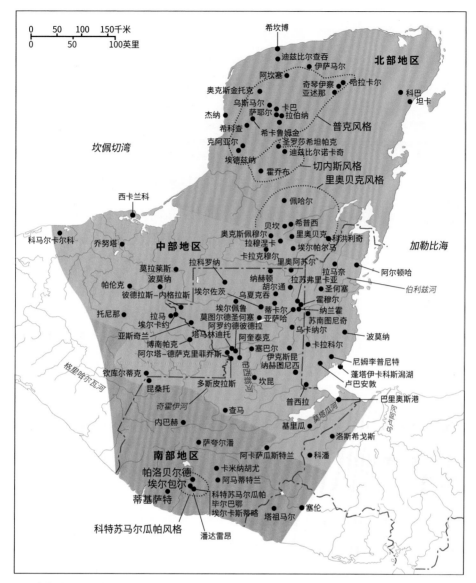

坎佩切湾

北部地区

希坎博

迪兹比尔查吞

伊萨马尔

阿坎塞

奇琴伊察

哈拉卡尔

科巴

坦卡

奥克斯金托克

乌斯马尔

卡巴

亚述那

杰纳

萨耶尔

拉伯纳

希科查

希卡鲁姆金

普克风格

克阿亚尔

圣罗莎希坦帕克

埃德兹纳

迪兹比尔诺卡奇

切内斯风格

霍乔布

里奥贝克风格

西卡兰科

佩哈尔

加勒比海

科马尔卡尔科

乔努塔

中部地区

贝坎

希普西

奥克斯佩穆尔

里奥贝克

科洪利奇

拉穆涅卡

埃尔帕尔马

莫拉莱斯

拉科罗纳

卡拉克穆尔

里奥阿苏尔

阿尔顿哈

帕伦克

波莫纳

纳赫顿

拉弗里尔卡亚

伯利兹河

彼德拉斯—内格拉斯

埃尔佐茨

乌夏克吞

纳尔通

圣何塞

拉马奈

托尼那

拉马

埃尔佩鲁

莫图尔德圣何塞

蒂卡尔

亚萨哈

霍穆尔

纳兰霍

波莫纳

埃尔卡约

阿罗约德彼德拉

苏南图尼奇

亚斯奇兰

塔马林迪托

阿奎泰克

乌卡纳尔

卡拉科尔

博南帕克

阿尔塔—德萨克里菲乔斯

塞巴尔

伊克斯昆

纳赫图尼西

尼姆李普尼特

钦库尔蒂克

昆桑托

多斯皮拉斯

坎昆

蓬塔伊卡科斯潟湖

卢巴安敦

格里哈尔瓦河

奇霍伊河

查马

普西拉

莫塔瓜河

巴里奥斯港

内巴赫

基里瓜

乌卢阿河

萨夸尔潘

洛斯希戈斯

南部地区

阿卡萨瓜斯特兰

科潘

塞伦

帕洛贝尔德

卡米纳胡尤

塔祖马尔

埃尔包尔

阿马蒂特兰

蒂基萨特

科特苏马尔瓜帕

毕尔巴鄂

埃尔卡斯蒂略

塔卡利亚

科特苏马尔瓜帕风格

潘达雷昂

0 50 100 150千米
0 50 100英里

4.1 古典时期主要城市分布图

　　宫廷人数难以猜测。西班牙国王腓力四世身边有1700人；他的亲戚，后来的神圣罗马帝国皇帝查理六世身边更是有2500人之多。蒂卡尔的宫廷规模可能不大，也许只有几百名朝臣和仆从，卡拉克穆尔的则更小（**图4.2**）。无法估算玛雅宫廷规模的原因之一是许多仆人大概都住在宫殿之外，所以没有办法单单通过宫殿房间来统计，因为房间里能容纳的人可能不太多。

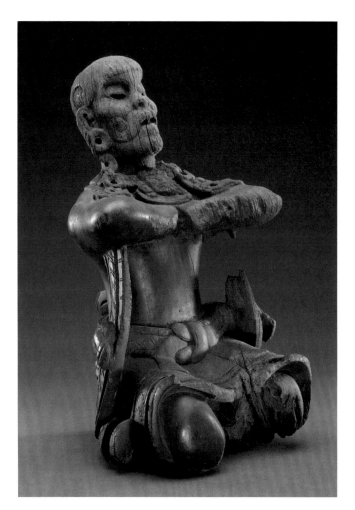

4.2 保存至今的古典期木雕屈指可数。这尊来自墨西哥塔巴斯科的坐像木雕是一名交叉双手，留着小胡子的侏儒侍从。木雕上还残留着赤铁矿的痕迹。这尊木雕很可能是镜座，它呈一定倾斜角度，方便统治者照镜子。高14英寸（约35.6厘米）

我们可以从古典期的各种史料中窥见当时宫廷的情形。彼德拉斯－内格拉斯的宫廷已知有100多人，而蒂卡尔宫廷不算大，记录非常有限，卡拉克穆尔的同样如此。要了解玛雅宫廷如何运转，需要综合各种证据分析，比如来自古典期的文献和图像，同时与世界范围内其他可得到更详细信息的宫廷对比研究。首先要了解的是，每一个这样的王朝都有自己的历史和不同特征。受制于性格各异的统治者以及各不相同的地区传统等因素，没有哪两个宫廷在各方面都毫无差别。并非所有统治者都能给人留下深刻印象。有些人胆大果断、说一不二，有些却只是被动应付，对自己无法控制的事情无奈地发号施令。少数人在年龄很小的时候就登上王位，这让朝臣找到了自行其是的机会，或使其母借机摄政。

现已知有几位女性统治者存在，但这种情况相当罕见。有些国王不愿走前任的老路，而有些只是墨守成规、坐吃山空。一个鲜活的宫廷总是在不断变化，但统治者也往往声称自己与传统紧密相连。

不过玛雅各王国的宫廷间还是有几个共同特征显而易见。首先，宫廷之间往往相互模仿。通过一套奇怪的规范，他们效仿彼此，甚至学习敌人的做法，要不就有意识地与邻国保持差异。位于危地马拉阿罗约德彼德拉和塔马林迪托两地的王朝以自己的雕塑家为荣，而仅仅数千米外的多斯皮拉斯王国及其近亲蒂卡尔王国却对这些艺术家只字不提。来自危地马拉科罗纳的王子们会被送到更大的卡拉克穆尔宫廷中学习，以获得优质教育；同时，鉴于其继承人地位，他们也可以充当人质，确保他们的父王不会做出对卡拉克穆尔不利的举动。所有宫廷都不乏效颦者。尽管某些低阶贵族和商贾富豪远在权力中心之外，经营着自己的生计，没有那么引人注目，但也会依样画葫芦，试图复制宫廷礼仪或生活。一些庄园可能会成为君王的休闲寓所，而更多的则为那些希望效仿王家气派的贵族所享受。

宫廷加剧了玛雅王国内的身份等级差异，比如一项切实的举措便是进出宫廷必须受控。倘若任何人都可以随随便便接触统治者，那他就不可能保持自己的特殊地位。宫殿通过设置门道或小中庭来限制拜谒者行动，迫使他们只能按照规定路线行走，于是看门人（反而不一定是统治者）就成了控制信息和人员流动的关键一环。统治者需要尽可能全面掌握王国的情况，但一些人却通过垄断信息来维持自身权力。随着时间推移，古典期的宫廷越来越封闭，而且大城市的宫廷比小地方的更难接近。最合适的看门人一般由统治者的宠臣或挚友担任。我们现在知道，古典期末期，危地马拉的彼德拉斯－内格拉斯就有一个这样的人物。他年轻时混迹于宫廷中，后来成为头号勇士和附属国的领主，显然是一人之下、万人之上的权臣。通常情况下，宠臣会遭到竞争对手攻击，失宠后也会摔得很惨。

人与人之间的差异不仅体现在物质生活上，还体现在社会地位和言行举止上。宫廷囿于礼节，把人按相对等级或地位分类。玛雅国王通过授予头衔、安排职位或布置特定任务来控制臣属，这一模式在古典期变得越来越清晰。碑铭学家西蒙·马丁观察到，随着时间推移，墨西哥帕伦克的朝臣可能会获得新职位，并以固定顺序从低到高晋升。礼仪和优雅的谈吐也是区分阶层的标准，这能让人分辨出对方是熟悉这些规则的高等贵族，还是对此茫然无知的下里巴人。就像只有少数人能精确掌握该何时举行祭祀、如何执行仪式流程那样，掌握高级或精英语言的人也寥寥无几，这进一步加强了排他性。玛雅陶绘并不会原模原样地展现宫廷里的实际生活，相反，它只描绘应该发生的事情，以此作为正确礼仪的教科书。玛雅文明的深奥知识并不只是为了满足人们的求知欲，它还将拥有这些知识的特权阶级与那些被剥夺了学习机会的人区分开来，并进一步扩大他们的身份差距。

玛雅人对高雅情趣无比关注，程度早已超出了语言和行为的功能范畴。陶器上绘制的统治者正嗅着花束或戴着珠宝，整个宫廷都醉心于美学享受。统治者和贵族要在一言一行中投射出个人魅力，他们掌握着辨别、评判事物是否精致美丽的话语权。亚斯奇兰地区的一根门楣上刻画了一个看起来依然年轻却器宇不凡的统治者形象。图中，一群人正在跳着可能是事先编排，而不是即兴发挥的舞蹈，领舞正是统治者本人。玛雅图像中的一系列固定手势甚至可能源自如今已失传的古典期戏剧，其含义现已无法解释（这样的表演在殖民时期早期或更早就流传甚广，如用基切玛雅语写就的戏剧《拉维纳尔阿奇》和尤卡坦地区的《齐特巴尔切之歌》）。诗歌朗诵和激情演说可能并不完全为大众所理解，但依然在宫殿大厅及庭院里回响。宫廷中的服装、饰品、美食也与下层阶级形成鲜明对比。

还有其他风雅之举。玛丽·米勒发现，古典期的图像中，乐师经常以固定顺序出现，首先是歌手和沙槌演奏者，之后是鼓手、龟壳响板手和号手。这种次序可能纯粹只是遵循传统，但也证明了乐队编排有多么复杂。玛雅宫廷有自己的作曲家吗？是否存在蒂卡尔的亨德尔、帕伦克的吕利呢？与此同时，有些王国又表现出野蛮的一面，丧心病狂地肆意咒骂敌人，以他们的痛苦和耻辱为乐（图4.3）。如此将武士精神和审美情趣合于一身，在幕府时代的日本似乎并不突兀。如同日本武士可以绘制精美的水墨画，危地马拉阿瓜特卡的玛雅领主也能像熟练的手工艺人一样创作贝雕或绘制图画。

王廷内部和王廷之间的竞争，使玛雅大地成为既充满机会又危险四伏的角斗场。每个朝臣背后都十有八九隐藏着一个不为人知的故事，他们或侥幸成功，

4.3 文字阶梯上的俘虏形象，墨西哥金塔纳罗奥州的兹班切遗址。他被花茎捆绑，头发凌乱。文字阐述他已被兹班切国王俘虏，标注日期换算后是公元490年8月10日

或野心破灭。然而，如果同世界其他地方的权力斗争比较的话，我们会发现玛雅政客也绝非单打独斗。相反，他们通过围绕高阶权臣或王室成员组成的派系相互倾轧。不同派系受命于某个特定的资助人，热衷于探寻内幕信息和秘密操纵，并常常利用王室或贵族之间的婚姻来玩弄权谋。一场关键的联姻往往会加强某一阴谋集团的力量，同时削弱另一个，毕竟外部势力也总是需要内部支持。我们完全可以想象，当危地马拉亚斯奇兰的统治者"鸟·美洲豹五世"与希克斯维茨的穆特·巴赫拉姆女士结婚时，一定有人欢欣鼓舞，更会有人咬牙切齿。在伯利兹的卡拉科尔和其他地方，似乎有迹象表明统治者偏爱某个儿子，甚至自己还在世时就让他共同统治。然而，即便是这样的权宜之计也依然可能失败。西蒙·马丁指出，在危地马拉的拉科罗纳，有位国王或许就是被"刀"（ye'tuun）杀害的。

　　最后一点是，宫廷也如同大家族一样运转。当然，与卑微的臣民之家相同，王室成员同样要在家里吃喝玩乐、处理事务，但在其他方面二者又有很大不同。小家庭中，人们行事不需要考虑什么政治后果，也就不会有高调浮夸之举。但在宫廷里，大张旗鼓举办宴会或赏赐丰厚礼物则有助于维系同盟、笼络党羽，其影响会扩散到整个王国。然而奇怪的是，古典时期的王室图像并没有强调这一事实。画面往往侧重于表现统治者正在享用或接受食物、饮料、贡品，而不是对臣属慷慨布施。对统治者来说，接受似乎比给予更好。大家族和小家庭之

间的另一个差别是，大家族更缺乏人情味。在小环境内，大多数人彼此熟识，但宫廷中的统治者不可能记住所有仆人。就像欧洲王室一样，这为严重的低效和腐败提供了滋生空间，因此玛雅社会大概也存在贪污食物、饮料和王室财物的事情。尽管本书强调了古典期宫廷社会的重要性，但我们也应该牢记，许多地区（通常在沿海或更偏远的地方）并不受国王控制，或只不过在口头上表示臣服。

古典期早期特征

古典时期被定义为低地玛雅人在纪念物上铭刻长纪历的时代。1864年，危地马拉湿热的加勒比海岸，工人们在巴里奥斯港附近开挖运河时偶然发现了一块玉牌。这件文物后来被送至荷兰的莱顿市收藏（**图4.4**）。莱顿玉牌曾经悬挂在一位统治者的腰带上，其正面刻着一位衣着华丽的玛雅领主，他正在跳舞，脚踏愁容满面的俘虏——这个主题也在后来许多玛雅石碑上反复出现。玉牌反面刻有长纪历日期"8.14.3.1.12"，相当于公元320年9月17日。与许多同类型玉牌一样，它刻的可能是某位先人的遗像。玉牌上的符文风格及人物衣着和姿态，使人想起高地和太平洋沿岸地带在前古典期晚期制作的纪念性物品。不同的是，这块玉牌上日期前面刻有典型的玛雅引导性字符，"线-点"数字后面跟着Bak'tun和其他代表周期更短的时间符号。

直到1960年，莱顿玉牌一直是玛雅低地最古老的文物，但现在我们发现了蒂卡尔遗址第29号石碑，其雕刻日期为"8.12.14.8.15"（公元292年7月9日）。因此，低地玛雅人在公元3世纪末就肯定已经使用长纪历了。从这一刻到古典期衰落，我们通过乌夏克吞和其他遗址的石碑、纪念物上的雕刻，连同对地基、各阶段的建筑物、墓穴等证据的综合分析，建立了一套逻辑非常严密的考古时间序列。古典期大约以公元600年为节点，可以明显地分为早期和晚期。这绝不是考古学家随意为之。当时不仅中部部分地区发生了剧变，从文化上看，早期和晚期间也有着相当大的差异。

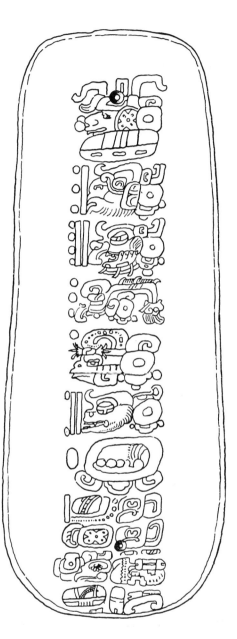

4.4 莱顿玉牌出土于1864年，展示了玛雅国王将俘虏踩在脚下的画面；背面（右图）刻有日期8.14.3.1.12，即"1 Eb 0 Yaxk'in"，对应公元320年9月17日

特奥蒂瓦坎：军事强国

划分古典期早期和晚期的标志性事件是，在早期的中间阶段，一股强大的力量突然席卷玛雅，几乎可以肯定入侵者来自墨西哥中部的特奥蒂瓦坎。这座城市建于公元前1世纪，地处一座土壤肥沃的小山谷中，与墨西哥谷地东北部连通。在公元6世纪末特奥蒂瓦坎城崩塌前夕，它的面积超过了5平方英里（约12.9平方千米）。据研究该遗址的杰出专家乔治·考吉尔考证，当地可能约有8.5万人居住在2300多个院落里。特奥蒂瓦坎的早期统治者为了充实城市人口，把墨西哥谷地里小城镇和村庄居民迁移了进来，使之成为当时美洲最大的城市。

特奥蒂瓦坎以两条纵横交错的规整大道、太阳和月亮金字塔以及豪华宫殿墙壁上的精美绘画闻名于世。在这些壁画中和其他地方，这座伟大城市的艺术家们创作了象征着战争和祭品的画作。毫无疑问，征服才是统治者的主要关注所在。特奥蒂瓦坎的战士们装备有投矛器、飞镖和矩形盾牌，背上有带圆孔并装饰黄铁的镶嵌镜，眼睛有时被白色贝壳护目镜挡住一部分，头上戴着羽毛头饰。这样看来，他们在对手眼中一定是异常恐怖的敌人。

宽阔的"希乌达德拉"（Ciudadela，即城堡）面朝南北主干道，位于城市正中心，很可能是王宫建筑群。一系列仪式性建筑和球场经过平整后形成一个大广场。根据考古学家朱莉·加佐拉和塞尔吉奥·戈麦斯·查韦斯研究，这片区域可能偶尔会被淹没，重现原始海洋的模样。希乌达德拉内有一座石材贴面的阶梯式神庙金字塔，被称为"羽蛇神庙"，是古代中部美洲最重要的单体建筑之一，而且显然在整个古典期，即便是玛雅最偏远的地区也闻其盛名。这座神庙落成于约公元200年，至少有200个活人因此遭到献祭。对被害者骨骼的化学分析表明，其中一些人肯定来自外邦。所有人牲都被打扮成特奥蒂瓦坎武士的样子，拿着黑曜石飞镖，穿戴后背镜，有些人还挂着用仿制的人类颌骨串起来的项链。

羽蛇神庙的外立面和栏杆上有多个羽蛇雕像，是后来的阿兹特克神魁札尔科亚特尔（祭司守护神）的早期形象。卡尔·陶贝认为，羽蛇可能起源于玛雅。与这些雕像交替出现的是另一种超自然的大蛇头。蛇的吻部向上翘起，覆盖着代表玉石的矩形板块。它的风格化头饰呈墨西哥式字符造型，其含义是"年"；贝壳护目镜置于头饰之前。陶贝已经证实，这是一条战争之蛇，只要在特奥蒂瓦坎文明能够影响到的中部美洲地区都能找到这个象征强大的符号，即使特奥蒂瓦坎文明崩溃很久之后，它也依然具有生命力。此类军事意味极强的象征符号甚至影响到了特奥蒂瓦坎雨神特拉洛克最初的形象。他戴着特有的护目镜和"年"字符，同时承担着战神的职能。这些图像的含义可谓不言自明，告诉我们特奥蒂瓦坎存在大致类似于罗马军团的高度组织化军事单位（玛雅文明中有类似的字符，可以与"年轻的武士"关联起来）。特奥蒂瓦坎文字远非学者们曾经认为的那样，与现实生活毫不相关。陶贝研究证实，文字中记录了人名、头衔或军衔信息，他甚至提出，危地马拉的拉苏弗里卡亚古典期遗址内还有一份关于这座大城市发展的宏伟规划。这份网格规划图中有一群特奥蒂瓦坎武士，他们可能是负责管理城中各区域事务的长官，或者是从各区域招募来的士兵。

这座强大的城市作为军事和商业帝国的中心，在古典期早期统治着墨西哥大部分地区，它的实力可能更甚于后来的阿兹特克。历史学家罗斯·哈西格根据阿兹特克人的历史资料提出，像特奥蒂瓦坎这样的中部美洲帝国很可能与罗马的组织模式不同。罗马帝国的中央权威彻底取代了地方势力；而特奥蒂瓦坎则采取霸主统治，即保留被征服地区的官僚机构，但可通过随时发动压倒性军事进攻对其保持威慑，从而实现政治控制并收取赋税。因此，即使在那些臣服于特奥蒂瓦坎的地区，我们也可以发现大量体现地方文化连续性的证据。不过在玛雅低地，也存在大城市直接干涉地方行政事务的案例，这对玛雅的历史进程有着深远的影响。

经美国加州波莫纳理工大学的克劳迪娅·加西亚-德斯·洛里耶研究发现，特奥蒂瓦坎势力范围之大预示着未来的阿兹特克帝国也将在玛雅地区拥有同样的影响力。关于这一点，研究人员在墨西哥克雷塔罗州的埃尔罗萨里奥遗址和恰帕斯州的洛斯奥科内斯遗址等多地都收集到了明确证据。洛斯奥科内斯坐落在一处风景壮丽的山丘附近，紧挨着阿兹特克人称为索科努斯科的巧克力盛产区。遗址南区布局与由月亮金字塔和死亡大道组成的特奥蒂瓦坎建筑群非常相似。各种物品和纪念碑都表明特奥蒂瓦坎势力直接深入到此。特奥蒂瓦坎人是第一个对这里的可可种植园和贸易线路感兴趣的民族，阿兹特克人后来很有可

4.5 类似特奥蒂瓦坎风格的人像
香炉盖，出土于危地马拉太平洋沿
海平原，埃斯昆特拉省蒂基萨特地
区，古典期早期，高11.5英寸（约
29.2厘米）

能跟随特奥蒂瓦坎人的步伐控制了此地。文化接触并没有就此止步，而是延伸到了墨西哥韦拉克鲁斯州马塔卡潘和危地马拉蒙大拿的特奥蒂瓦坎殖民地。在危地马拉的蒙大拿遗址，多个特奥蒂瓦坎定居点分布在方圆3英里（约4.8千米）内。这些定居点中出土了华贵的焚香炉、人像雕塑和神秘的方形物体，后者被专家称为"烛台"，不过实际功能尚不清楚。蒙大拿不是唯一的例子。1969年，危地马拉太平洋沿海平原的蒂基萨特地区，有人在驾驶拖拉机犁地时无意发现了大量古墓，仅陶器制品就出土了1000多件。这片墓葬区位于阿蒂特兰湖西南方向，周边到处都是尚未考察的古老土丘。这批随葬品包括精心制作的两件套香炉（据卡尔·陶贝分析，香炉象征着死去战士的灵魂）、三足陶罐、模制的中空雕像和其他物品，都属于特奥蒂瓦坎风格（**图4.5**）。出土的大量黏土烧制模具表明，来自墨西哥中部的军事－商业集团在古典期早期后半叶入侵此地后，便开始大量生产以特奥蒂瓦坎风格为原型的陶器。

这种文化交流一定非常密切，而且程度很深。陶贝在特奥蒂瓦坎发现了玛雅风格的陶器，有些也许就是在城内的外族人聚居区制作的。在特奥蒂瓦坎的特蒂特拉居住区，人们在院落内的壁画上发现了清晰的玛雅字符，目前已证实

4.6 玛雅风格绘画，特奥蒂瓦坎立柱广场。右图是玛雅神祇，冥界的美洲豹神；左图中央有一个玛雅字符"k'in"，意思是"太阳"

其内容与王室成员姓名及模仿神灵的仪式有关。韦罗妮卡·奥尔特加·卡夫雷拉、杉山奈和、威廉·法什等人在发掘立柱广场期间，找到了玛雅风格的华丽壁画（图4.6），位置就在城市主干道附近，距离赫然耸立的太阳金字塔也不远。杉山三郎及其同事们在巨大的月亮金字塔下发现了一座安葬着三具尸体的墓穴，年代为公元350—400年，随葬品有玉雕和一尊看起来像玛雅人的绿石坐姿人像。这尊雕像和旁边交叉双腿的尸体都是竖直下葬的，方式与危地马拉高地的卡米纳胡尤墓葬类似，年代也接近于蒂卡尔人和特奥蒂瓦坎相关族群有明显接触的时期。骨骼的化学成分表明，墓穴中至少有一人来自玛雅地区，但其一生中大部分时间都在这座重要的墨西哥城市中度过。特奥蒂瓦坎作为强权国家，最终还是会走到尽头，但原因仍然不明。城市中残缺的雕刻和焚烧痕迹说明这里发生过大规模暴力冲突，而且可能和玛雅文明一样，因萨尔瓦多的伊洛潘戈火山爆发造成的全球性影响而遭受了致命打击。关于那场大灾难发生的具体时间目前尚无定论，但有可靠证据表明火山喷发于公元540年。

埃斯佩兰萨文化

随着高地各主要城邦的土木工程建设在韦尔贝纳-阿雷纳尔时期尾声（约公元50年）有所放缓，玛雅文明也开始逐渐瓦解。到前古典期晚期，甚至连南部地区的文化和政治中心卡米纳胡尤城都几乎化为一片废墟。

公元425年后不久，高地地区与特奥蒂瓦坎发生了激烈冲突。虽然卡米纳胡尤受到了影响，但依然同位于阿马蒂特兰湖附近的梅希卡诺斯保持着紧密联系。后者以水下出土了许多古典期早期的精致香炉而闻名。古典期早期兴起于卡米纳胡尤的埃斯佩兰萨文化就是一种混合体，遗址中的几处埃斯佩兰萨文化建筑群便是以完全非玛雅化的方式建造的。从本质上讲，这些阶梯式神庙平台具备典型的特奥蒂瓦坎风格特征，采用了塔卢德-塔佩罗式外观结构，即将带有镶嵌物的矩形面板（塔佩罗）覆在外墙的斜面（塔卢德）上。尽管墨西哥高地蕴藏着丰富的优质建筑石材，但在这卡米纳胡尤却是稀缺品，因此建筑师（几乎肯定是特奥蒂瓦坎人）只好用黏土做基本原料，将外立面涂满红色灰泥，再以火山浮石泥浆收缝。这是一种全新的建筑工艺，可能由少数外邦石匠引进。平台分为多层，正面建有阶梯，顶部神庙的屋顶有时用茅草铺设，但更多采用特奥蒂瓦坎的平梁-砂浆结构（图4.7）。经放射性碳测定后，我们得知这些建筑物在约公元575年被夷为平地并重建。特奥蒂瓦坎曾经历长达一个世纪的大动荡，这些建筑也成了这一时期的见证。

埃斯佩兰萨时期的卡米纳胡尤领主们选择神庙平台作为他们最后的安息之地。与早期韦尔贝纳-阿雷纳尔时代的人一样，每层平台都是为了包裹统治者的坟墓而兴建的。正面台阶下方通常有一间以原木为顶的墓穴，新墓葬及配套平台压在老墓葬上面，形成层叠结构。尊贵的亡者以坐姿置于尸架上，埋入土中。随葬品不仅包括大量陶器和其他物品，还有多达三名殉葬者（一般是儿童或青少年）。毫无疑问，随葬的器皿还盛着供墓主享用的食物和饮料，另外配备了磨盘和手磨等备餐工具。

埃斯佩兰萨墓葬群中出土了大量玉饰，珠子、复杂的卷筒状耳饰、吊坠以及亮闪闪的片状装饰等，其中有些尚未完工。有一件耳饰上提到了蒂卡尔王朝创始人的名字，表明佩滕人与此地关系密切。这些墓葬都朝向西面，上方建有神龛。这种建筑布局最早记录于佩滕地区，所以埃斯佩兰萨和佩滕历史上很可能有过直接接触。在一段阶梯下方，有一块被切成"V"形、重约200磅（约

4.7 卡米纳胡尤遗址A-7号建筑，埃斯佩兰萨时期的神庙金字塔

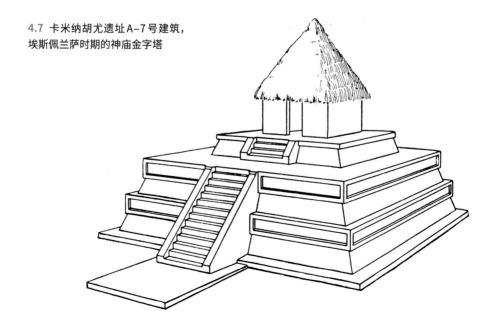

90.7公斤）的玉石，表明埃斯佩兰萨上层人士曾经进入莫塔瓜河谷，因为那里正是这种玉石的产地，这种资源对中部美洲所有社会而言都无比珍贵。

卡米纳胡尤遗址周围的垃圾堆中，很少出现类似埃斯佩兰萨墓葬中的陶器，因此很明显，这些器皿仅供精英阶层使用。有些甚至是从特奥蒂瓦坎直接进口的，可能利用人力，历尽千辛万苦从800～900英里（约1300～1450千米）之外运来。玛雅高地的原住民行商至今仍在使用同古代一样的运货背架。特奥蒂瓦坎文化的标志性陶器有三扁足陶罐（图4.8）、带有把手的敞口壶、弗洛雷罗瓶（florero，因与小花瓶类似而得名），以及在墨西哥普埃布拉州北部出土的根据特奥蒂瓦坎人品位制作的橙色薄壁陶器。所有这些陶器种类在埃斯佩兰萨都有出土实物。其他出土陶器中也不乏来自佩滕地区、底部有特殊翻边的彩绘陶碗。某些三足容器上涂有灰泥，再用绚丽的色彩绘制装饰着羽毛的特奥蒂瓦坎领主或坐姿玛雅人像，以及玛雅人和特奥蒂瓦坎人的神灵，如在墨西哥地区非常受欢迎的蝴蝶女神（象征着勇士崇拜）。有一只佩滕玛雅彩绘陶碗上甚至以特奥蒂瓦坎风格夸张地画着一群游行人物，他们的嘴里吐出卷起的演讲稿卷轴。其他物品，如一面镜子背面的雕花石板，展示了墨西哥韦拉克鲁斯州塔欣文化风格的人物和涡状刻纹（图4.9）。

埃斯佩兰萨时期可能有着极其辉煌的一面，但在这段时间丢失的文化元素也同样令人震惊。长纪历在南部玛雅地区永远消失了，考虑到那里是长纪历的发源地，发生这种情况着实匪夷所思。人们完全不再雕刻小雕像。在埃斯佩兰萨时期的卡米纳胡尤遗址，也没有任何确定迹象表明古人创作了新石雕，无论石雕大小一概没有。恰恰相反，他们拿出前古典期的雕像重新利用。在卡米纳胡尤，古典期早期建筑一直在城市中心发挥着积极作用，与建筑工艺发生改变的古典期晚期形成了鲜明对比。古典期早期的遗址沉积层分布面积很广，但较薄。埋在埃斯佩兰萨墓葬中的人是谁？似乎不太可能是来自特奥蒂瓦坎的入侵者（或许只有少数这样的外来人），但他们肯定与那座遥远的城市以及佩滕地区的诸王国有着紧密联系。

4.8（右）埃斯佩兰萨风格的三足带盖陶器，出土自卡米纳胡尤遗址2号墓。陶器外壁涂有灰泥，用浅黄、红和浅绿色颜料绘制。画中人物形象呈玛雅风格，盖子上的字符则与特奥蒂瓦坎风格类似。高12.5英寸（约31.8厘米）

4.9（下）镜子背面的石板，装饰有涡状刻纹，墨西哥塔欣文化风格，出土自卡米纳胡尤遗址B-I号墓。直径7.5英寸（约19.1厘米）

塞伦：美洲的庞贝？

对地处萨尔瓦多西部、靠近玛雅地区东南边界的规模不大，但生活富足的村落塞伦来说，古典期早期在一声爆炸声中轰然结束了。那个悲惨之日发生在公元595年左右。村落附近的洛马卡尔德拉火山突然喷发，蒸汽、灰尘，最后是火山弹如雨点般落在村民身上，迫使他们仓皇而逃，抛弃了家园。整座村庄的房屋都用木头和黏土搭建，以茅草为顶，最终都被彻底封藏在数米深的火山灰之下。由科罗拉多大学的佩森·希茨领导的发掘工作让这座庞贝古城式遗迹重见天日，也出土了令人惊讶的完整证据，揭示出这群早期农民的生活方式。通过石膏注模技术，他找到了时人种植小穗轴玉米、木薯和其他粮食作物的证据；在厨房和生活区有村民烹饪的痕迹，如辣椒残余和装有巧克力的罐子。有两座房子肯定是村民专门用来举行仪式的场所，他们还可以在此享受汗蒸浴。村民还会沿着一条通往西南的道路列队游行，这条道路可能也是两个家族之间的地界。10号建筑内有一个用鹿头骨制作的面具，一同出土的还有一些水晶，与现代玛雅占卜者使用的道具相似。

古典期早期的中部地区

古典期早期的中部地区遗址往往被高大的晚期建筑覆盖。直到最近几十年，人们才充分认识到这一时期玛雅文明的详尽特征。古典期早期一直持续到长纪历约9.8.0.0.0（约公元600年）。就目前所知，当时的气候较为湿润，经历了前古典期末期雨水不足的玛雅人一定对这样的变化欣喜若狂。

古典期早期建立了许多玛雅国家，其中一些可能是从南部低地分离出来的，如洪都拉斯的科潘和伯利兹的卡拉科尔。有几个王室声称自己的家族起源于很久以前，但这种说法并不可信，而且涉及争议的历史人物本质上肯定就是神话传说中的人物（就像《圣经·创世记》中亚当家族的谱系一样）。石碑和祭坛上刻有日期，保存最完好的文物都被封存在位尊权重的大人物墓中，以风格化彩绘手法重点表现鹤、飞行中的鹦鹉或人物的形象（图4.10a）。这些图案也经常出现在有裙边或底部翻边的碗上。一些制作更精细的陶器，如在危地马拉埃尔佐茨遗址的埃尔迪亚波罗墓中出土的一只陶碗，往往展现神话场景或与水有关的内容，还有些陶器上则绘着人物头像（**图4.10b**）。毫无疑问，这些罐子都是用来盛炖菜或玉米粉蒸肉的餐具。除了这些纯粹玛雅风格的陶器外，还有一些器皿暴露出其设计受到了遥远的特奥蒂瓦坎文明的影响：同样的三足陶罐、带嘴小壶和弗洛雷罗瓶。这是否意味着有新的饮食方式从墨西哥中部传播至此呢？芝加哥大学的克劳迪娅·布里滕纳姆认为，有种巧克力新式饮法就需要使用这些瓶子。人们不再像前古典期那样对着壶嘴吹气来使巧克力发泡，而是将巧克力在两个容器中来回倾倒，或者用棍子搅拌使其产生泡沫。

关于佩滕地区为何会出现特奥蒂瓦坎风格元素，存在两种学术观点。起初，随着20世纪60年代在蒂卡尔的北卫城发现了王室墓葬和相关石碑，一些玛雅学家，特别是已故的塔季扬娜·普罗斯库里亚科夫，主张本地区实际上由来自特奥蒂瓦坎的统治者控制。不过后来大多数人认为，特奥蒂瓦坎人从来没有发动过真正的军事入侵，而是当地的蒂卡尔王朝为了实现自己的政治目的，模仿了特奥蒂瓦坎的战争崇拜文化。在此之前几代人的时间里，蒂卡尔和伯利兹的阿尔顿哈便都出现了特奥蒂瓦坎建筑元素，人们也会储存黑曜石，这么看来，玛雅人对那座异域城市显然并不陌生。那么当我们能够从文字中得到更多信息后，学者又如何评判关于蒂卡尔的争论呢？大卫·斯图尔特和其他一些专家坚定地认为普罗斯库里亚科夫等人一直都是正确的。

统治玛雅低地的王朝与佩滕北部的重要城市蒂卡尔有着很深的渊源。这座城市在古典期可能被称为"穆特"（"蒂卡尔"这个名字出现在19世纪，大概来自单词"ti aka'l"，意为"在水库边"）。后来的王朝编年史一致将蒂卡尔历史回溯到了一个也许生活在公元1世纪的开国君主身上。事实上，诸如科潘、普西拉等地的早期国王也纷纷出现在公元159年左右的史料中，说明当时有重大事件发生。根据蒂卡尔的铭文，碑铭学家将王朝的第十四位继承人称为查克·托克·伊查克一世（意为"美洲虎爪一世"）。我们对他知之甚少，只知道他在公元378年1月16日英年早逝。玛雅人提到这起死亡时说"他进入水中"，用以指代"水之冥界"。根据铭文，就在同一天，一个名叫西亚赫·卡克（意为"火之诞生"或"生于烈火"）的人出现了。值得注意的是，他之前已经"抵达"圣佩德罗河上游的佩滕中心城市埃尔佩鲁，这是军队从墨西哥湾沿岸平原行进至蒂卡尔的必经之

4.10 a & b 扎卡尔时代的底部翻边带盖碗，出土于危地马拉埃尔佐茨遗址的埃尔迪亚波罗王宫9号墓，古典期早期。（上）高8英寸（约20.3厘米）；（下）高11.5英寸（约29.2厘米）

路。动词"抵达"无疑是一种委婉的说法，实际含义肯定更加暴力。

　　这两件事很可能相互关联。西亚赫·卡克是玛雅历史上最神秘而重要的人物之一，而且绝不是本土蒂卡尔王朝的家族成员，与查克·托克·伊查克一世没有亲缘关系。相反，他是一位奇怪人物的臣属，职位也许是将军。代表那位神秘人物的字符极其"不玛雅"，是一名与猫头鹰连在一起的掷矛者，这个图案在特奥蒂瓦坎符文中很常见（图4.11）。斯图尔特假设，"掷矛者猫头鹰"甚至可能就是特奥蒂瓦坎的统治者。西亚赫·卡克与"抵达"强烈暗示了特奥蒂瓦坎人从西面入侵，捕获并立即处决了合法的玛雅人统治者。根据激光雷达成像和考古学家托马斯·加里森、斯蒂芬·休斯顿野外实地考察取得的成果，人们发现当时有多座大型防御工事居高临下，扼守着通往蒂卡尔的西部山谷。在具有战略意义的拉库尔纳维亚内，甚至还有一座塔卢德－塔佩罗式神庙（图4.12）。考古学家埃德温·罗曼与加里森、休斯顿合作，也一直在探索蒂卡尔的部分区域，挖掘出大量特奥蒂瓦坎风格元素，如进口香炉、绿色黑曜石、塔卢德－塔佩罗式建筑等，还有一份结构类似于特奥蒂瓦坎希乌达德拉的缩小版布局图。

　　不管"掷矛者猫头鹰"是何许人也，不到一年，他的儿子雅克斯·努恩·阿因一世（意为"第一鳄鱼"）就成了蒂卡尔第十六位统治者，估计是西亚赫·卡克扶持的。这开启了一个显然受外国血统控制的新王朝，至少在父系一方是这样的。雅克斯·努恩·阿因一世继承王位时还是个男孩。奇怪的是，其骨骼化学成分表明他是在玛雅低地南部长大的，说明其父干预该地区事务已经有一段时间了。在第

4.11 特奥蒂瓦坎风格的球场标志，出土于危地马拉蒂卡尔遗址的"失落世界"建筑群，"掷矛者猫头鹰"的名字出现在顶部的圆形花饰中间。古典期早期，高3英尺3英寸（约1米）

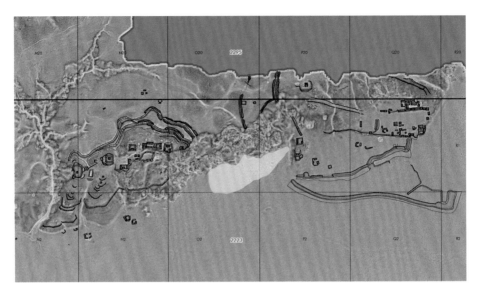

4.12 拉库尔纳维亚防御工事的激光雷达成像图，危地马拉

31号石碑侧面，我们可以看到两幅装扮成特奥蒂瓦坎武士的年轻"国王"（ajaw）肖像。这是雅克斯·努恩·阿因一世之子西亚赫·查恩·克阿维尔二世（意为"生于天空的克阿维尔"）的即位纪念碑。还有一块来自蒂卡尔附近一处小型遗址的石碑，记录了后者的祖父，也就是"掷矛者猫头鹰"亡于公元439年。玛雅地区早前与特奥蒂瓦坎曾有接触，但这一次的性质迥然不同：之前佩滕地区拥有独立主权或不受蒂卡尔制约的城邦现在似乎正处于该王国或西亚赫·卡克的支配下。研究罗马的历史学家将罗马治下的和平称为稳定的帝国统治时代。也许在一小段时间里，玛雅人也有过类似经历。地方性反抗都被蒂卡尔的新统治者镇压了。

在蒂卡尔北卫城古典期早期神庙下的墓群中，考古学家发现了非常丰富的随葬品，墓穴里堆满了特奥蒂瓦坎和玛雅本土样式的奢华祭品。与其说这里是卫城，不如说是安葬早期历代国王的神圣墓地，其中就包括雅克斯·努恩·阿因一世（大约死于公元404年）及其儿子西亚赫·查恩·克阿维尔二世的陵墓。现在，人们普遍认为第48号墓即后者的安息之所。时人在软基岩上开凿墓室，在其中安葬了三名死者，即西亚赫·查恩·克阿维尔二世本人和两名为国王陪葬的青少年。白色灰泥墙壁上覆盖着由经验丰富的工匠用黑色颜料绘制的字符，其中有长纪历日期9.1.1.10.10 4 ok，即公元457年3月20日，可能是统治者死亡或葬礼的日期（图4.13）。在不远处的埃尔佐茨城邦，一处防御工事内也发现了一座宏伟的墓穴，比蒂卡尔北卫城的早了大约75年。有座建筑物上的雕刻描绘了恰克（雨神）和昼、夜两种不同形象的太阳神（图4.14）；该建筑物前设有神龛，墓葬就在神龛下面。墓主可能是当地一个王朝的开创者。墙壁上留下的竹架和脚印表明，此处后来用于举行登基大典或节庆仪式。同样的特征在两个世纪后出现在了危地马拉的彼德拉斯－内格拉斯遗址。

20世纪60—70年代初，玛雅低地的盗墓活动极为猖獗。尽管位于佩滕最东北部的里奥阿苏尔遗址规模不大，但还是遭到特别严重的洗劫，大量（但不仅仅是）古典期早期文物流入国际市场，每件都称得上是精品。三座被洗劫一空

4.13 西亚赫·查恩·克阿维尔二世陵墓（第48号墓），蒂卡尔遗址，1961年发现时拍摄。墙壁上记有日期9.1.1.10.10 4 ok（公元457年3月20日），以及其他可能代表鲜花和珠宝、芬芳的来世天堂等含义的字符

4.14 涂抹了灰泥的神庙檐口，雕刻有恰克头像以及
饮血的太阳神形象，两者之间以条纹形式表现天空。
埃尔佐茨遗址埃尔迪亚波罗建筑群，建筑物F8–I子
结构IC北侧，建于约公元375年

的墓葬内，如今已光秃秃的墙面上曾绘制着红、黑色的壁画，描绘了波涛起伏
的水之冥界，还记录了关于王朝特征的文字。以得克萨斯大学圣安东尼奥分校
的理查德·亚当斯为首的研究团队发现了几座完整的墓穴，留存有古典期早期
的祭品，但其规模和壮观程度仍不如那些已经被剥去华丽装饰的古墓。我们现
在知道，王室成员死后都会有各自生前喜好的食物和饮料相伴，里奥阿苏尔遗
址的墓葬就印证了这一点。例如图中这件精美的里奥阿苏尔风格陶罐，上部为
旋盖，罐壁抹有灰泥，其上绘制着字符（图4.16），其中一个经大卫·斯图尔特
解读为"ka-ka-w(a)"，意思是"可可"。好时食品公司实验室后来检测到罐子上
残留有可可碱和咖啡因的痕迹，从而证实了其判断。

倘若如一些学者认为的，特奥蒂瓦坎人曾入主佩滕诸城邦，那么他们是否
也试图将自己崇拜的神灵强加给佩滕的玛雅人呢？比如，他们会用自己的雨神
来代替当地的"恰克"吗？这方面的证据可以从蒂卡尔一块碎石碑的上半部分
一窥究竟（图4.15）。这块石碑刻画了特奥蒂瓦坎雨神特拉洛克的大脸，恰似同
样来自蒂卡尔的第31号盾形石碑（图4.17）上的脸。不过更合理的解释是，这

是一幅装扮成特奥蒂瓦坎雨神的外邦统治者肖像，而且我们能看到他有着特拉洛克的特征。卡尔·陶贝认为，危地马拉的蒂卡尔、亚萨哈等地石碑上的这位高大神祇其实是复刻了盾牌上的形象。正如我们看到的，从特奥蒂瓦坎遗址出土了底部翻边的古典期早期陶碗碎片；在蒂卡尔的死者旁边放置着的绿色刀片，其原料正是来自墨西哥中部帕丘卡的黑曜石。几乎可以肯定，佩滕和墨西哥谷地之间存在着活跃的贸易活动。遗憾的是，纺织品、绿咬鹃羽毛、美洲豹皮及木制器皿等易腐物都未能存留下来，这些商品一定也通过同样的路线流动。

　　玛雅壁画艺术起源于前古典期晚期，在圣巴托洛和蒂卡尔遗址都发现了绘制在墙面上的图画。20世纪30年代，人们在乌夏克吞遗址的B-XIII建筑上目睹

4.15 蒂卡尔盾形石碑残片，展示了一位装扮成特奥蒂瓦坎雨神的统治者形象，其上还有与其等级或职位相称的头饰

4.16（上）灰泥旋盖罐，出土于里奥阿苏尔遗址 19 号墓。这个容器曾经装着巧克力饮品；盖子左侧的字符为玛雅语中"可可"一词。古典期早期，公元 5 世纪，高 9 英寸（约 22.9 厘米）

4.17（对页）蒂卡尔第 31 号石碑侧视图，其上为年轻的君主雅克斯·努恩·阿因一世。他打扮成特奥蒂瓦坎战士，手持投矛器，左臂持盾。盾牌上的人脸同图 4.15 中的一致

了以柔和的红、棕、棕褐和黑色颜料绘制的壁画（**图4.18**），可惜后来遭到破坏。这些艺术的灵感来源于现实生活：画中两名男性站在类似宫殿的建筑前交谈，其中一名显然是战士模样的特奥蒂瓦坎访客。宫殿内有三名玛雅妇女。墙上还绘有两横排人物，他们可能站在两层阶梯式平台上，有几个人正在激动地喋喋不休；歌手们摇着沙槌，一个小男孩在皮面鼓上打着节拍。画面有着强烈而夸张的独特风格。

到公元5世纪甚至更早些时候，不仅在佩滕北部，在玛雅中部很多地方也都建立起了主要的玛雅城邦。由于特奥蒂瓦坎人统治这些城邦的证据不太容易找到，人们可能会错误地认为他们的势力范围仅限于蒂卡尔－乌夏克吞地区。尽管如此，拥有盾状石碑的亚萨哈遗址依然将无序的玛雅城建模式与井然有序的墨西哥中部城市街道布局结合起来。一些布局比例在前古典期晚期就固定下来，一直延续至后世。城市的网格化模式其实可以追溯到前古典时期，如埃尔帕尔马和尼克斯顿－奇奇的各城邦，埃尔米拉多似乎也隐约有着这种布局的影子。顺

4.18　乌夏克吞遗址B–XIII建筑内的壁画细节，一名全身涂成黑色的玛雅人正在迎接一名特奥蒂瓦坎武士装扮的访客。右边的宫殿建筑里坐着几名贵妇。扎卡尔文化，古典期早期

便说一句，亚萨哈，意即"蓝绿水域"，是少数保留原始名称的古典期玛雅城邦之一。

对于特奥蒂瓦坎人在佩滕北部地区保留军事力量的观点，更有说服力的证据来自拉苏弗里卡亚。这是一处规模不大的遗址，在玛雅重要遗址霍穆尔以西半英里（约800米）处。其中，一幢小型平顶建筑位于一座高出地面的平台的西北角，内部有壁画。特奥蒂瓦坎的城市规划图可能就出自此处。另一幅壁画的内容似乎复制于一部混合了特奥蒂瓦坎和玛雅文化的书。画面上有一条道路，脚印代表一段旅程——这种表现方式明显来自墨西哥中部，而不是玛雅本土（图4.19）。特奥蒂瓦坎文明曾经制作了很多书册，这幅画可能是我们能看到的与书中内容最接近的实例。建筑群的另一面墙上有一段绘制精美的红色玛雅文字，显然是为了庆祝外国人西亚赫·卡克"抵达"（或者正如我们已知的，可能是入侵）蒂卡尔。

卡拉克穆尔位于佩滕北部。一些学者认为这座玛雅城市的面积超过30平方千米。它的历史相当古老，可追溯到前古典期中期。承担发掘工作的墨西哥考古学家拉蒙·卡拉斯科·巴尔加斯认为，卡拉克穆尔在古典期早期便开始建立联盟网络，到古典期晚期就已发展为蒂卡尔的强大对手。西蒙·马丁和埃里克·贝拉斯克斯认为，这个王朝甚至可能来自墨西哥金塔纳罗奥州南部。近年来考古学家正对该地区许多重要的大型古代城市展开调查。体积庞大的II号建筑位于主广场南侧，是公元5世纪从一座本来就相当大的前古典期晚期建筑翻新而来，证明了该城邦具有不俗的影响力和实力。纵观整个古典期，记载着卡拉克穆尔历史的石碑数量最多，但遗憾的是其中大多数碑体材质都是劣质石灰岩，受到侵蚀十分严重。

无论特奥蒂瓦坎对佩滕玛雅社会造成了怎样的政治和文化影响，公元6世纪下半叶，蒂卡尔和乌夏克吞都遭到了一系列严重的危机。随着蒂卡尔衰落，卡拉克穆尔兴盛起来，并于公元562年进攻并征服了蒂卡尔。对这一重大事件的唯一记录来自伯利兹的卡拉科尔遗址。卡拉科尔曾是蒂卡尔的盟友，后来双方反目成仇。在接下来的130年里，蒂卡尔人再也没有竖立起任何石碑，而且有迹象表明，他们的公共纪念物遭到大规模的蓄意破坏。正如西蒙·马丁最近发现的证据显示，王朝出现了严重分裂。目前我们还不清楚这一切的前因后果。尽管

4.19 危地马拉拉苏弗里卡亚遗址，建筑物6N内的壁画修复图。该壁画为玛雅－特奥蒂瓦坎混合风格，场景可能复制于一本现已失传的手抄本。图中有两座建筑，一座有茅草屋顶，另一座有特奥蒂瓦坎风格的嵌板，两者由一条道路连接，小脚印标明了行进方向。公元400年

古典期早期结束时并没有佩滕遗址被废弃，但当时可能发生过激烈的内讧，甚至民众起义。

时间进入公元7世纪最初的几十年。硝烟终于散尽，古典期玛雅人的生活恢复如初，可能有新统治者即位、新王朝出现。但特奥蒂瓦坎势力在佩滕玛雅地区已不复存在，无论在政治方面还是经济方面都再无影响力。它最后一次发生冲突不是与蒂卡尔，而是在约公元510年与彼德拉斯-内格拉斯。后者是一座相当"与世隔绝"的遗址，考古学家在这座城邦北部的洞穴中发现了一个奇迹般保存下来的木箱，上面甚至可能留下了特奥蒂瓦坎人持续155天的军事"到访"记录。如前所述，一些重大事件（没有书面记载）导致特奥蒂瓦坎中部部分地区被焚毁，以特奥蒂瓦坎为首都的帝国也灭亡了。这发生在公元6世纪后期，可能正是玛雅社会在古典期早期最后几十年出现动乱的决定性因素。但是，正如古希腊和古罗马的成就一直让西方世界记忆深刻，特奥蒂瓦坎的辉煌历史直到古典期晚期还一直萦留在玛雅统治者的脑海中：玛雅国王以身着特奥蒂瓦坎武士战袍、头戴独特的战蛇头饰或头盔奔赴战场为荣。几个世纪里，一些王室一直将与特奥蒂瓦坎意象和火祭仪式有关的神殿或建筑，与自己家族的创始人联系在一起。

科潘：古典期早期

科潘位于玛雅中部地区东南边缘的一座偏远山谷中。相对孤立的地理位置也没能让这里逃脱特奥蒂瓦坎强有力的文化控制。根据后世铭文，科潘王朝由亚克库毛（意为"像太阳一样的绿咬鹃-金刚鹦鹉"）在公元5世纪初创立。这支王族血脉一直延续到公元9世纪初，当时王权统治可能已经在科潘终结了。不过可以肯定的是，一定还有更早期的统治者没有记录在古典期晚期的编年史中。

重构科潘王朝历史的关键是一块被称为"祭坛Q"的方形纪念碑。它庆贺的是公元776年，第十六位国王雅克斯潘在位期间发生的某一事件。祭坛四个侧面雕刻着这位统治者和之前十五位国王的形象，每个人都坐在代表自己名字的字符上。面对雅克斯潘的是王国建立者亚克库毛本人，他正在递给前者一个神秘的身份标志。虽然所有国王都裹着科潘统治者特有的头巾，但只有创始人戴着特奥蒂瓦坎战神的护目镜。大卫·斯图尔特破译了祭坛Q上的文字，记录了亚克库毛在公元426年"抵达"并即位的故事。这不禁让人联想到前一个世纪"抵达"蒂卡尔的西亚赫·卡克，他们两人都被授予了极为荣耀的"西面的至高王"（West Kaloomte'，"Kaloomte'"通常与东、南、西、北四个方向之一相关联）称号，这肯定不是巧合。事实上，这个称号可能正来自特奥蒂瓦坎，就像"皇帝"（emperor）和"沙皇"（czar）都源于古罗马头衔和家族姓氏一样（分别对应"最高统治者"，即"imperator"和"恺撒"，即"Caesar"）。

在碑铭研究和田野考古学的非凡结合中，发掘科潘遗址的当代专家证实了从前只通过碑文了解的信息。近几十年来，美国和洪都拉斯的研究小组对科潘的巨大卫城展开了调查。经附近的科潘河多年侵蚀，遗址地层大面积暴露在外，于是他们利用隧道技术，在不破坏古典期晚期建筑的情况下挖掘埋在下方更早期的建筑。正如我们所知，最了不起的发现是16号神庙下的多层金字塔，现在我们知道它是奉献给王朝创始人亚克库毛（科潘人在好几个世纪里一直对他保持崇拜）的。宾夕法尼亚大学的考古学家罗伯特·沙雷尔和大卫·塞达特发现了一处大宝藏，即科潘卫城中年代最早、埋藏最深的建筑，他们称之为"胡纳尔"。这是一座相对较小的神庙平台，具有特奥蒂瓦坎建筑风格，外形为塔卢德－塔佩罗式结构。探索胡纳尔时他们发现了一座拱形石砌墓穴，里面有一块凸起的墓板，上面安放着一副覆盖朱砂的男性骨骼。他的年龄在50岁以上，门牙上镶嵌着玉石。遗骸周围摆放有大量特奥蒂瓦坎风格及其他风格的陶器。我们有充分的理由相信，这就是亚克库毛本人，那个"来自西方的异乡人"。

考古学家起初推测他出生于特奥蒂瓦坎。然而对他牙齿的同位素分析表明，他大部分青春时光既不是在墨西哥谷地也不是在科潘度过，而是在中部低地的某个地方。大卫·斯图尔特指出，石碑上的字符表明他其实出生于伯利兹的卡拉科尔古城，在青少年时代搬到了离科潘更近的地方。当王朝更迭时，新上位的统治者更有可能是外来者，而不是在原有体系中一步步向上晋升的老朝臣。这座坟墓完成后不久，胡纳尔就被另一座神庙平台覆盖了。这次的设计采用了常规佩滕式裙墙结构，并装饰了一块灰泥面板，上面彩绘出精美的玛雅太阳神形象。以此为基础，科潘第二位统治者修筑了一座更华丽的平台，现在被称为"玛格丽特"。其西侧装饰着特别的灰泥浮雕，上面刻画了两只鸟的形象，分别为绿

4.20 古典期早期建筑剖面图，洪都拉斯科潘遗址。最内层建筑是"胡纳尔"，里面安葬着王朝创立者亚克库毛；中间层是色彩艳丽的"罗莎莉拉"

咬鹃和金刚鹦鹉，正象征着王朝创建者的全名。玛格丽特可能是随葬品最丰富的科潘坟墓，墓主是一位年老女性，沙雷尔猜想她就是亚克库毛的遗孀。这位贵族女士的奢华随葬品中，有一件被发掘者称为"炫目壶"的陶器。这只三扁足陶罐上覆盖灰泥，并以鲜艳的色彩绘制着一座特奥蒂瓦坎式神庙，神庙门后露出了一张戴护目镜的鸟脸——这会不会就是开国者本尊呢？

洪都拉斯考古学家里卡多·阿奎尔西亚在科潘16号神庙内还有更令人兴奋的发现。其中一座被称为"罗莎莉拉"的神庙可以追溯到古典期早期尾声，它几乎被后来的建筑完整掩埋，甚至连部分屋脊也保留了下来。玛雅学家借此获得绝佳机会，了解到粉刷了灰泥、色彩斑斓的神庙在遭到时间和自然因素破坏之前，到底呈现出怎样的华丽外表。神庙正面朝西，装饰着极尽荣威的主鸟神雕像（图4.20）。他那长着太阳神之眼的巨大鸟头绘制在第二层，蛇-鸟羽翼在下层立面展开。考古学家还意外收获了遗留在罗莎莉拉地面上的几件圣物，包括9块曾经用蓝布包裹的异形燧石，有些还粘着残留的布料。正如哈佛大学皮博迪博物馆的卡尔·陶贝和芭芭拉·法什所示，自始至终，无论怎样改建，科潘的历代国王在这座建筑中一直保留着王朝创建者亚克库毛的设计元素。

与佩滕北部地区不同，科潘在古典期早期和晚期之间没有出现记录断层：跨越这两个时期的第十一位统治者布兹·禅于公元628年平静地死去。虽然战争最终还是给科潘带来了暂时的厄运，但它地处其他王国的边缘地带，这种地理优势肯定让它得到了"回报"。

北部地区

有大量图像和文字表明，整个玛雅地区在古典期早期一直陷于战争之中，然而在田野考古中很难找到相关证据，佩滕以北切内斯地区的贝坎遗址却是例外。该地在公元2世纪的某个时候就环绕城市修筑了工程浩大的防御体系，一直维持到古典期早期结束。据大卫·韦伯斯特研究，这种防御体系由城壕和内垒组成，高38英尺（约11.6米），如果壁垒上再安装栅栏，必然固若金汤。人们很容易把这看作特奥蒂瓦坎军队入侵切内斯的结果，但其实纯粹是玛雅人自己内斗所致：这些土木工事在特奥蒂瓦坎势力深刻影响贝坎之前很久就建成了。

在贝坎以东约48英里（约77.2千米）的科洪利奇遗址，有一座保存完好的古典期早期金字塔神庙，其嵌入式阶梯两旁装饰有涂着红色颜料的灰泥神灵面具。科洪利奇和北部地区其他遗址展示了玛雅文明在古典期早期蓬勃发展的证据。以伊萨马尔为例，该城实际人口密度可能很低，但在这一时期它的面积可能已经扩张到近32平方英里（约82.9平方千米），与尤卡坦半岛北部海岸的希坎博港相连。根据肯塔基大学的斯科特·赫特森研究，人口稠密的春楚克米尔在古典期早期尾声也很繁华。在尤卡坦半岛和墨西哥金塔纳罗奥州，也有很多拥有大型石质建筑的遗址，其中有些工程始于前古典期，但一直持续到古典期早期。这些建筑的外墙砖有1米长，呈枕头状，覆盖着厚灰泥，这是当时主要的建筑特征。最早的中心城市之一是位于尤卡坦半岛西部普克丘陵北端的奥克斯金托克。它以大型建筑和数根刻有简短文字的门楣为标志。这里有一幢神秘的迷宫式建筑"萨顿萨特"，漆黑一片的内部区域用于举办某些未知仪式。

位于当今墨西哥尤卡坦州首府梅里达东南13英里（约20.9千米）的阿坎塞遗址同样令人印象深刻。一方面，这里有阶梯式金字塔平台，金字塔上有内嵌阶梯、样式简洁的佩滕玛雅式裙墙。另一方面，这里的建筑物有着独特的灰泥立面，其上浮雕受到了特奥蒂瓦坎风格的强烈影响（**图4.21**）。浮雕表现的似乎是一座超自然动物园，里面饲养着各种叽叽喳喳乱叫的鸟兽，有美洲狮、拟人化的蝙蝠、猛禽、松鼠、戴护目镜的囊地鼠，画面上方还有海螺壳。浮雕中还出现了羽蛇神的代表形象，它是特奥蒂瓦坎神话的核心人物。图中，羽蛇神以某种方式攥着黑曜石刀（这对一条蛇来说可是相当了不起的成就！），旁边还有一个反复出现的图案，含义可能是"芦苇之地"，许多人认为这就代表特奥蒂瓦坎本身。每种生物都出现在一座以风格化手法表现的山丘中，也许就对应山丘的名字，或者表示该处有这种动物潜伏：一只看上去有几分凶猛的兔子正努力支撑着它的洞。阿坎塞遗址说明它和玛雅大部分地区一样，从未与中部美洲其他地区隔绝，始终定期与邻邦往来。这也预示着几个世纪后，尤卡坦半岛将笼罩在异族势力下。

4.21 一座建筑上层外立面的特奥蒂瓦坎风格灰泥浮雕，各种动物位于"山丘"上，画面中有代表"芦苇之地"的字符。墨西哥阿坎塞遗址，古典期早期，临摹水彩画（阿德拉·布雷顿）

第五章

辉煌古典：
晚期

古典期晚期的玛雅低地曾被视为失落的世界，数百座城镇掩藏在似乎毫无人类活动迹象的热带丛林之下。现在，失落的世界已经露出真容：由于畜牧业发展和新定居点不断建立，很多地方的丛林消失殆尽，才让人们对这一时期玛雅社会的各个层面有了更多了解。古典期晚期，玛雅族群规模空前庞大，人口数以百万计。他们组织成大大小小的国家、城市，支撑起我们在之前的时代只得以一窥的宫廷。玛雅文字让我们认识这些城市中的重要人物，也看到他们发动的战争、结成的联盟、举行的仪式、修建的建筑。

探索古典期城市有两种方式。第一种是屡试不爽的徒步调查，但必须克服难以想象的艰辛。以这种方式绘制的地形图可以表现各种建筑物，大至巨型建筑，小至普通人居住的简易棚屋。金字塔当然很明显，但当年那些朴素的小房子化为低矮的矩形土堆后，也很容易被人眼识别出来。激光雷达成像技术是一种前途无量的新手段，人们借此可以看穿丛林，目睹令人震惊的地表细节，就连梯田和羊肠小道也无处遁形（**图 5.1**）。用这种技术测绘出森林覆盖下的玛雅低地全图看来也只是时间问题。

玛雅城市与墨西哥中部的特奥蒂瓦坎式整齐网格布局，或危地马拉的尼克斯顿－奇奇等前古典期定居点布局大相径庭，后两者更符合常规的城市规划理念。

相反，古典期玛雅城市，如佩滕地区的蒂卡尔、塞巴尔遗址或尤卡坦半岛北部的迪兹比尔查吞遗址，在地图上只表现出模糊的集中模式，建筑区域则不断变化。玛雅城市建筑类型多样，大到高耸的神庙－金字塔、高台宫殿，小到围绕开放式广场排列的独立"屋丘"（可能是家庭院落）。小广场与大多数城市中心的大型广场功能相似，人们在此举行仪式性舞蹈游行，展示俘虏和供品，也向成对的石碑和祭坛供奉熏香、动物祭品或人牲。在所有较大的玛雅遗址（以及一些小型遗址）中都发现了球场。但这些城市整体上显得有些分散，到边缘地带居住区就没那么密集了。部分城市，如尤卡坦地区的春楚克米尔，人口就特别稠密，人们通过砌墙来划分房屋地块，其他城市则有宽敞的空间，可用作花园或在院落周围筑起围墙。大多数玛雅城市都坐落在山丘或高地上，这样能更清晰地观察几千米之外的情况，无论是臣民还是敌人都能尽收眼底。事实上，这些城市看起来更像是人造山脉。佩滕地区缺水，在蒂卡尔这样的大型中心城市（图 5.2），人们修建了几座有堤坝环绕的人工水库，在寒冷的旱季为城市居民提供充足用水。美国辛辛那提大学的弗农·斯卡伯勒提出，玛雅人在城市建设时，至

5.1 东面视角的危地马拉蒂卡尔遗址激光雷达成像图，展示了古代遗址核心区周围的现代道路

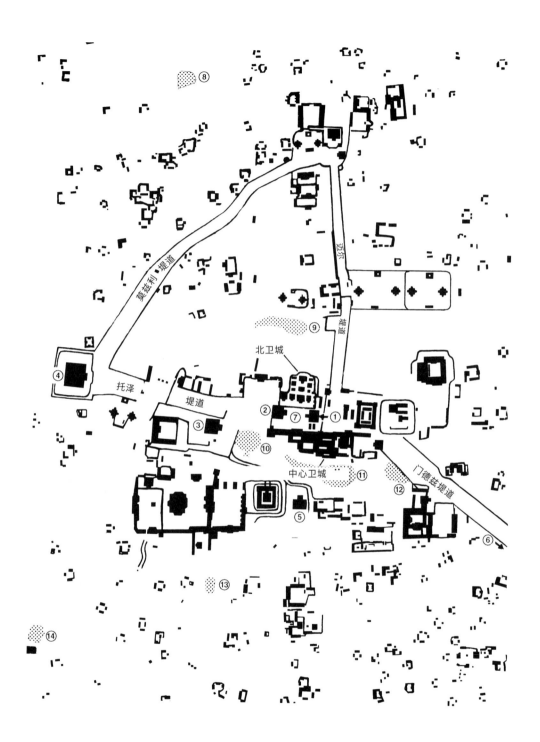

5.2 蒂卡尔城中心平面图，城市面积略大于1平方英里（约2.6平方千米）。1—5.神庙I—V号；6.铭文神庙；7.大广场；8.贝胡卡尔水库；9.堤道水库；10.神庙水库；11.王宫水库；12.希登水库；13.马德拉水库；14.失落世界水库

少在某种程度上设计了雨水流径，可导至水库。这在部分遗址中并不明显，但在帕伦克就不一样了。根据宾夕法尼亚州立大学的柯克·弗伦奇的观点，帕伦克人表现出了非凡的工程天赋，能够通过地下管道控制涌向水池的水压。民族植物学家大卫·伦茨及其同事还找到了蒂卡尔的水库中存在汞、磷酸盐和有毒细菌的证据，说明水源并非一直能够安全饮用。但是，即便水的质量不佳，量还是足够的：蒂卡尔王宫附近的一座水库就可以储存足够整座城市使用一年的水量。

玛雅城市很少有明确的界线。东半球的前工业化城镇习惯修筑城墙，不过在玛雅古典期遗址却无此发现。考古学家后来在多斯皮拉斯、埃克巴兰、普埃尔托、乌斯马尔等地找到了古典期晚期的城墙，但似乎都建于晚期的最后几年，当时某些地区的安全环境已相当恶劣。有些围墙并不完整，规模或体量也达不到防御要求，因此可能是为了划定重要的市场范围。地理学家托马斯·鲁尔及合作团队利用激光雷达技术在墨西哥坎佩切州发现了这样的设施。后世的阿兹特克人习惯用圆形字符来表示市场，也许在玛雅人中也存在类似的概念。玛雅人的城市遗址由多层同心墙包围，但并非所有城墙都能有效起到防御作用。

通常而言，问题的关键不在于"有多少遗址幸存"，而是"人类还没有触及哪些地区"。某些地区没有地表可见的建筑，但挖掘后也常常能发现埋在地下的。想要确定一处遗址从哪一地层开始、哪一地层结束总是万分困难。激光雷达无法显示清晰的断层，但可以呈现整片区域建筑密度的变化（尽管调查重点总是集中于某些特定地区）。蒂卡尔和卡拉克穆尔显然是玛雅所有古典期遗址中最大的两座，伯利兹的卡拉科尔则是一个大规模、低密度的城市化案例。道路系统将这个王国的各个部分整合在一起，使其呈现出其他地区少有的凝聚力。对蒂卡尔及其周边地区，马塞洛·卡努托和同事使用激光雷达记录下至少12 340座各类型建筑（**图5.2**），从巍峨的神庙、金字塔、巨大的宫殿到茅草屋组成的小庭院，一应俱全。整个定居点面积超过29平方英里（约75.1平方千米），在古典期晚期，其人口规模在1万~9万间波动。卡努托及合作者认为，以更宏观的角度来看，包括蒂卡尔在内的玛雅中部低地地区在古典期晚期有700万~1100万人口。尽管如此，与密集城市化的特奥蒂瓦坎或阿兹特克帝国首都特诺奇蒂特兰相比，这些城市还是很宽敞的。大卫·韦伯斯特指出，城市规模对玛雅学研究有着相当重要的影响。如果城市没有之前想象的那么大，那么破解玛雅人如何养活自己的难题就不那么迫切了。这方面的讨论可能将在今后几十年一直持续下去。更有实际意义的研究成果是确定了城市的相对规模。结论表明，古典期晚期对玛雅人而言确实是特殊时期，此时的人口数量大大超过了古典期早期。

中部地区古典期遗址

古典期的玛雅城市中心通常由一系列阶梯平台组成。它们围绕着宽阔的广场或庭院，顶部有石质结构的上层建筑。在蒂卡尔这样规模宏大的遗址中可能有许多连接建筑群的堤道，玛雅人称之为"sakbih"，即"白色之路"。宏伟的神庙－金字塔高耸于一切建筑之上，由石灰岩块在碎石堆上砌成。虽然神庙里有至少一间覆盖有灰泥的叠涩拱结构房间，但房间内部空间非常局促，只能在举行仪式时使用，为的是只让少数人参与。建筑者有时会在顶部神庙增建鸡冠状屋脊，并装饰上和正立面一样华丽的彩绘灰泥浮雕。玛雅人用人体不同部位来比喻建筑物的各个结构，如"门"被标记为"ti'"，即"嘴"；屋顶的"鸡冠"可能代表建筑物的"头饰"。

不过，玛雅遗址大部分建筑工程都集中于平整大片土地和建造宫殿方面。单层建筑的设计原则与神庙－金字塔类似，但建在高度远低于神庙的平台上，内部有更多覆盖着灰泥的房间，有时一座建筑里面能有几十个房间（图5.3）。有些建筑会有一两个（甚至更多）内部庭院。许多情况下，宫殿是在好几个世纪里逐渐建成的，因为王朝的每一位新统治者都会以原有宫殿为基础，增建自己的作品，单一建筑群就会变得越来越庞大。通过彼得·哈里森在蒂卡尔中央卫城的发掘，以及对古典期晚期花瓶上详细描绘的相关场景的研究，人们证实了宫殿就是城市的行政中心。"k'uhul ajaw"（国王）或"kaloomte'"（一个含义不明的高级头衔）坐在长椅上，背靠美洲豹皮缝制的大垫子，在挂着帷幔的房间里主持正义、接受贡品、接待使节、宴请宾客或处理其他王室事务。大庭院里则举行不那么私密的活动，如跳舞、在重要的历法日刺破阴茎和舌头举行放血仪式等。几乎可以肯定的是，玛雅人还会以斩首或挖心的方式献祭高级囚犯。

5.3 蒂卡尔蝙蝠宫的一个房间。人们认为，这类宫殿既是王家住所，又是行政中心。如图所示，房间后壁边通常安放一条或多条涂抹了灰泥的长凳，有些房间配窗，以改善照明、增强通风

通过埃尔佩鲁遗址出土的陶器，我们对第四章描述的宫廷人员，如朝臣侍从、王室女眷或嫔妃、宫廷小丑或侏儒（图5.4a–d）等有了直观印象。然而，王室厨师、清洁工和其他卑微的勤杂工都不在此列。他们一定为数众多，而且工作受到严密控制，但在贵族眼里压根儿就不值一提。不过中部美洲其他有历史记载的文明，尤其是阿兹特克帝国和墨西哥米却肯地区的塔拉斯坎王国，留下来的资料让我们对这类人员有了一定程度的了解。

在玛雅中部地区任何具有重要意义的古典期城市中心，石碑总是矗立在广场的灰泥地面上，通常在大神庙之前，但有时也立于宫殿门前。支撑神庙－金字塔的平台上偶尔也会出现石碑，似乎特定的石碑总是与特定的建筑联系在一起，其原因直到最近仍然是谜。一般来说，石碑前会设有一座低矮的圆形平顶祭坛。石碑单面或双面刻有浮雕，主题往往雷同：一位衣着华丽的玛雅统治者（通常是男性）手持某种特殊的象征物，如所谓的仪式杖或克阿维尔神的权杖（实质

5.4a 陶俑摆成同心圆造型是为了呼应理想化或神话中的宫廷，人物造型包括国王、王后、朝臣、侏儒（有些是拳击手），还有一头鹿立在一个跪着的人俑身边。这组雕塑出自不同工匠之手

5.4b 这个场景表达的内容仍然很神秘。一头鹿戴着绿色项圈，裹着缠腰布，扬起蹄子，也许在祝福（或者威胁）处于从属地位的年轻男性。在玛雅文化中，鹿是一种能诱骗女人的动物，象征通奸

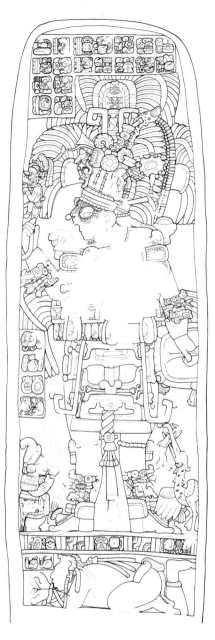

5.4c（左上）一位国王胸前戴着一枚祖传贝壳，头饰上可能刻着他的名字

5.4d（左下）从人物的长裙可以看出她是王后。雕像手持盾牌，这是一件与埃尔佩鲁的王室配偶有关的物品

5.5（上）危地马拉多斯皮拉斯遗址第14号石碑，铭文记录的日期是公元711年12月6日。统治者在侏儒和水鸟的陪伴下，手持闪电和统治之神克阿维尔的权杖，站在下面的俘虏身上

代表统治权的闪电斧）；也可能是一名穿着与其类似的人持矛配盾，正把一个俘虏踩在脚下（图 5.5）。本书将在第六章研究这些浮雕以及刻在上面的长纪历日期和文字。它们讲述的故事正在徐徐展开。

中部地区的许多遗址都有球场。这些球场为砖石结构，外部涂抹灰泥，两侧呈坡状。在东南部的科潘遗址，球场两边各嵌有三个石质"球门"，场地上另插三个，不过比赛的确切计分方法我们目前仍不清楚。我们知道玛雅人也有其他体育活动，如拳击，我们甚至还发现了举行过角斗竞技的证据。在墨西哥恰帕斯州的托尼那遗址，还有迹象表明有一名女性参与了角斗。在中部地区西部，沿乌苏马辛塔河分布的主要城市建有著名的大型汗蒸浴场，最早可以追溯到古典期早期尾声，大多数的（如彼德拉斯－内格拉斯）则出现在古典期晚期。在今天的玛雅地区，当地人依然认为汗蒸浴有助于肌体康复，是出生仪式和文化习俗的重要环节。

科潘和基里瓜遗址

所有古典期玛雅遗址中最吸引人的无疑是科潘。它位于洪都拉斯西部以烟草闻名的地区，坐落在莫塔瓜河的一条支流上（图 5.6）。约翰·劳埃德·斯蒂芬斯在 1839 年考察了该遗址（并以 50 美元的价格买下了它），评论其为"充满浪漫与奇迹的山谷，创造这一切的艺术家似乎正是追随所罗门王的精灵"。主神庙－金字塔建在卫城上。虽然部分卫城已被科潘河冲毁，但许多建筑仍完好无损。文字阶梯神庙（第 25 号）完工于公元 8 世纪，建筑正面有一道宏伟的阶梯（图 5.7）。70 多级台阶上，每一级都装饰着巨大的字符，总计约 2500 个，记录了王朝的历史。毫无疑问，这是目前已知篇幅最长的玛雅铭文，但因阶梯分两个阶段建造，两部分的字形风格也迥然不同。上半部分的字形样式比更早期的下半部分还要丰富。时运不济的科潘第十三位统治者（关于他的情况后文会详述）完成了阶梯的大部分工程。最后在公元 8 世纪中叶，阶梯在第十五位统治者卡克易普亚手中竣工。阶梯上有一个奇怪的"双语"字符，一部分是玛雅文，另一部分一定是当地艺术家想象出来的特奥蒂瓦坎文字。此时，那座伟大的墨西哥城市已经陨落一个半世纪了，然而即便时间已过去如此之久，人们依然对特奥蒂瓦坎念

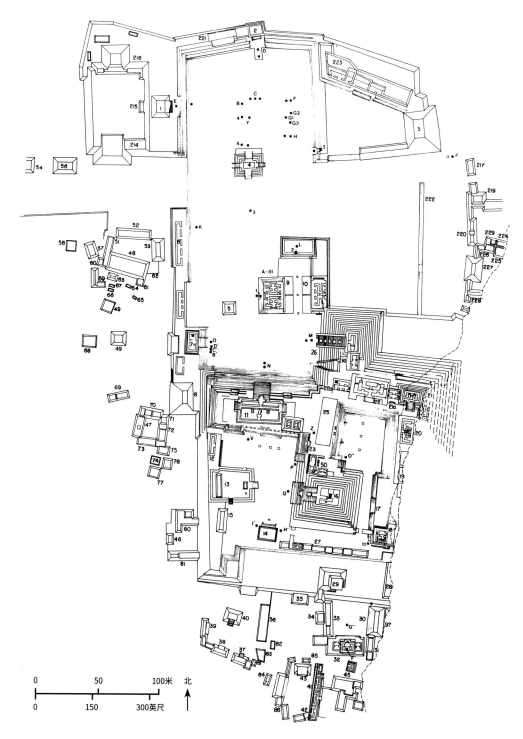

5.6 科潘遗址平面图。图中每座建筑都有编号，黑点（也有数字或字母编号）对应雕刻在城市中的位置

5.7 塔季扬娜·普罗斯库里亚科夫绘制的科潘文字阶梯复原图

念不忘。

　　科潘球场是已知玛雅古典期最精致的球场之一，其标志是金刚鹦鹉头形状的榫头雕塑（图5.8）。不过这座球场之所以能脱颖而出，正是因为科潘艺术家们没有以佩滕各城市使用的石灰岩为原料，而是用绿色的火山凝灰岩创作出华丽繁复的圆雕。主要神庙的门道、门框和外立面都装饰着雨神、青年玉米神和其他神灵的石像。在古典期早期和晚期，科潘人至少雕刻并竖立了63块石碑以及14座"祭坛"。许多石碑和祭坛放置在遗址北端的一座宽阔庭院中，周围是狭窄的阶梯式平台，民众可以从平台上遥望与石碑崇拜有关的精彩仪式（图5.9，5.10）。

　　科潘第十三位统治者通常被称为"十八兔"（其真名为瓦沙克拉胡恩，意为"克阿维尔神的十八种样貌"）。他是一位伟大的君主，于公元695年7月10日掌权，结局却十分不幸。在其统治期间，科潘卫城和仪式中心开始呈现出它们现在的模样，第22号神庙也可能是他的作品。这座神庙象征着"食物之山"（这是后世阿兹特克神话中常见的主题），所有维持人类生存的作物（尤其是玉米）

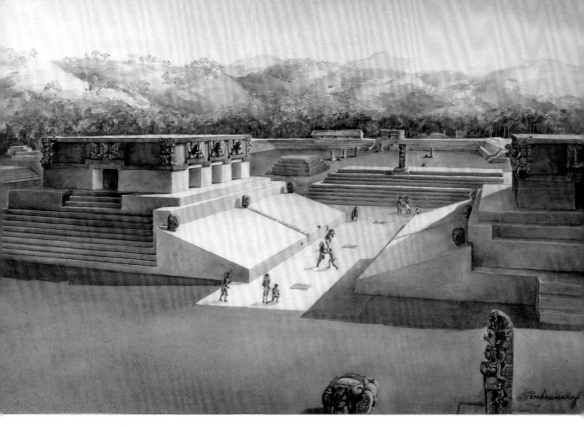

5.8 科潘球场（南面视角）复原水彩画，古典期晚期

都源于此。神庙下层结构的角落里有着代表"山脉"的狰狞面孔，而神庙本身装饰着许多青年玉米神的半身像，它们显然是玛雅古典期最精美的雕刻作品之一。

　　像所有古典期国王一样，十八兔也生性自负，大广场上到处都是他的纪念碑，其中石碑H把他描绘成穿戴玉饰的玉米神形象。甚至在遥远的墨西哥坎佩切州埃尔帕尔马遗址也出现了他的名字。考古学家冢本宪一郎和奥克塔维奥·埃斯帕萨·奥尔京在那里发现了一座文字阶梯，提到了国王登上（回归？）科潘，许多科潘神祇都曾预示这一事件。这座阶梯呼应的可能就是十八兔在自家城市修建的巨大阶梯。令人费解的是，埃尔帕尔马文字阶梯的其余内容主要集中在一位相对次要的当地贵族身上。科潘球场最终定型后不久，十八兔便在公元738年5月4日（9.15.6.14.6 6 Kimi 4 Tzek）这一耻辱之日，被基里瓜的卡克天（意为"炽焰天空闪电神"）俘虏并斩首。基里瓜只是科潘附近的一座城邦，在过去几个世纪里，大部分时间都处于科潘的控制之下。

不过科潘很快就从厄运中挣脱出来。第十四任国王卡克霍普拉赫次月便登基，控制了局面。科潘最后一名有据可查的统治者是第十六位国王雅克斯潘（破晓天空闪电神一世）。他似乎是软弱无能的领主，坐视贵族势力扩张（图5.11）。这或许可以解释为什么位于郊区、编号不起眼的9N-82号宫殿群反而如此辉煌。这座宫殿建成于公元781年，专门为古典期的"猴神书写员"所建，很可能是一名地位很高的贵族书写员及其家人的居所（见第六章）。山谷其他地方也有类似的豪华建筑，包括规模庞大的拉斯特罗洪建筑群，它控制着科潘谷地的东北出入口。

基里瓜位于森林茂密的莫塔瓜河附近，距科潘北部仅30英里（约48.3千米），是一座很不起眼的古典期城市。根据文字记录，它由科潘人建立，因此整体布

5.9 猴神书写员，科潘。他一只手持笔，另一只手持海螺壳墨水瓶。高20.5英寸（约52.1厘米）

5.10 载歌载舞的青年玉米神半身石像，科潘第22号神庙。这是该遗址最具活力的雕塑之一。高28英寸（约71.1厘米）

5.11 科潘"祭坛Q"细节图。第一任统治者亚克库毛面对着第十六任统治者雅克斯潘。古典期晚期，公元776年

局也与科潘十分相似。基里瓜的建筑群没有什么特色，但巨大的砂岩石碑和兽形石刻显得卓尔不群（**图5.12，5.13**）。E号石碑立于公元8世纪末，高35英尺（约10.7米），堪称美洲最宏伟的石碑。其正面雕刻着一个蓄须的统治者形象。他一手持小盾牌，一手持克阿维尔神权杖；石碑两侧覆盖着带有几个长纪历日期的字符。基里瓜雕刻家的高超技艺从石碑上就能一览无余。他们以怪诞饱满的人物形象替代原先循环往复的文字。"兽形"石刻包括蜷伏在地上的怪物和游荡在空中的神灵，而人类坐在盘绕的蛇状图案中间。与石碑相连的巨石（"祭坛"）上也有大量装饰性图案。其中一组，兽形碑P和祭坛P'，以轮廓突出的立体字形特意突出了统治者的名字。

　　然而，这座温驯的附属城最终背叛了它的君主：公元724年，卡克天登上基里瓜王位，开始反抗科潘统治。正如我们看到的，这场战争在13年后以科潘战败告终。科潘国王蒙羞被俘，并遭到处决。

5.12（上）基里瓜遗址的兽形祭坛O，基于结构光三维扫描数据制作的3D复原图。这座巨大的石刻是在9.18.0.0.0.0（公元790年10月12日），即一个k'atun循环结束的那天奉献给神灵的。左侧的雕刻表现了雨神恰克在"S"形云中腾挪翻滚的形象。动物形状的雕刻可能是为了体现统治者的名字。长12英尺4英寸（约3.8米）

5.13（左）危地马拉基里瓜卡克天遗址的石碑D，由卡克天在9.16.15.0.0（公元766年2月20日）竖立。高19英尺6英寸（约5.9米）

蒂卡尔

1695年，勇敢的阿文达尼奥神父和他的同伴们偶然闯入位于佩滕地区心脏地带的蒂卡尔，这很可能是该遗址首次进入外人视野。此刻，一行人饥肠辘辘，在危地马拉北部的沼泽湿地和荆棘丛生的森林中迷失了方向。他们看见"各式各样的古老建筑，一些可以辨识出来是住宅"。据阿文达尼奥神父记载，"尽管建筑很高，而我也虚弱不堪，但还是爬了上去（虽然很费劲）"。经宾夕法尼亚大学和危地马拉政府努力，蒂卡尔现已得到部分修复。它是玛雅地区规模最大的古典期遗址之一，也是美洲人口最多的古代城市之一，是玛雅各主要城市中的"庞然大物"。它拥有6座令人震撼的神庙－金字塔，与同类建筑相比，它们可谓名副其实的摩天大楼（图5.14，5.15）。IV号神庙是其中最壮观的一座，从广场层到金字塔的鸡冠状屋脊高达229英尺（约69.8米）。蒂卡尔城的核心区是大广场，东、西两侧拱卫两座神庙－金字塔，北面是前文已经提及的前古典期晚期和古典期早期的墓葬和卫城，而南面是中央卫城，一大片宫殿群（图5.15）。

5.14 蒂卡尔 II 号神庙，阿尔佛雷德·莫兹利于 1882 年发现。
向西看去，背景中的建筑是 III 号和 IV 号神庙

5.15 蒂卡尔城中心区域的重现效果图。从北卫城俯瞰大广场和Ⅰ号神庙，远处是王宫、巨大的Ⅴ号神庙和南卫城

一些主要建筑群通过宽阔的堤道彼此连通，并与大广场相连。在蒂卡尔的辉煌岁月里，一定有很多壮观的游行队伍在这些堤道上行进。宫殿也给人留下了深刻印象。房间涂抹灰泥，拱顶通常还保留着质地坚硬的人心果木或采木横梁。这些屋梁大概只起到装饰功能，也体现出一些玛雅建筑过度施工的特征。

　　卫城前面的大广场上排列着许多石灰石碑，设计大多趋于公式化，仿佛是相互复制的作品。尽管如此，为蒂卡尔统治者效劳的臣仆中仍不乏优秀的艺术大师。在神庙－金字塔门廊上方的人心果木门楣上，摆出各种姿势的玛雅统治者木雕幸运地留存下来，并附有大段文字（图5.16）。1962年，宾夕法尼亚大学的奥布里·特里克在Ⅰ号神庙下发现了一座拥有大量随葬品的坟墓，让人们从中看到了另一类风格迥异的艺术作品。墓中埋葬着名叫贾索·查恩·克阿维尔的

5.16 蒂卡尔Ⅳ号神庙的木雕门楣。在一条双头巨蟒下，统治者伊克金·查恩·克阿维尔（统治者B）坐在战车上，庆贺公元743年7月27日在与埃尔佩鲁的对抗中取得了伟大的军事胜利。他装扮成神灵，一手持矛，左腕套着盾牌。门楣最大长度为6英尺9英寸（约2.1米）

统治者和他的财富（玉石贝壳装饰品和盛满食物、饮料的容器），墓上造有一座高耸的金字塔。但真正非同一般的是大批骨管和骨片，工匠们以极其精细的手法在上面雕刻了神祇和凡人互动的场景（图5.17，5.18）。根据大卫·斯图尔特的研究，其中一些似乎与"抵达"事件前后的蒂卡尔古典期早期历史有关（见第四章）。与许多陶器上的图画一样，这些骨雕展现的精美画面和文字让我们对古典期玛雅手抄本可能的形态有了大致了解，只可惜这些以树皮纸为载体的书籍除了在阿尔顿哈和乌夏克吞等遗址的墓葬中以残片形式出土外，没有任何一

5.17（上）蒂卡尔I号神庙墓葬内出土的骨雕临摹图。上图，三位恰克（雨神）正在捕鱼；下图，三位神灵和四只动物乘坐独木舟进入冥界，中间的是玉米神，左、右两边的是老年桨手神

5.18（右）骨雕临摹图，古典期晚期，出土自蒂卡尔统治者贾索·查恩·克阿维尔之墓。一只握着笔的手从蜈蚣嘴里伸出。神话中，猴神书写员的尾巴就是蜈蚣

本留存下来。

蒂卡尔拥有10座水库，供玛雅人获取饮用水。现代考古学家在没有任何其他饮用水源的情况下，翻新了其中一座水库。水库周围通常环绕着人工土堤，使其整个旱季都能存储充足水量。一些水库毫无疑问是用原先的采石场改造的。遗址周围还有很多其他采石场，那里的岩石露头和未经加工的石灰石块上仍然残留着1000多年前石匠用粗糙的打制工具凿出来的痕迹。考古学家在蒂卡尔周边地区接连取得了令人震惊的发现。其中，弗朗西斯科·埃斯特拉达–贝利和亚历山大·托可维宁在危地马拉的霍穆尔遗址发掘并研究了一座装饰了灰泥浮雕的神庙（**图5.19**）。神庙上的浮雕创作于公元7世纪初，画面正中间一位地方统治者端坐于神山之上，两条蛇从他的嘴里滑出来，也许是为了表现"呼吸"。底部文字说明他是当时纳兰霍的统治者。这座遗址规模也很大，古典期是蒂卡尔有力的竞争对手，但当前研究者不多，访问者更是寥寥。

劫掠者从城内坟墓中盗走了一套编织针，那是属于某位王后的物品。这表明至少在理论上，上层贵族妇女同样会参与精细纺织品的生产（与之类似，在遥远的英格兰，女王伊丽莎白一世也留下了一些她年轻时制作的精致刺绣）。在位于纳兰霍西北面的另一座城市胡尔通，美国斯基德莫尔学院的希瑟·赫斯特和弗兰考·罗西对壮观的灰泥建筑展开了研究。罗西还在一些建筑内发现了有关阴历和其他神秘事物的精彩绘画或随手涂鸦，说明那些建筑可能是书写员的住所和培训场所（**图5.20**）。胡尔通还有一个值得注意的地方：王室女眷可以拥有盛装可可和其他饮料的陶器。这在玛雅各遗址中比较罕见。

卡拉克穆尔

卡拉克穆尔在前古典期晚期就是主要城市。它不仅是蒂卡尔的最大竞争对手，也是其死敌。正如碑铭学家西蒙·马丁和尼古拉·格鲁贝所言，卡拉克穆尔的"黄金时代"始于公元636年，恰好与尤克努姆大王持续50年的统治期重叠，其间玛雅中部地区战火连绵。卡拉克穆尔不仅向蒂卡尔发难，还在诸如彼德拉斯–内格拉斯、多斯皮拉斯、埃尔佩鲁、坎昆、纳兰霍等城邦建立霸权，持续打击已四分五裂的蒂卡尔。根据小城邦拉科罗纳的文字（艺术品市场上很多

5.19 危地马拉的霍穆尔遗址II号建筑群A建筑物的灰泥檐口。居中人物是当地统治者，他可能是卡拉克穆尔君主的臣属。约公元600年

5.20 统治者、贵族和黑曜石（具有献祭意义的）祭司，胡尔通遗址10K-2建筑物壁画复原效果图。深色调的祭司及其头饰形状是为了模拟黑曜石的外观

掠夺而来的文物就源于此地）显示，卡拉克穆尔势力强大，当地王朝一直臣服于它。拉科罗纳这座城市的存在很可能是为了控制通往卡拉克穆尔的西南走廊。美国杜兰大学的马塞洛·卡努托及其团队在此地发现了大量文字和图像，包括小狗跑来跑去、当地领主坐在王座上或跳舞的生动场景。欧洲哈布斯堡王朝的皇帝们曾说："让别人去打仗，你，幸福的奥地利（哈布斯堡王朝的另一个称谓），结婚去吧！"对卡拉克穆尔王国来说情况亦是如此。西蒙·马丁以一件从危地马拉的埃尔佩鲁遗址出土的精美祭坛为例，指出卡拉克穆尔王朝几十年来一直将自家公主送往这个附属国联姻（图5.21）。不难想象，一定会有随行人员陪同公主来到拉科罗纳，两个王室也会通过联姻而结成更为紧密的同盟。如上文提到的纳兰霍，他们从多斯皮拉斯带来一位公主，以此重塑自己王朝的合法性后才得以复国。尽管如此，目前却没有玛雅文明在古典期有女王统治的确凿证据。为数不多的几位知名女性人物是来自多斯皮拉斯、蒂卡尔和墨西哥帕伦克的贵妇。

灾祸在尤克努姆大王的继任者，以残暴著称的伊查克（火爪）统治期间降临卡拉克穆尔。公元695年8月，伊查克的军队袭击了蒂卡尔国王贾索·查恩·克

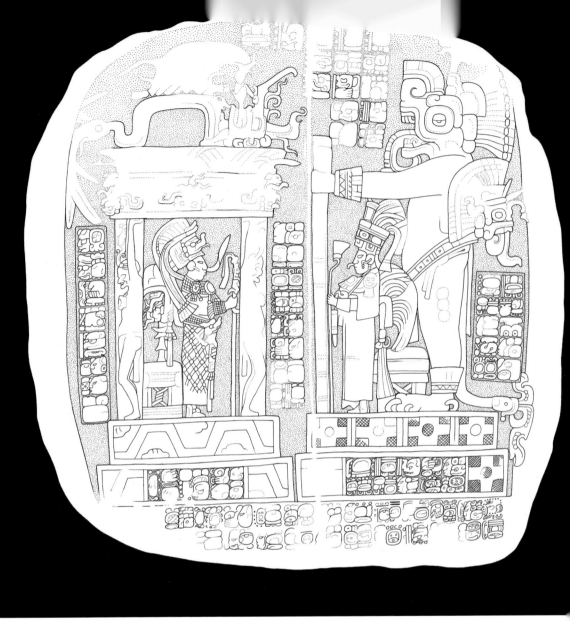

5.21 雕刻复原图，危地马拉的拉科罗纳遗址。这幅作品显示该城邦无论在过去还是当时，都可能有来自卡拉克穆尔的王后

阿维尔的军队。战斗以卡拉克穆尔失败而告终——这一胜利在蒂卡尔 I 号神庙的木雕门楣上被铭记下来。卡拉克穆尔城及其王国卡纳（意为"蛇"）从此再也没能恢复元气、重返巅峰。为了避免南方玛雅诸王国合谋针对自己，卡拉克穆尔将外交重点转向北方里奥贝克地区的城邦，因此其古典期晚期的建筑明显体现出受到了里奥贝克风格（见后文）的影响。

与早前一样，卡拉克穆尔的Ⅱ号建筑物仍然是王国的大国庙，并被选为伊查克的坟墓。他大约死于公元695年，尸体被生石灰、棕榈叶和细棉织物层层包裹，并戴着嵌有玉石和贝壳的特奥蒂瓦坎战神头饰。在众多陪葬品中，有一只"手抄本风格"的巧克力罐可能是在卡拉克穆尔地区制造的。伊查克并不是独自走完他人生的最后旅程，身边还有另外两个人陪同，分别是盛装的年轻女子和男性青少年。这样的遗体在帕伦克和彼德拉斯－内格拉斯遗址也发现过，毫无疑问，他们是陪葬者。

2004年，拉蒙·卡拉斯科·巴尔加斯开始带领墨西哥考古队在卡拉克穆尔仪式中心北侧的"奇克纳比"建筑群发掘一座坍塌的土丘（1号建筑物）。该土丘是典型的玛雅风格金字

5.22 卡拉克穆尔遗址奇克纳比建筑群壁画的局部复原图。图上描绘了一个头部缠着背物带、背着一捆货物的行商。公元600－650年

塔，这说明内部还叠埋着更早期的建筑，其中之一便是阶梯式平台。平台四面均为阶梯，呈放射状铺开。平台共三层，每一层的外立面都涂着白色灰泥，然后用绚丽的色彩绘出迄今为止发现的最出色的古代玛雅壁画。这些壁画反映的似乎是日常主题。画面中，男男女女，甚至还有儿童在买卖商品，包括去壳玉米、玉米粉蒸肉、玉米粥、盐和花瓶。画面上硕大的字符可供人辨识卖家身份，如"盐人"（aj tz'am）、"玉米粒人"（aj ix'im）等。一幅壁画上，头缠背物带的人正背着一捆货物（图5.22）。

这些壁画很可能是公元7世纪初的作品，描绘了热闹的集市，这是玛雅地区独有的日常生活场景。集市场地肯定就由整个奇克纳比建筑群围成，大致为方形，每边长约490英尺（约149.4米）。在其他古典期玛雅城市中（如蒂卡尔和佩滕的

普埃尔托），考古学家也发现了这样的集市。人们要么在庭院边的房间里交易，要么到当地仪式中心的基台上做买卖。在蒂卡尔、彼德拉斯－内格拉斯和尤卡坦西北部滨海盐田附近的春楚克米尔等大型遗址，考古学家发现了一些很可能是摆在集市内的小贩摊位。当然，盐是玛雅人饮食中不可或缺的一部分。在伯利兹南海岸的蓬塔伊卡科斯潟湖，路易斯安那州立大学的海瑟·麦克基洛普发现了大量以煮沸海水为提纯手段的古典期晚期盐场。成品盐可能会装上独木舟，沿海岸交易，或通过内陆水道运往大城市。除了食用，一些盐还可能用于制革。其他盐可能来自萨利纳斯－德洛斯－努埃塞罗斯的盐丘附近，人们用硕大的桶来制备这种销路上佳的商品。

亚斯奇兰、彼德拉斯－内格拉斯、博南帕克

　　散落在佩滕和伯利兹地区的几十处古典期玛雅主要城市，如乌夏克呑、纳库姆、纳兰霍、苏南图尼奇、卡拉科尔和阿尔顿哈等，在整个地区被遗弃前见证了这里的辉煌历史。中部地区的西南部，乌苏马辛塔河及其支流沿岸也分布有许多玛雅遗址。亚斯奇兰是一座重要城市，坐落在乌苏马辛塔河沿岸阶地上，还有部分城区修建在更高处的山丘上。虽然这里的神庙－金字塔高度平平，但上层外立面和鸡冠状屋脊上都有精美的灰泥和石头浮雕。亚斯奇兰以众多石质门楣闻名，其上雕刻着对外征服和礼仪生活的场景，还夹杂有日期和其他字符，为我们破解古典期玛雅铭文的真正含义提供了线索（图5.23），位于下游的彼德拉斯－内格拉斯遗址也贡献了类似信息（图5.24）。考古学家查尔斯·戈尔登和安德鲁·谢勒指出，后者范围比古老的亚斯奇兰更大。彼德拉斯－内格拉斯在神庙前竖立了大量特别精美的石碑。这里有8座汗蒸浴场，里面配有用于加热岩石的围栏（功能与芬兰桑拿浴室中的十分相似）、供沐浴者使用的石质长凳和排水沟。戈尔登和谢勒还证实，墨西哥恰帕斯州的拉坎加泽套遗址正是人们找

5.23（对页）墨西哥亚斯奇兰遗址第25号门楣，描绘了公元681年10月24日举行的放血仪式，科卡赫·巴兰二世（盾牌·美洲豹大王）在这一天即位。他的妻子萨克装扮成女神，跪在地上，手端着碗，里面放着魟鱼鳍刺和浸血的纸。她前面挺起一条双头蛇，蛇口中出现了一名战士和特拉洛克的头。特拉洛克是特奥蒂瓦坎神祇，形似蝴蝶。门楣高4英尺3英寸（约1.3米）

5.24（左）危地马拉彼德拉斯－内格拉斯遗址第14号石碑。这块石碑描绘了年轻的统治者约纳尔·阿克三世坐在壁龛内，于公元758年登上王位。平台下站着一名中年妇女，可能是新国王的母亲。高9英尺3英寸（约2.8米）

5.25（对页）墨西哥博南帕克的一块石刻上，玛雅国王高高在上，下面有三个较小的人物正将代表统治权的"小丑神"头饰带呈给他。公元692年，高38.5英寸（约98厘米）

寻已久的古城"白狗"。这座城市在许多铭文中被多次提及，但因盗掠者近年来洗劫破坏，如今只剩下残垣断壁和杂乱的雕刻，令人不胜唏嘘。

在玛雅地区，很少有考古成果能与发现博南帕克相提并论。博南帕克在古典期早期便是一方不容忽视的政治势力，但晚期却处于亚斯奇兰的政治和文化控制之下，变成了无足轻重的城市（图5.25）。1946年2月，两名美国冒险家在一直生活在该地的拉坎敦土著带领下，来到乌苏马辛塔河支流拉坎哈河不远处的博南帕克，让这里第一次引起了外界关注。三个月后，摄影师贾尔斯·希利也在拉坎敦人的帮助下来到这里。他进入一幢有三个房间、内墙铺满巨幅壁画的建筑，成为第一个凝视它们的非玛雅人。

根据长纪历日期和文本风格分析，博南帕克壁画可追溯到近公元800年，可能是当地统治者雅乔·查恩·穆瓦恩下令绘制的，不过突出的主体人物却是其主要继承人"美洲狮"和另外两名男性，可能是他的弟弟。其实，这座建筑本身似乎就为年轻人而建，供他们学习和休憩。这样的建筑曾在整个中部美洲普

5.26 博南帕克遗址1号房间壁画局部。一队乐手一边唱歌一边打拍子，向三位正在跳舞的王子走去。文字记录了亚斯奇兰的科卡赫·巴兰四世在公元790年的某一天监督博南帕克领主上任的场景。复原图，希瑟·赫斯特绘

5.27 博南帕克遗址2号房间壁画局部，约公元790年。博南帕克统治者雅乔·查恩·穆瓦恩站在阶梯平台上，身边簇拥着臣属、妻子和母亲（或女儿？）。画面下方，在丛林战斗中被俘的囚犯遭受了酷刑，他们的指甲被拔掉、双手被割裂。复原图，希瑟·赫斯特绘

5.28 博南帕克遗址1号房间壁画局部。一位王子正在为王家舞会做准备，仆人们给他佩戴玉镯。不计其数的绿咬鹃羽毛在他身后呈扇形展开。复原图，希瑟·赫斯特绘

遍存在，后来的玛雅史料也有记载。可以肯定的是，这些壁画只有一种主题：战斗、胜负和之后的庆祝活动（**图 5.26，5.27，5.28**）。一场小规模战斗在以风格化手法绘制的丛林中爆发。玛雅武士们杀气腾腾，列队待战，乐手则举起长长的木质或树皮号角吹响战曲。接着，场景转移到一个阶梯平台上，可能就在博南帕克城。不幸的战俘们被扒光衣服，有的被拔掉手指甲，有的被割裂双手。一名重要俘虏躺倒在台阶上，也许受尽了折磨。旁边铺着树叶的地面上有一颗头颅。一个赤身裸体的人坐在平台上，向画面的中心人物国王雅乔·查恩·穆瓦恩求饶。这位统治者身穿美洲豹皮战甲，周围簇拥着衣着同样华丽的

部下。尊贵的观众中，有一位身穿白袍、手拿折扇的女士，她就是雅乔·查恩·穆瓦恩的正妻。根据文字判断，她可能是亚斯奇兰人。正如这幢建筑中至少有一根门楣的浮雕出自亚斯奇兰雕刻师之手，学者们也强烈怀疑绘制这些壁画的画家同样来自那座霸主之城。其中一幅壁画描绘了一群穿着奇特的舞者，他们装扮成风神和水神，在沙槌、鼓、龟壳（用鹿角敲击）和长号的伴奏下翩翩起舞。最高潮的一幕是青年人的精彩祭祀舞蹈，他们戴着高耸的绿咬鹃羽毛头饰，在号角的伴奏下表演。准备过程中，白袍玛雅贵妇们坐在宝座上，从舌头上放血。一个大腹便便、侏儒模样的奇怪人物站在肩舆上，被抬上舞台。

任何语言都无法准确描述这些微妙生动、局部依然栩栩如生的画面和创作者（们）的精湛技艺。总之，在时光摧毁了玛雅文明的大部分艺术作品后，今人可通过博南帕克壁画，深刻了解玛雅统治者们的好战性格、主要城市的社会组织形式和阶级划分，以及古典期晚期瑰丽的文化。博南帕克城在壁画完成之前就被遗弃了，艺术家们也随着佩滕地区玛雅城市的逐渐消亡而散去。

佩特斯巴顿湖

在乌苏马辛塔河主要支流之一的帕西翁河以南、佩特斯巴顿浅水湖边的峭壁上还坐落着另一组重要遗址，包括塔马林迪托、阿罗约德彼德拉、蓬塔德奇米诺、阿瓜特卡和多斯皮拉斯，其中多斯皮拉斯似乎控制着另外几座城邦。早在公元7世纪，一个来自蒂卡尔的贵族家族便开始在这里建立自己的王朝。这个家族在政治上显然手段高明，他们原本效忠的是自家亲戚蒂卡尔国王，后来却掉转枪头，投靠其宿敌卡拉克穆尔。多斯皮拉斯逐渐强大起来，其统治者甚至在公元735年12月4日向塞巴尔——坐落在帕西翁河畔崖壁上规模更大、历史更古老的城市发起了攻击。第二天，塞巴尔国王就被多斯皮拉斯的军队俘虏了。

到公元8世纪中期，佩特斯巴顿湖地区的主要城邦都深陷战乱。人们纷纷在城市内外建造城墙系统（斯蒂芬·休斯顿在1986年绘制了相关地图），通常也无暇顾及已有建筑物原本的功能。新建的城墙可能环绕市场，如今在广场上仍然可见当年摆放摊位的痕迹。尽管阿瓜特卡遗址位于悬崖边缘，视野开阔，可以俯瞰东边乡村地带，但该城可能还是在公元9世纪初惨遭战火荼毒，被夷为平地。

不过这种类似庞贝古城的考古遗址对猪俣健和丹妮拉·特里亚丹来说求之不得。他们在多座被居住者遗弃的房屋地板上发现了大量古物，让他们能够确定某些特定区域的功能。例如，他们发现一栋房屋可能就是阿瓜特卡首席书写员的宅邸。

帕伦克

尽管与蒂卡尔这样的"巨无霸"相比帕伦克规模并不大，但西尔韦纳斯·莫利却盛赞它是所有玛雅城邦中最美丽的。这里的环境可谓得天独厚：帕伦克建在乌苏马辛塔河流域郁郁葱葱的洪泛区之上，周边是一片覆盖着高大雨林的低矮山丘。考古学家罗德里戈·连多·斯图亚多甚至发现了沿着山脚修建道路系统的证据，这些道路一直通向帕伦克王国的边远地区。羽毛艳丽的金刚鹦鹉在树梢上扑腾；雨天，废墟附近可以听到吼猴发出令人不安的咆哮。虽然帕伦克

5.29 从十字神庙群望向帕伦克宫殿和塔楼，远处是延伸至墨西哥湾的洪泛平原

布局相对紧凑，但现在看来，由于地形限制，它成了玛雅古典期城市中居住密度最高的城市之一，拥有1000多座大小不一的建筑。玛雅工程师有时会利用水槽和引水渠对河道进行大规模改造，其中一个很好的例子便是用一条拱梁式引水渠，将水源引入了主建筑群的东翼地下。

这座宫殿是名副其实的迷宫，长约300英尺（约91.4米），宽约240英尺（约73.2米），由一系列拱廊和围绕内庭或露台的房间组成。主建筑是一栋非常特别的四层方形塔楼，内部设有楼梯（图5.29）。有人认为这座塔楼是天文台，不过塔顶视野广阔，也可能起到瞭望台的作用。两个露台四周装饰着怪异的浮雕，以夸张的手法刻画囚犯形象。他们将一只手举到另一侧肩膀上，这通常是玛雅人表示臣服的姿势。帕伦克人可能就是将敌俘押到这样的庭院中审讯、拷打，最后献作人祭。

帕伦克艺术家擅长灰泥创作，沿着宫殿长廊排列的壁柱都用这种材质精心装饰。浮雕上，玛雅领主手持权力的象征物，次要人物盘腿坐在他们身边（图5.30）。所有灰泥浮雕都曾是彩色的，著名的帕伦克遗址权威默尔·格林·罗伯森已经确定了玛雅人的浮雕着色标准，如裸露的人体皮肤涂成红色，而神灵的皮肤就应该涂成蓝色。

在帕伦克的诸多神庙–金字塔中，有三座设计大致相同，其功能肯定也大同小异。它们占据遗址东侧广场的三面，分别是太阳神庙、十字神庙（图5.31）和叶状十字神庙。每座神庙都建在阶梯平台上，正面有楼梯，两折式屋顶上有鸡冠状屋脊，拱顶房间分为内、外两部分。神庙内间后墙有一处"圣堂"，就是大神庙的缩小版；圣堂后面竖立着一块雕刻有大量文字的华丽浅浮雕石碑。这里每块石碑的主题都一样：两个男性，一高一矮，面对面站在一件仪式道具两侧。在太阳神庙中，这件仪式道具是摆在两支交叉长矛前的冥界美洲豹神面具，这是太阳神的夜间形象。其他两块石碑上的仪式道具则是一棵枝叶繁茂、挂满珠宝玉石的世界之树，树冠上站着一只神鸟。十字神庙圣堂里的石质壁柱表面刻有站立人像，而圣堂右侧的浮雕很特别，刻画了战士和商人的守护神L正在吸烟的场景。

今天的考古学家把这三座建筑物的内部隔间称为圣堂，但斯蒂芬·休斯顿却发现玛雅人对它们其实另有称呼："pibnal"，意思是"汗蒸浴"。根据现代民

5.30 帕伦克宫殿内的灰泥浮雕立柱。装扮成玉米神的巴加尔大王在左边跳舞，他和右侧人物一同抓着一条奇异的蜈蚣

族学和民族史研究，中部美洲妇女在分娩前后都会如此洗浴一番，因此休斯顿对这个奇怪名称的解释是，它象征着十字神庙群中每座建筑所供奉的神祇之诞生。我们将在下一章讨论这个"帕伦克三位一体建筑群"及圣堂中铭文的内容。

琳达·谢勒和大卫·弗赖德尔已经证明十字神庙群还有更深层次的意义。这三座建筑物组成一个三角形，十字神庙位于北端顶点，内部铭文以"十"字形环绕着世界之树，记录了当前人类所处时代的起源故事和帕伦克王朝的历史。在东侧，叶状十字神庙的碑文颂扬的是玉米之树和食物之山，而西侧的太阳神庙则献给战神诞生。特别值得注意的是，在十字神庙中发现了香炉的大型支架。一些香炉显然用于供奉神灵，另一些则用于祭祀已故的贵族。

得益于对帕伦克铭文的破解取得了显著进展，我们现在知道了这三座神庙如此相似的原因：圣堂中的石碑都记录了国王坎·巴兰二世（蛇·美洲豹二世）

在公元684年登基这一事件，两个侧面形象其实都是他，只是年龄不同，一个是6岁男孩，另一个是49岁即位的国王。

历经多年发掘，考古学家在帕伦克的神庙－平台和宫殿内部发现了一些随葬品相当丰富的墓葬，不过这些都无法与墨西哥考古学家阿尔贝托·鲁斯在1952年6月取得的惊人发现相提并论。铭文神庙坐落在一座65英尺（约19.8米）高的阶梯金字塔上，通过正面宏伟的阶梯上下。在门廊和中央房间的三面墙壁上，刻画了620个玛雅文字，记录了很多日期，最近的一个在公元692年。中央房间地面上覆盖着大块石板，鲁斯对其中一块特别感兴趣：石板上有两排孔洞，还有可拆卸的石塞。移开这块石板后，他看到了一条通往金字塔内部的通道，不过被人故意用碎石堵死了。他花了四个考古季把通道完全清理干净。这条梯道半路变向，最后到达一间与金字塔底座高度大致相同的密室。这个房间也被填满，但地面上躺着五六个年轻成人的骸骨，可能都是人牲。远端，一块巨大的三角形石板从地板直接撑到顶部，彻底挡住了去路。

移走这块石板后，一座宏伟的墓穴便重见天日，鲁斯成为第一个亲眼见证的人：这是足以与博南帕克墓穴相媲美的重大考古发现（图5.32）。这间墓室长30英尺（约9.1米），高23英尺（约7米），位于金字塔正面阶梯下方，且低于广场水平面，距上层神庙的地面约80英尺（约24.4米）。四周墙壁装饰有灰泥人像浮雕，可能代表逝者的远古祖先。一块长约12英尺6英寸（约3.8米）、表面布满浮雕的长方形巨型石板覆盖在一具石棺上，里面就安葬着某位古代玛雅统治者（图5.33）。可以说，石棺里是一座玉石宝库：尸体戴着人脸大小的玉石镶嵌面具，耳朵上罩着玉璧和珍珠贝盘，胸前挂着几条管状玉珠项链，手指上还套着玉戒指（图5.34）。尸体双手各握一大块玉石，嘴里还含着一块。这种墓葬形式在中国以及后来的尤卡坦玛雅、阿兹特克都出现过。墓室地面上还摆放着两尊玉石雕像和两个制作精良的灰泥头像。

关于碑铭的调查终于揭示了墓主的身份，他正是帕伦克最伟大的统治者基尼奇·哈纳布·巴加尔，坎·巴兰二世之父，现在则以"巴加尔大王"闻名于世。他12岁登上王位，公元683年去世，享年80岁。显而易见，这位雄才大略的君主是为了安放自己的遗体才打造这座墓穴，还可能在自己的有生之年建造了整座上层神庙－金字塔，最后由其子继承遗志完工。因此，铭文神庙似乎与埃及金

5.32（对页）帕伦克铭文神庙内的墓室，可追溯至公元683年。这块浮雕石板下方安放着统治者巴加尔大王的石棺。这座叠涩拱的墓穴内，四周墙面上有九尊灰泥雕像

5.33（上）石棺上的石板浮雕临摹图。年轻的巴加尔大王（墓中埋葬的国王已经80岁了）从象征冥界的无肉大口中出现。他上方长出世界之树，主鸟神站在树冠上。场景周围是各种天体和祖先形象。帕伦克铭文神庙墓穴，公元683年

5.34 巴加尔大王的陪葬面具和各种首饰。帕伦克铭文神庙墓穴，公元683年，古典期晚期

5.35　帕伦克第19号神庙长凳或王座的浮雕局部。基尼奇·阿卡尔·莫纳布三世俯身，从下属手中接过象征统治权的小丑神头饰带

字塔一样，都是用作陵墓的纪念建筑。

　　20世纪90年代，一位以前不为人知的帕伦克国王的名字突然出现在世人面前。他就是公元678年出生、721年继承王位的基尼奇·阿卡尔·莫纳布三世，巴加尔大王的孙子。经历漫长的衰落期后，帕伦克在这位统治者的带领下再次兴旺发达起来。他在沿着十字神庙群向南延伸的山脊上建造了大型神庙，同之前的神庙一样，每一座分别献给帕伦克三位一体神中的一位，帕伦克王朝宣称王室家族成员就是这三位神灵的子嗣。阿卡尔·莫纳布拥有非凡的艺术鉴赏天赋，从两幅技巧娴熟的玛雅浮雕中便能看出这一点。其中之一是考古学家阿方索·莫拉莱斯在帕伦克第19号神庙内发现的（图5.35）。这张石板长凳或王座上刻画了至少10个坐姿人物形象以及220个字符，重现了一场国王加冕仪式。画面中心是三位创世神中的一位在公元前3309年即位的场景。

　　考古学家阿诺尔多·冈萨雷斯·克鲁兹和吉列尔莫·伯纳尔·罗梅罗在第21号神庙内王座或长凳的饰面上发现了另一幅浮雕，画面中心是巴加尔大王的亡魂。传说中，他是公元前252年统治帕伦克的国王转世。他手持一根用于自我

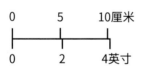

5.36（左下角起顺时针方向）"风"字符形玉器，背面有文字；异形燧石；鸟嘴人脸容器。这些是在尼姆李普尼特遗址王室墓穴中发现的部分物品

献祭的魟鱼鳍刺；两侧是两位奇怪神灵，长着啮齿动物的头。巴加尔大王的右手边是孙子阿卡尔·莫纳布三世，左手边是曾孙乌巴加尔·基尼奇，他们显然代表大王的继承人。年轻的大王形象还出现在第19号神庙的壁柱上。在一幅华丽的彩色灰泥浮雕中，他穿着巨大水鸟的服饰阔步前进。

考古学家相继在铭文神庙、蒂卡尔的1号神庙和卡拉克穆尔的2号神庙发现了巴加尔大王、贾索·查恩·克阿维尔和伊查克的墓穴，这使人不禁要问，玛雅的神庙-金字塔是否都曾作为墓葬纪念建筑来祭祀已故国王呢？这一结论得到了玛雅中部地区许多考古发现的支持，而且不仅限于大型遗址。阿尔顿哈是伯利兹北部一处相对较小的城市，其历史可以追溯到前古典期。这座城市没有石碑，在古典期的政治舞台上也没有发挥过重要作用，但加拿大皇家安大略博物馆的大卫·彭德格斯特在这里却有了惊人发现，其中之一便是著名的"太阳神之墓"，隐藏在一座规模不大的墓葬金字塔内。人们在安葬尊贵的墓主（一名成年男性）之前，用布料覆盖了几乎整间墓室。尸体放置在木质平台上，随葬品有美洲豹或美洲狮的皮、席子、绳索以及用玉石和海菊蛤壳制作的项链。最重要的是，这里还有迄今为止在中部美洲发现的最大雕刻玉器，一个高约6英寸（约15.2厘米）的小丑神头像，是王室即位时使用的饰品。它太重了，无法真正佩戴，所以这个玉头像可能是为了递交到新统治者手中的。同样，在伯利兹南部的尼姆李普尼特遗址，杰弗里·布拉斯韦尔和克里斯蒂安·普拉格发现并研究了一块镶嵌在墓葬中的"风"字符形玉器（图5.36），附近一块石碑上也描绘了这种戴在脖子上的首饰。

科马尔卡尔科和托尼那

与玛雅地区东南边陲的科潘类似，比起较为呆板的中部佩滕地区遗址，远处西南低地的城市在艺术和建筑方面往往显得更为创新、大胆。墨西哥塔巴斯科州冲积平原上的科马尔卡尔科就因在建筑中使用了烧制砖而在前征服时期独树一帜。这种工艺始于公元6世纪，显然是为了克服当地缺乏石料的不利环境。许多砖块在还没有完全干透时就刻上了图案，其中有些比较粗糙，反映日常场景，另外一些的雕刻手法就更加专业（图5.37）。到了古典期晚期，科马尔卡尔科人

5.37 出土自墨西哥塔巴斯科州科马尔卡尔科遗址的雕刻砖块。某位书写员信手刻画了一个人头像、一个驼背的人、一个难以辨认的"日"字符以及一块方形盾牌或纺织品。古典期晚期

在砖砌的卫城上修建起一座宫殿，高达128英尺（约39米）。考古学家里卡多·阿米霍在北广场建筑中发现了大量用黏土修建的王室墓穴，绝大部分都有丰富的随葬品。其中之一是一根刻有铭文的魟鱼鳍刺，记录了公元8世纪一位名叫阿赫·巴加尔·塔恩的人举行阴茎穿刺仪式，他当时臣服于帕伦克的统治。很多陪葬鳍刺和骨牌似乎都与求雨或祈求当地神灵降临有关。据杜兰大学的马克·岑德尔研究，其中之一甚至提到了干旱。

托尼那人擅长创作立体雕刻，其精美程度自奥尔梅克文明消亡以来无出其右。1991年，墨西哥考古学家胡安·亚德翁在那里发现了一幅卓越的灰泥浮雕，展现了骷髅死神正挥舞着一个重要俘虏断头的场景。这个人显然是乌纳普，玛雅神话中的双子英雄之一。这座非凡城市位于墨西哥恰帕斯州中部的山区，建有一座巨大的卫城和两座球场，而且一定拥有令人畏惧的军事力量，因为在公

元711年，其统治者巴克纳·恰克俘获了强盛的帕伦克城邦君主坎·霍伊·奇坦，即著名的巴加尔大王的次子。大卫·斯图尔特还有一个令人感动的发现。一名贵族，也许是服务于王室的巧克力饮品制作师，为自己的宠物狗雕刻了一幅作品，就放置在他自己的墓穴附近。狗身上甚至还有斑点。

北部地区的古典期遗址：里奥贝克、切内斯、科巴

墨西哥坎佩切州南部和金塔纳罗奥州的森林地带是玛雅地区的"荒野"，散落其间的许多城市废墟至今仍未被镐头或铁锹碰过。近年来，斯洛文尼亚科学院的伊凡·施普赖策已证实，那里还有很多遗址尚未发掘，还有很多大规模建筑没有研究，该地区的考古探索远未结束。新发现的石碑数量令学者们震惊不已，其中一些描绘的形象是神灵而不是凡人。施普赖策还发现了一座祭坛，其边缘似乎按明显的地理顺序罗列出了重要的玛雅国王（类似的排序也出现在科潘和塞巴尔，前者以四个方向排列，后者则以这些领主的实际到访顺序排列）。正如塔季扬娜·普罗斯库里亚科夫所言，我们能了解这些遗址，还要归功于"我们久坐不动的城市居民喜欢嚼口香糖"。正是因为市场需要制造口香糖的树胶原料，搜寻人心果树的人才会在丛林中偶然发现这些遗址。有些遗址的建筑风格独特却统一，因此都被命名为"里奥贝克遗址"。在这些遗址里，人们显然更喜欢炫耀而不关心实际功能，因为这种古典期晚期出现的风格特点就是用高塔修饰非常普通、规模也不大的所谓"宫殿"，以模拟神庙－金字塔的主立面外观。然而这些高塔都是实心的，台阶不可思议地又窄又陡，顶部的"门道"不通向任何地方。里奥贝克的建筑师们仿佛希望效仿伟大的蒂卡尔神庙，却又不愿付出同样的精力和资源（图 5.38）。不过经施普赖策、尼古拉斯·邓宁等人研究，这类过分浮夸的建筑在整体规划布局上似乎与散布于附近的平台脱节，有时给人一种分散的感觉，建筑等级也不够清晰。

墨西哥坎佩切州的切内斯处于里奥贝克地区和尤卡坦半岛的普克丘陵地区之间，人口稠密。切内斯建筑师一定与里奥贝克有过密切接触，因为他们设计的建筑与里奥贝克建筑相似，也大量采用天－蛇面具和涡形纹装饰外立面，但取消了毫无功能的塔楼。如同北部的普克遗址（见第七章），切内斯式装饰也由数

5.38 希普西遗址宫殿复原图，塔季扬娜·普罗斯库里亚科夫绘。这三座高塔完全是实心的，除了装饰之外没有任何其他功能。里奥贝克遗址

百个小型雕塑元素组成。穿过奇异的大蛇口进入前厅后，可以看到房间角落里一个接一个摞起来的面具雕塑。

　　上文讨论的两个遗址区在空间布局和建筑风格上介于佩滕风格和古典期晚期尾声的普克风格之间，不过在偏远的尤卡坦半岛东半部，有些城市称得上佩滕思想和社会文化的直接延伸，墨西哥金塔纳罗奥州的科巴遗址便是一个例子。这个名字的本意是"波浪起伏的水域"，用在这里的确合适，因为它建在一小串长满芦苇的浅水湖泊中。直到20世纪中叶，还只有玛雅猎人经常光顾这片区域，他们偶尔会在散落于废墟中的石碑前焚香祈祷。科巴不是一处单一遗址，而是

一组由笔直的石砌长堤道与中心复合型建筑相连的遗址群。如前文提到的，玛雅语中这种道路名为"sakbih"，用当地的尤卡坦玛雅语也可拼写成"sakbe"（白色之路）。科巴人至少修筑了16条这样的道路，但对其动机我们还毫无头绪，因为很多时候长达数千米的"白色之路"只通往一处规模微不足道的废墟。1号道路最奇怪，它从科巴出发，大体呈直线，向西延伸了至少62英里（约99.8千米），最后到达距奇琴伊察西南约12英里（约19.3千米）的亚述那遗址。有学者认为"白色之路"是玛雅人的通商要道，但从某种角度分析，也许说它们只具有纯粹的仪式功能才是合理的。

古典期晚期图像艺术

玛雅古典期晚期的图像艺术直接从古典期早期发展而来，但只有古典期终期的普克雕塑具有明显受到外部影响的特征。玛雅艺术家现在创造出了属于自己的艺术形式，以一种非常复杂精妙的风格来描绘自然，展现无形之物，如描绘虚无缥缈的神祇或用线形卷轴纹饰来表示人物的语言。尽管玛雅人会用前缩透视法赋予画面景深，用逆光使人物产生立体感，但他们对立体雕塑没有表现出太多兴趣。其艺术本质就是叙事性绘画，同时堆砌大量装饰，不过依然保留了普罗斯库里亚科夫所说的"繁杂中的秩序"。最后，古典期晚期的玛雅人与他们的前辈奥尔梅克人，以及与他们同时代的秘鲁莫切人一样，是少数几个热衷于通过绘制神灵或凡人肖像来体现个体独特性的美洲原住民族群之一（图 5.39，5.40）。他们强调面部毛发，说明对种族外貌上的差异很敏感。在古典期早期，玛雅人就重视这样的区别，既仰慕外邦人，又把他们看作异类，甚至觉得他们可笑或可疑。

毫无疑问，古典期晚期浮雕艺术的巅峰体现在帕伦克的石板上。自然，在面积如此广阔的区域里一定出现了专业人士，比如很多遗址都有名副其实的雕刻学校，而且据我们所知，有些学校还有自己的校名。如前所述，科潘在立体雕塑领域有着显著发展（墨西哥恰帕斯州山区的托尼那亦是如此），而位于玛雅中部地区另一端的帕伦克则专精于浮雕技艺，当地人用极其精细复杂的线条创作（图 5.41）。

5.39 陶绘展开图，以艺术手法展现了一场战斗。几名俘虏在手持长矛的贵族武士威胁下束手就擒；画面上的文字包括其中几个人物的名字，下方边缘文字记录了这个容器的出资人或拥有者的名字。危地马拉内巴赫遗址巧克力罐，古典期晚期

古典期晚期的陶器种类繁多，从利用模具快速翻制的小雕像和锅碗瓢盆等日常生活用品，到需要高超技艺创作的艺术品，可谓应有尽有（图5.42）。在帕伦克以及墨西哥恰帕斯州和塔巴斯科州的洞穴中，考古学家发现了精美的香炉。人们喜欢将这些高大的空心长管塑成神灵形象，或在其上雕刻神灵的头像。冥界美洲豹神形象出现得尤其频繁，有时这些头像还一个摞着一个叠放（图5.43）。香炉两侧有垂直凸缘，烧制后再整体涂上红色、赭色、蓝色和白色等颜料。

杰纳岛是位于墨西哥坎佩切州海岸边的一座石灰岩小岛，被一条潮汐汊道与大陆分开，是玛雅地区最神秘的遗址之一。此地墓葬甚多，但除了零星发掘外，研究者尚未系统调查。岛上神庙规模很小，这显然与坟墓数量和其中的华丽随葬品很不相称，尤其是从杰纳岛出土的精致小雕像，在考古学家和劫掠者中都很有名（图5.44）。所有雕像都为空心，背后有哨子，脸部通常用模具制作，但

细节与其他部分还需要艺术家手工修饰。一方面，这些雕像着重刻画真实人物的容貌，也许就是墓主，还有可能是根据某种戏剧传统塑造特定的人物外貌和形态，如傲慢的贵族、全副武装的战士、脸上有文身或伤疤的人、漂亮的年轻女子和丰满的主妇等。另一方面，它们也可能代表神灵，比如这两种常见的（弗洛伊德式）主题：一名女性，也许是某位母亲神正庇护着一个成年男子，仿佛他就是自己的孩子（图 5.45）；一名老年男子正在向一名女性示好。杰纳岛雕像中还经常出现一个超自然人物形象——神秘的胖神。他似乎在坎佩切地区的玛雅群体中很受欢迎（图 5.46）。卡尔·陶贝认为，这可能就是在美国西南部为人所知的小丑神。这类雕塑似乎用来装饰存放舞蹈用具的特殊仓库，有时还与外邦人或其他类型的人形雕像成对出现。

　　在古典期晚期某个时刻，低地玛雅人发明了一种亮丽的蓝色颜料。这种颜料如今在杰纳岛小雕像、人像香炉和博南帕克的壁画上幸存下来，这就是著名的玛雅蓝。经现代物理和化学实验分析证明，它是通过将靛蓝（一种植物染料）与一种特殊的黏土混合加热后合成的。此法生产的颜料性质特别稳定，而且与

5.40 陶绘展开图，这幅宫殿场景图展现了三位神祇坐在至尊神面前的一幕。他们处于从属地位，双手抱住上臂以示尊敬。左下方是四名猴神书写员，其中一名正在说话，因为从他嘴里飘出了红色涡状纹。文字记录了一段演说辞。右下方，一只"uch"，也就是"负鼠"将书放在腿上，而一只被标记为"我们"的秃鹫正拿着一张写有数字的纸。圆柱形花瓶，古典期晚期

5.41 花瓶上的舞蹈图，此种滑稽人像风格与特奥
蒂瓦坎有关。公元725年

5.42 陶制小鼻烟壶。一面的浮雕上，克阿维尔神面对着L神（烟草之神和商人的保护神）。容器内装着捣碎的烟草和熟石灰。古典期晚期，高3.3英寸（约8.4厘米）

5.43 高大的陶制香炉，可能来自墨西哥塔巴斯科州。冥界美洲豹神的头像上方摞着其他神灵的头像。帕伦克神庙中已发现了几十个这样的香炉。古典期晚期，高45.25英寸（约114.9厘米）

5.44（对页）一名女性正庇护着一个男子。陶俑，出土自墨西哥杰纳岛，高8英寸（约20.3厘米）

5.45（上）坐姿男性手持一件不明物体，可能是锄头或手磨。陶俑，出土自墨西哥杰纳岛。同所有杰纳岛的精致雕像一样，这尊陶俑部分用模具制作，部分手工制作，烧制后上色。高4.5英寸（约11.4厘米）

5.46（右）小丑模样陶俑，穿着羽毛战甲，手持盾牌，可能出土自杰纳岛。高11.5英寸（约29.2厘米）

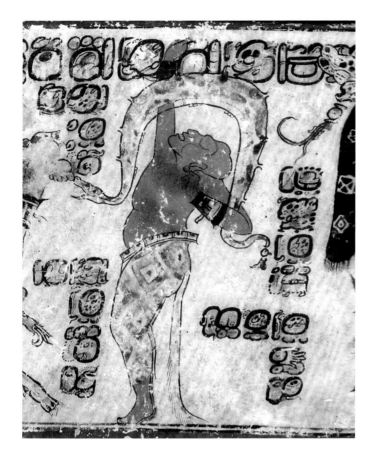

5.47 彩绘陶器，出土自危地马拉阿尔塔－德萨克里菲乔斯遗址，但可能制造于佩滕伊察湖地区。图像显示一个可能已经死亡的老年伴侣精灵正同一条蟒蛇共舞。花瓶上还出现了另外5个超自然场景。上方文字中有一个历法循环日期（本图中未显示），可能对应公元754年。高10英寸（25.4厘米）

现代蓝色染料不同，对光照、酸性环境和时间的抵抗力很强。这种特殊的黏土在尤卡坦半岛上一个叫萨卡卢姆的地方被发现，玛雅艺术家可能就是在那里制造出这种非凡的新颜料。到西班牙征服时期，玛雅蓝一直没有停止生产，甚至还用于墨西哥中部殖民时期的壁画中。

玛雅陶匠为了美观牺牲了耐用性，采用低温烧制法，成功在陶器上获得了非常艳丽的色彩效果。古典期晚期的彩绘一般都画在深碗、筒形罐或带足盘子上，有时使用与壁画相同的叙事技巧。大多数精美的画作以及那些有书写员签字的作品都来自佩滕中部一小块区域，靠近佩滕伊察湖和一个叫"风"（Ik'）的王国中心地区。在危地马拉和墨西哥边境的阿尔塔－德萨克里菲乔斯遗址，一座贵族墓穴中出土了一只高约10英寸（25.4厘米）的陶制花瓶，显然是来自"风"国的作品（图5.47）。毫无疑问，这是一件杰作。瓶身上绘制了六名奇怪的人物，他们都是死者，至少身上带有死亡和黑暗的象征。画面中还有一些字符，包括一个对应公元754年的历法循环日期。一位上了年纪的神灵闭着眼睛，似乎正在与一条邪恶的粗肥大蛇共舞。这幅画十分出色，表明装饰这件陶器的艺术家一定天赋卓越（现在已知画中人物是人类的伴侣精灵"way"，将在下一章中详细讨论）。容器也可以在烧制之前的半干状态下雕刻。这些器皿可能以木质器皿为原型。一些来自尤卡坦半岛的此类花瓶雕刻精良，描绘了G1神，即1号神的形象，他是玛雅诸多神灵中较为神秘莫测的一位。在这件陶器上，他正端坐在旋转的涡流中（图5.48）。

玛雅人很自然地在他们最珍视的材质——玉石上不厌其精，充分发挥他们的艺术才能（图5.49）。后古典期，大量古典期晚期乌苏马辛塔风格的玉器被扔进了奇琴伊察的"献祭井"里（见第七章），说明当时的玉石贸易延伸到了相当遥远的地区。有些来自低地玛雅的玉器甚至交易到了瓦哈卡和墨西哥谷地。美国南卫理公会大学的布丽吉特·科瓦切维奇在危地马拉的坎昆发现了加工这种材料的普通工坊，正好就在上维拉帕斯省和佩滕地区的交界处。在彼德拉斯-内格拉斯这样的地方，由于当地人极为渴望这种珍稀材料，人们只好烧制黏土，并涂上玛雅蓝来仿制"玉石"首饰。最近，在莫塔瓜河谷沿线的玉石矿源附近展开的调查取得了丰硕成果，进一步证实了这种猜测。埃里克·罗谢特在那里发现社会各个阶层都会加工玉器，尤其是玉珠，没有令人信服的证据表明上层社会对此实施管控或玉器只限特殊人士佩戴。玛雅人大多在非常薄的玉片上以浅浮雕手法单面雕刻精细图案。他们可能用玉砂、石榴石或石英砂，配合藤条制成的管钻来完成创作。南部内巴赫地区出土的一块玉牌描绘了一个在玛雅文化中反复出现的主题：衣着华丽的贵族坐在宝座上，俯身向前，与一个侏儒（也许是宫廷小丑）交谈（图5.50）。

除了玉石，低地玛雅的宝石工匠们也会制作方解石饰品，不过很少有发现，所以对古代玛雅人而言，方解石想必十分稀有。200页图片展示的碗就是一件典型的半透明方解石器皿，刻纹呈古典期晚期风格（图5.51）。洪都拉斯西部的乌卢阿地区以出产大理石器皿而闻名。尽管在公元650—850年其大理石制品是否可归于玛雅艺术还尚未确定，但在玛雅古典期终期伯利兹和佩滕遗址的沉积物中发现了它们的碎片。玛雅人可以在任何材料上将他们的传统艺术发扬光大，

5.48 这只黑色陶罐来自墨西哥尤卡坦半岛西北部的乔乔拉地区，也许以一件木制器皿为原型。外观上，工匠以涡状纹为背景，用较深的刀法雕刻了神秘的G1神，他可能是恰克在水中的形象。雕刻区域涂抹有红色颜料。高5.5英寸（约14厘米）

这种技能在所谓"异形"燧石片上可见一斑。他们将燧石片打制出神的侧面轮廓，还在小型黑曜石片上雕刻形形色色的神灵。这些都是中部地区的玛雅人喜欢放置在石碑或神庙地面下的藏品（图5.52）。一些较大的燧石被加工成长锛形状，用木槌敲击可以发出声响，也许是一种石板琴。在墨西哥坎佩切州沿海地带，尤其是杰纳岛，贝雕工艺也相当发达。玛雅人通常在这些饰品上镶嵌小块翠绿色玉石作为点缀。

然而，我们应该牢记，几乎所有历经时代变迁、留存至今的玛雅艺术品都是由不易腐烂的材料制成的。古典期壁画和陶绘证明，绝大多数艺术创作其实不是在石头、玉石和陶器上，而是在木头和纺织品上。每座神庙、每座宫殿的

5.49 （对页）玉米神头像镶嵌玉瓶，出土自危地马拉蒂卡尔遗址的古典期晚期王室墓葬第196号墓穴。这件器皿曾经有一个木质内胆，外表面附着玉片，但内胆如今早已腐朽殆尽。高9.5英寸（约24.1厘米）

5.50 这块来自危地马拉内巴赫遗址的玉牌呈翠绿色，有白色杂纹，可能被火炙烤过。玉牌展现了玛雅统治者与侏儒对话的场景。他身体两侧各有神树，上面挂着玉米神的头。宽5.75英寸（约14.6厘米）

5.51 方解石碗，可能来自墨西哥塔巴斯科州波莫纳市。美国克利夫兰博物馆的一件贝雕饰品上也有上图中的人物形象，二者出自同一人之手，表明雕刻师可以在不同材质上创作。画面中依次出现了人物的头衔，分别是"Aj K' uhu' n" "Ti' hu' n"和"Yajaw K' ahk'"，都是祭司职务。最后一个头衔与特奥蒂瓦坎及其拜火仪式有关

5.52 黑曜石刻片，蒂卡尔遗址一块石碑下的祭品，古典期晚期。每块石片上都刻画了神灵形象或简单的图案。左上和右上是克阿维尔神；右下为太阳神基尼奇·阿乔

房间内肯定都挂着帷幔和壁挂，但它们都在热带环境中化为齑粉，无影无踪了。一定存在过成千上万册用树皮纸装订的玛雅典籍，但没有一册流传下来。我们只能偶尔在精英阶层的坟墓中找到无法修复的古书残迹，或在壁画和陶绘上看到它们的模样。

第六章

玛雅信仰和文化

现代尤卡坦半岛的善男信女们依然会在祈祷仪式上为神灵供奉食物和烈酒。在数百千米之外的危地马拉高地基切地区，掌管历法的祭司也会将供品摆上祭坛，或去祭拜设在水边和山林中的神龛。这类信仰和习俗的演变多种多样，但其实很多都没能延续下来。基督教福音派或其他宗教在一些地区已处于主导地位，然而根深蒂固的传统和共同观念依然影响着玛雅人的世界观。殖民时期的玛雅典籍是由希望引入基督教的早期修士记录的，尽管受到了欧洲思想的强烈影响，但这些古书依然突出了类似的主旨。各种以玛雅语创作的深奥著作，如《契兰·巴兰之书》和《波波尔·乌》，被重新转录为西班牙文，让我们了解到混杂了外部视角的玛雅本土世界观。虽然当时的法庭记录显示欧洲人为了根除原住民的信仰可谓无所不用其极，但这同样清晰地反映出玛雅精神强大的韧性。

我们已掌握了不少前征服时期的信息，得益于破译玛雅文字工作近期取得的新进展，知识也比之前更容易获取了。我们找到了不少真实存在的遗迹，如城市、墓葬、用于仪式的道路、埋藏在地下的物品以及洞穴内的沉积物等，当然还包括现在已经破解的图像和文字。至少有 1.5 万个玛雅文字保存了下来，还有大量陶俑、贝雕、石雕、灰泥浮雕、壁画和陶绘存留至今。大多数情况下，这些文物古迹都揭示出玛雅文明有着一套控制严格的思想标准和体系，并以非常统一的程式化方式表达出来，只是主题可能会根据各地崇拜的主神或仪式不同而存在区别。不过也有少数例外，比如我们发掘出一些朴拙的雕像、在洞穴里看到了涂鸦，还发现宫殿或神庙墙壁上有随手作画的痕迹。

尽管如此，我们对古代玛雅思想的了解也只是冰山一角。从陶器彩绘上就能看出，有太多太多的东西已经消亡在历史的尘埃之中。玛雅地区的森林浓密茂盛，但存世的木制物品却寥寥无几，有的来自异常潮湿的沉积地层和干燥的洞穴，有的则是玛雅人在通风良好的地方安置的门楣。不过可以肯定，玛雅工匠一定创作过无数木雕，其中一些应该是神像。考古学家在蒂卡尔的一座墓穴中就发现了木雕的残迹。玛雅人还会将灰泥涂抹在葫芦上，再在其表面彩绘。如今这样的葫芦器皿同样罕见，只有墓穴中出土的极少数作品依然能展现当时清晰的文字和举行仪式的画面。纺织品上原本应该绘有复杂的文字和图像，但现在也都已经腐烂了。更令人痛心的是，许多古籍丢失，原本记载的知识和仪式内容也就此彻底消亡。考古学家在危地马拉胡尔通遗址的一面墙壁上发现了一些类似古抄本的精细雕刻和图画，这可能是一种罕见的"备份"形式，或者是某部早已消失的古抄本成书之初的模样。

只有四部记录在长条形树皮纸上的手抄本流传到了现代（不妨想象一下，如果我们仅靠三本祈祷书和《天路历程》[1]来了解欧洲文化，将会是一番怎样的情形）。树皮纸的原料取自野生无花果树内皮。将其刮去乳胶，至少摞起三层后用带有沟槽的木槌反复敲击就能制成树皮纸。之后用一种也许是树液或兰花汁的未知黏合剂将各个部分粘在一起，最后折叠成册。这种纸可能是贡品：阿兹

---

1 《天路历程》，英格兰作家约翰·班扬于1678年出版的基督教寓言书。

6.1 狡黠的兔子在蒙着美洲豹皮的折叠书册上书写（复原图）。图像取自佩滕北部或墨西哥坎佩切州南部一只古典期晚期手抄本风格的圆柱形陶瓶，公元8世纪

6.2（对页）《德雷斯顿手抄本》是现存玛雅折叠书册中状态最好的一部。它由长条形树皮纸装订而成，每一页都涂有细灰泥，大部分内容都与260天纪年法有关。时人将一年划分为多个时间段，划分结果与特定神灵有关。每位神灵上方都用文字记录着各自的名字和称谓。高8英寸（约20.3厘米）

6.3《墨西哥玛雅手抄本》（《格罗利尔手抄本》）内页。这是一部托尔特克－玛雅风格的古籍，记录了金星运行周期的相关信息。时人会先打初稿勾勒轮廓，在此基础上完成作品。此页描绘了死神将一名俘虏斩首的场景

特克人则将其视为一种实物税，用来编织祭祀时的祭服。工匠们技艺娴熟，还会在树皮纸上覆盖一层白色方解石，最后用抛光的石头将其磨平。古典期随葬陶器上的图像显示，当时的手抄本曾以美洲豹皮做封面。书写员持画笔或羽毛笔，从海螺壳墨水瓶中蘸上黑或红色颜料在其上绘制（图6.1）。

　　根据早期资料分析，玛雅古籍包含了历史、预言、地图、贡品账目、歌曲、天文以及家谱等方面的内容，但现存的四部手抄本全部是后古典期在玛雅北部地区编撰的，内容均与仪式或仪式－天文学有关。《德雷斯顿手抄本》是现存四部抄本中制作最精良的一部（图6.2），宽8英寸（约20.3厘米），长11英尺9英寸（约358.1厘米）。尽管其大部分内容肯定是从古典期晚期的其他资料誊抄来的，但卡尔·陶贝已证明，《德雷斯顿手抄本》中一些图像受到了阿兹特克文化的影响，因此必定在西班牙征服前不久成书。《马德里手抄本》和非常零碎的《巴

黎手抄本》没有《德雷斯顿手抄本》那么精致，虽然它们的确切出处还存在争议，但制作年代大致相同。埃里克·汤普森认为，一名西班牙牧师可能在塔亚索得到了《马德里手抄本》。但手抄本上有一块带有西班牙字母的补丁，其他学者判断补丁也许取自一份教宗文件，所以认为手抄本来自尤卡坦半岛的尚塞诺特地区。至于《巴黎手抄本》，卡尔·陶贝根据其图像内容，判断其来自玛雅潘。

1971年，第四部玛雅古籍在纽约的格罗利尔俱乐部展出。它早前被称为《格罗利尔手抄本》，现在的正式名称则是《墨西哥玛雅手抄本》。这部手抄本曾属于墨西哥一名私人收藏家，根据间接证据判断，它似乎是装在一只木箱里，在墨西哥恰帕斯州或塔巴斯科州的一处洞穴内发现的。手抄本记录了关于金星运行周期的信息，原数据表格应为20页，现仅存一半（**图6.3**），而且状态非常糟糕。尽管汤普森和其他学者强烈质疑其真实性，但经技术鉴定，手抄本年代毫无疑问可以追溯到公元1000—1200年，其文字和神灵形象与托尔特克-玛雅风格完全一致。作为一部混合风格的作品，该手抄本树皮纸面上涂抹的是石膏，而非方解石，因此更像墨西哥式手抄本。《墨西哥玛雅手抄本》现在被公认为前征服时期四部玛雅手抄本中最古老的一部。

虔诚之心

玛雅人的生活总是与仪式息息相关。那些讲述日常活动的故事将人类与更宏大、更本源的事件联系起来。播种玉米原本是季节性耕作，却逐渐演变为玉米神的神话之旅。汗蒸浴室在玛雅人的聚居地很常见，其意义不仅在于洗涤身体污垢，对帕伦克人而言，还暗喻着神灵诞生。当代玛雅人有将胎盘埋入汗蒸浴室的习俗，其根源就在于此。人类对自身还存有更大的期盼。德高望重的人被称为"toj"，意思是"正确的"和"正直的"，在殖民时期的玛雅语中有时会与"清洁""忏悔""预言"等词义联系起来。古典期的玛雅人还为这个词赋予了政治意义："Tojil"指应该缴纳给领主的贡赋。人们在支离破碎的地面上开辟出笔直的道路，即在第五章中描述的"白色之路"。走在上面，就等于以合乎礼仪的方式优雅前进。玛雅人会在房屋四个角落分别立起四根支柱，中央放置灶台，看得出这是在模仿早期奥尔梅克文明的宇宙观。确定万事万物的边界、指明方向、定义中心，都是为了创造有序的空间，无论规模大小，无论是建筑、大地还是宇宙。

归根结底，人类有义务遵守与神的契约。根据民族学家约翰·莫纳汉定义，这是一种有约束力的契约，规定了人应该如何行事。神通常也会参与进来，比如介入玉米的生长过程。这种作物在今天如此重要，它的种植和食用方式定义了玛雅人的身份。人们如家人一般共同用餐，就此形成了社会纽带。《波波尔·乌》在一个非常古老的故事中，讲述了神灵如何像制作手工品那样，用泥巴和树枝塑造出早期人类。然而，这些造物对神的愿望置若罔闻，因此被用玉米面团创造的人类取代了。人们现在可以自由自在地享受生活，但作为契约的一部分，他们必须通过赞美或奉献自己的血肉作为食物来回报神灵；死后，躯体也将返还给饥肠辘辘的大地，清偿生前的债务。不过只要在仪式上供奉一些替代品（在玛雅语中叫作"k'ex"），人类也可以推迟偿债的时间。熏香、动物，甚至优雅的祈祷都能暂时推迟偿债。不过最夸张的祭品还是人的血肉之躯。玛雅人刺破自己的嘴巴、阴茎和耳朵，放血祭祀神灵，或直接奉上俘虏及奴隶的新鲜尸体。对玛雅人来说，世界是由大大小小的口腹之欲驱动的。

虔诚之心也应该通过祈祷表达。根据民族学研究，人神交流涉及特定的地点、语调和措辞。祷告本身是否真心实意似乎无关紧要，更重要的是适当的形式、恭敬的称呼和丰盛的祭品能不能打动神灵。事实上，玛雅人认为有些神（尤其是恶神）其实相当愚蠢，很容易糊弄。祭司们以严谨专业的态度为信众祈福占卜，只要能准确辨别来自神灵的信息，就能更好地了解是何因素破坏平衡，导致疾病、干旱和其他问题出现。鸟类也被看作神祇的信使。很有可能，负责祈祷的既有多数玛雅人都能接触到的小规模祭司群体，也有国王本人。

今天依然有掌管历法的祭司活跃在危地马拉高地，但我们已很难在早期历史中找到类似群体的记录。除了在一两段文字中，或偶尔发现这些神职人员使用过的水晶外，我们对他们的情况几乎一无所知，但他们一定存在过。里卡多·阿米霍在墨西哥塔巴斯科州的科马尔卡尔科遗址找到了一个古典期的骨灰瓮，里面是一位祭司的遗骸，旁边还随葬有刻着文字的虹鱼鳍刺和小石牌，供其来世使用。碑铭学家马克·岑德尔已经破译了上面的内容，文字提到了"干旱"和雨神恰克的各种化身，说明这位祭司的职责是预测并控制天气。除此之外，祭司和政治家之间的区别在古典期可能已经模糊。被称为"阿克胡恩"（Aj

K'uhu'n）的神秘人物既是朝臣，又承担仪式工作，也许还要保管圣书。祭司们可能拥有"火祭司"（Yajaw K'ahk'，字面意思是"火之主人"）的头衔，他们的一些特征来自与遥远的特奥蒂瓦坎有关的角色和仪式（图5.52）。火是奇迹的催化剂，能够将熏香、神圣的烟草和被鲜血浸透的树皮纸变为缥缈的烟雾。古典期的祭祀活动总会用上锋利的黑曜石刀片或刀子（taaj），许多玛雅城市都从外部进口这种材料。德米特里·别利亚耶夫和斯蒂芬·休斯顿甚至发现，有一个字符专门表示用这样的刀片锯开（juhtaj）胸膛，取出心脏。这个字符有时还会画作饥饿之神头颅的形状（图6.4）。切开的也不仅是人。蒂卡尔有一位显赫人物被称为库伯姆·约勒·阿因，即"鳄鱼之心的献祭者"，可见动物的心脏也是祭品。

6.4 在这个以超自然手法表现的场景中，神切开（kuhpaj）[1] 了人牲的胸膛

1　原文如此，猜测是正文中"juhtaj"不同形式的拼写。——编者注

尽管殖民时期之前的玛雅祭司逐渐被历史湮没，但此后人们对这一群体有了更多了解。与阿兹特克不同，玛雅祭司可以建立家庭，而且即便身为次子，也能够继承其父的职务。在尤卡坦玛雅语中，他们被称为"阿克因"（Ah K'in），即太阳/白昼之子，说明其工作与历法、天文有着密切联系。而兰达主教为他们罗列的职责清单上清楚表明，祭司们掌控着玛雅的知识和仪式，比如"计算年月日历法、主持节日活动和典礼、主持圣事、确定重大日期和节气、占卜预言、决策国家大事、治疗疾病、保管古物、读写信件和书籍"等，不过最重要的是负责记录王朝血脉谱系。繁荣时期的玛雅潘曾有世袭的首席祭司职位，其主要职能似乎是监管一所培养神职人员的学院，但我们在任何资料中都找不到首席祭司或整个祭司阶层凌驾于世俗权力的迹象。奉献人牲时，祭司需要四位以雨神命名的长者协助，他们抓住受害者的四肢，另一位头衔为"纳科姆"（Nacom，类似于战争领袖）的人负责打开人牲的胸膛。还有一类神职人员叫"契兰"（Chilam），是能够看到神示的萨满，他们在恍惚中接受神灵的启示，神灵借他们之口发出的预言则由祭司们解读。在祭祀仪式前及过程中，人们必须严格遵守饮食禁忌并禁欲，还要使用细针和魟鱼鳍刺刺穿自己的耳朵、脸颊、嘴唇、舌头、阴茎等部位，让血溅到纸上，或自己将血涂抹到神像上。西班牙征服时期前夕，玛雅人在香炉中焚烧香脂油和橡胶来祭拜神像，并象征性地给神像喂食。尤卡坦半岛许多地区的香炉上都绘制着色彩鲜艳的人物形象，他们想必就是享用香火的神灵。人牲则由因犯、奴隶和儿童（私生子或专门为此购买的孤儿）充当。野生火鸡、鹿、狗、松鼠、鹌鹑、鬣蜥等动物作为供奉给玛雅诸神的祭品也很合适。

宇宙的秩序

玛雅人建立了好几套宇宙模型。他们将世界想象成一只巨大的乌龟或一条漂浮在海上的鳄鱼。各种植物，特别是玉米和可可，从这两种生物的背上或身体里发芽。也许就像古印度一样，玛雅人将地震的起因解释为巨兽在移动。古典期他们把这种现象称为"yuklaj kab"，意为"摇晃的大地"。原始海洋里生活着可怕的鲨鱼，神灵持矛刺向它们，巨量鲜血就会喷涌而出。在帕伦克，这个传说的另一个版本将喷涌的血液（也许还有大海本身）归因于神话中的一条鳄

6.5 最初的放血仪式场景，围绕一只既像鬣蜥又有哺乳动物特征的杂交动物举行。墨西哥贝坎遗址，约公元450年

鱼遭到斩首。类似场景在墨西哥贝坎遗址发现的一只碗上也有体现（**图6.5**），这件文物还是古典期早期最大的陶碗之一。现在很难弄清楚这些不同的宇宙观是否跟不同城邦各自的信仰有关，我们也不清楚各城邦是相互排斥，还是彼此一视同仁、全盘接受。奇怪的是，不论哪个地区，所有的玛雅大型城市都对"海水是咸的"这一自然现象视而不见。他们称大海为"K'ahk'Nahb"，意思是"狂暴之池"，同淡水水体没有明显区别，两者都可以用"厌盐的睡莲"图像表示。当今的玛雅族群，尤其是危地马拉的奇奥蒂人，相信湖泊、河流、泉水中居住着能引发地震和飓风的神秘大蛇。它们可能就是古典期图像中的巨蟒，顶着睡莲头饰，身躯蜿蜒肥硕。

大地"kab"温柔可亲，在绘画、雕刻中，玛雅人用表示麝香或排泄物的符文来强调其刺激性气味。"天空"本身由石头和泥土构成。石头在古典期铭文中被称为"tuun"，有两种形式，一种表示人类使用的材料，若字符中标记出"裂缝"，则表示"山"。玛雅人将洞穴或形状不规则的石头称为"ch'e'n"，这个术语在古典期适用于任何定居点。加利福尼亚州立大学洛杉矶分校的詹姆斯·布雷迪为这一现象找到了很好的解释：生活在玛雅低地喀斯特地貌区的玛雅人往往将聚居点建在洞穴系统的顶部。危地马拉多斯皮拉斯的埃尔杜安德金字塔便是一个典型的实例，其正下方就有一个洞穴。其他城市也有类似发现。如果当地没有天然洞穴，玛雅人就会自己挖一个。墨西哥的奥希金托克、托尼那和亚斯奇兰等遗址都建有精心设计的迷宫，似乎就是为了复制这种蜿蜒曲折的地下通道结构。

只要稍加想象，便能发现洞穴的另一个特征。洞口就像嘴巴，石笋和钟乳石好似一副正在咀嚼的牙齿。危地马拉圣巴托洛遗址内的前古典期壁画上便展现了这样一个岩洞，画上玉米神小心翼翼地用葫芦从洞穴里舀水。后世玛雅人重现了这一场景，专门从洞中盛取"原始之水"用于特定的仪式。画面中的洞穴显得绚烂多彩又野性十足，拟黄鹂被顶部的美洲豹一口吞掉，因此卡尔·陶贝把这里比作在该地区乃至北美神话中都有出现的"花之山"。洞穴内另一位居民是雨神恰克，他大吼大叫，演奏音乐——可以想象洞穴里一定回荡着震耳欲聋的声响。时至今日，雾气仍会在潮湿的天气里聚在露头岩石和洞穴入口处久久不散，这很可能就是时人认为恰克生活在石洞内的原因。有些洞穴在地面上的开口很小，但因空气流动也能被人类察觉。这是气压变化导致的自然现象，然而玛雅人将其理解为恰克和洞穴本身在呼吸。

石头是有生命的，这从根本上改变了人们对物质的看法。欧洲人认为生命与非生命之间存在不可逾越的鸿沟。玛雅人用不同的方式来描绘世界，正如我们看到的，他们把水视为一种存在，而不仅仅是液体。石头可以长出眼睛、嘴巴、鼻子和耳朵，燧石和黑曜石亦是如此，只是形象更瘦削，表示它们的易碎特质。在地面上挖出的洞不仅仅是洞，还是贪婪蜈蚣大张的嘴巴。这种有毒的节肢动物总是在地面上爬行寻找食物。蜈蚣还出现在古典期的一幅代表性雕刻作品上：帕伦克王国的巴加尔大王去世后，从蜈蚣的嘴中成长为重获新生的玉米神（这幅雕刻就在巴加尔大王的石棺盖上，一些异想天开者误以为它描绘的是外星宇航员驾驶飞船的场景）。就像玉米种子，他被竖直置入洞中，浇水后便能重生，成为一株挂满宝石、庄严威风的植物。石棺侧面重点渲染了王室成员的降生与死亡：代表大地的符文环绕四周，巴加尔大王的先祖们就像植物一样破土而出。大地显然把他们的躯体作为应当偿还的债务取走了，但又把他们作为生者的食粮还了回来。

另一个深入人心的观念是为世界各部分赋予不同颜色：红色代表东方，白色代表北方，黑色代表西方，黄色代表南方，而蓝绿色代表中央。这其实有逻辑依据。红色对应的是每天早晨从东面加勒比海升起的太阳，黑色则代表太阳落入墨西哥湾。蓝绿色，即"yax"象征着世界中心的木棉树（玛雅文字为"yaxte'"），在另一套宇宙模型中，则代表新长出的玉米，为人类提供粮食。另一种世界观面向精英阶层，西蒙·马丁对其进行了深入研究。这种观念将玉米与所有中部美洲社会的财富之源，即巧克力树融合在了一起。古典期的玛雅人认为苍鹰栖息在四个方向，与天体息息相关，如太阳、月亮、金星和伸手不见五指的黑夜。这些主题可以追溯到前古典期。圣巴托洛遗址壁画上就出现了"方向鹰"和世界树的形象，还描绘了人们为祭拜它们而准备的动物祭品和自我血祭仪式。神话中的山脉也出现在壁画中。危地马拉里奥阿苏尔遗址的王室陵墓蔚为壮观，尽管其四面墙上的壁画已经严重受损，但人们仍能分辨出明显的山丘，在一些玛雅语言中，这类山被称为"witz"（图6.6）。死者躺在墓穴中间就成了宇宙的中心。里奥阿苏尔遗址的一处墓葬甚至还把各个方向细分为好几个子象限。将山脉在空间上组织起来，与某种特定的颜色、动物或植物建立起关联，可能是人类历史上能够证实的最古老的世界观之一。这种观念在环太平洋地区和亚洲都有迹可循，其根源很可能与早期人类跨地区迁徙有关。

只要远离光污染，我们就能看到银河和其他天体在夜空中熠熠生辉。这幕暗夜演出一定会吸引玛雅人的注意。古典期的天空有两种表现形式，一种以"鳄鱼的身体"表示，另一种则以"天带"表示，即将表示太阳、月亮、星星和彗星的符文按顺序排列。天带有时以一个鹰首为终点。它闪闪发光，优美圆润，可能代表黄道，即太阳、月亮、金星和其他天体运行的轨迹。天空是众神的栖息地。古典期玛雅王朝习惯用与神灵有关的词汇给国王命名，通常与神灵在空中的某些特

6.6 "方位山"，危地马拉里奥阿苏尔遗址第25号墓北墙，约公元450年

定行为相关。雨神恰克"诞生于太阳"（因为云通常来自太阳升起的东方）或者会在天空中"生火"，这种比喻的灵感可能来自猛烈的热带风暴和电闪雷鸣。

　　天空需要支撑才能保持高远。殖民时期的史料中提到了"bakab"，这是四种生物的统称，它们负责撑起苍穹，有时同雨神在这方面的作用有重合，但这个词在古典期的含义却完全不一样。"Bakab"来自"baah-kab"，意为"大地之首"，是最崇高的玛雅国王和少数王后的称号。正如大卫·斯图尔特所言，在古典期，支撑天空和大地的是一位名为"伊察姆"的神灵，他年长却力大无穷，某些情况下会与岩石融为一体（图6.7）。万事万物皆从头骨般的种子向外萌生。其他支撑天空的超自然人物还有风神。有些风神长着鸭嘴，家在天上，还有些则与贵族身份合二为一。后者其实是政治隐喻。就像伊察姆支撑天地一样，古典期的贵族也为国王提供支持。在理想世界里，完美的贵族应该力量强大但内心顺从，希望王权永远固若金汤。不过这幅充满期许的壁画却表明，现实情况可能远非如此。

6.7 雕刻临摹，扮演擎天巨人的贵族支撑着天空和一根有生命力的门楣，可能来自危地马拉，公元773年

　　上至最高贵的领主，下到最卑微的农民，时间在所有玛雅人的生活中都扮演着重要的角色。最基本的时间概念是农时周期和形成农时周期的太阳年，后文会更详细地讨论相关问题。这里的关键点是，时间对玛雅人来说有空间维度。在后古典期的尤卡坦地区，最盛大的仪式显然是庆贺新年。每个群落都会在"瓦耶伯日"（前一年最后5个不吉利的无名日）举行仪式。人们还会修建一条特殊的道路（也许类似古典期的"堤道"）通往置于城镇外某个特殊点位的神像。每年神像面冲的方位都要沿逆时针转动一次，四年完成一个循环。这一传统有着悠久的历史：后古典期晚期的《马德里手抄本》中有一幅标明世界方向的地图，其上每个方位都标示着与之匹配的神灵和祭品图案。道路用脚印表示，从四角向中心集中。整个页面围绕着一组以260天纪年法连续记录的日期。然而，该手

抄本布局同来自墨西哥的《费耶尔瓦里-迈尔手抄本》非常相似,因此它是否来自玛雅还无法确定,其上记录的日期与玛雅历法推算的新年日也不吻合。大卫·斯图尔特研究发现,危地马拉纳兰霍遗址的一段铭文证实了玛雅人的时间与空间概念有着紧密联系。同后世的尤卡坦玛雅人一样,古典期的新年欢庆活动需要在四位年轻神灵的庇护下竖立纪念碑,人们向四个方向祭拜。里奥阿苏尔遗址的一座古典期早期陵墓也将空间和时间牢牢地联系在了一起。墓室的每面墙上都有新年日的标志,就在表示方位山的符文上。

玛雅人的宇宙观是如何产生的,我们至今仍不清楚。周期性的创造和毁灭是所有中部美洲宗教的典型特征。例如阿兹特克人认为,宇宙已经经历了四轮这样的循环,我们现在正处于的第五轮最终将结束于一场地震。我们之前的几代人类则变为猴子、火鸡和鱼。根据后征服时期的资料,前一个世代终结于大洪水(阿兹特克人也有这种信仰)。洪水退去后,天幕坠落,世界陷入一片黑暗。接下来是一段魔法横行的过渡期,《波波尔·乌》的前几章便讲述了双子英雄在这个英雄时代的事迹(见第三章)——在更完美的新世界形成之前,旧秩序的一切瑕疵必须彻底清除。然而要在早期资料中找到这套循环存在的证据是一大挑战,这在很大程度上取决于几份资料共同提到的一个日期,即"4 Ajaw 8 Kumk'u 13.0.0.0.0"(公元前3114年8月14日)到底有何深意。一些学者将此时间点称为创世时刻,还有不少人危言耸听,认为这预示着公元2012年12月24日这轮循环结束时就会发生大毁灭,同时下一轮循环开始,新的世界诞生。

问题是,"4 Ajaw 8 Kumk'u"这一天将发生的事件虽然深奥晦涩,但似乎有序,而非单纯的灾祸。关于这一事件的文字记载各不相同,但都涉及一个用三块神石环绕着火焰砌筑的"新灶台"。灶台是所有传统玛雅家庭的必备之物,但在这些文本中则砌筑在"苍穹的边缘"。时人还提到了神灵降临人世、引导众生,以及放置三块神石的过程,它们肯定就是"苍穹灶台"的组成部分。在帕伦克,有几幅含义隐晦的铭文阐述了"4 Ajaw 8 Kumk'u"这一天前后发生的事情。根据大卫·斯图尔特的解释,在某位神祇(可能是玉米神的一种变体)主持下,将有三位一体的神灵诞生于此时。专家们将其中一位简单粗暴地命名为"G1",即1号神。他登上天国宝座,紧接着玉米神诞生,并发生了一系列不可思议的事情,其中一件还与海洋有关。奇怪的是,就在G1神重生事件进入高潮时,两个

6.8 陶绘展开图,古典期晚期花瓶,可能来自纳兰霍。这一幕发生在交易神（L神,右）的黑暗宫殿内,时间是该世代的"4 Ajaw 8 Kumk'u"日。画面中,几位神灵面对着交易神,包括冥界的美洲豹神和至今依然神秘的G1神

可能是他兄弟的人也降世了。这三位神祇在帕伦克的神话体系中占有重要地位,他们的形象大量出现在绘画和雕刻作品中。其他城市似乎更重视别的神灵,也许它们各自还有另外的起源故事。这些无疑都是惊天动地的大事件,但并不恐怖。对公元2012年12月24日,少数古典期记录就算提及,内容也相当枯燥无趣。古代玛雅人发现本轮循环将在那一天结束,但殖民时期的玛雅或阿兹特克文献中并没有什么预言。

然而有迹象表明过去存在一段更黑暗的时期。一些中部美洲族群中流传的

6.9 玛雅字符"Tz'ak"的意思是"按数字顺序排列",帕伦克遗址96字碑。这些字符将自然界中对立却有因果关系的事物并列在一起,如"风"和"水"(左)、"星星"和"月亮"(右)等

神话暗示那个世界漆黑一团,或说,只有一个与我们这个世界截然不同的暗淡太阳。一位古典期的艺术家接受纳兰霍宫廷委托,在两只陶瓶上作画,可能就描绘了"4 Ajaw 8 Kumk'u"那一天的场景(图6.8):交易神坐在石屋(或许是洞穴)中的宝座上,召集了一群夜神开会。交易神自己也有美洲豹般的夜神特征。他神气活现地叼着烟,与这个阴郁的场景形成了鲜明对比。如此看来,玛雅人一定很喜欢用点着的烟头或燃烧的烟叶彰显场面戏剧性,黑色和深红色的背景更增强了这种效果。受到召唤的一众神灵都弯曲一只手臂,抓住自己另一侧臂膀表示臣服。很明显,现在是交易神说了算。图像接着展现了此次会议后来发生的故事。会场位于"K'inchil",也就是"伟大的太阳之地"(可能是太阳神的领地),说明不久世界将重获光明,无尽的黑暗很快就会被昼夜循环取代,宇宙将像一台崭新的机器那样,有规律地运转起来。

考古学家从这两只陶瓶上发现了一个与图像场景有关的玛雅字符"Tz'ak",意思是"按数字顺序排列"。创世的一个关键环节就是塑造对立,并将其体现在字符"Tz'ak"的其他变体中,其中最能说明问题的例子来自帕伦克。精美的96字碑由晚期王朝竖立,上面罗列了一长串表达这种对立关系的字符(图6.9;完整碑文见图6.19)。铭文始于"太阳"和"黑夜",接着可能是"生"与"死",然后是"金星"和"月亮"、"风"和"水"。每一个字符都代表帕伦克王朝历史中一组已经逝去的日子。在其他城市的写法中,字符"Tz'ak"的变体能表达的对立事物更多,如"生长的作物"和"收获的庄稼"就以不同的颜色(绿和黄)来区分,此外还有"天空"和"大地"、"卷云"和"雨水"、"鳍刺"和"鲜血"

以及"女士"和"领主"等。这些事物肯定相互对立,但也蕴含着更深刻的思想:每组词中的前一个元素表示前因,由它定义或引出后一个元素,比如卷云引起降雨,农作物生长带来食物丰收;这类对立也暗示了创造本身,就像《波波尔·乌》中描述的,这是一个由远古时代的众神创造并完善的世界。

神与灵

玛雅的宇宙中充满了"灵"。早期,"灵"的基本概念是"k'uh",一种凝聚于王室血脉的活力精华。作为形容词时,"k'uhul"意味着"神圣的",这个词如果用在人身上,一般只用于颂扬统治者本人或已故妇女,主要还是用于称颂神祇。殖民时期的《巴卡布斯宗教仪式》一书共提到166位神祇的名字,而前征服时期的手抄本中有30多位不同的神。无论哪个时期,神灵都不会少。古典期有文本提到"地"和"天"共8000位神灵,不过这可能是一种夸张手法,为的是强调神灵数量巨大,而且只有少数人才能识别他们各自的身份。玛雅人对神学可能存在不同层面上的理解,大多数人只能在图像中识别出几位主要的神。精英阶层为了垄断知识,还故意把一些文字写得神神秘秘。玛雅学者从后世史料中掌握了大量关于神灵的信息,他们面临的一大挑战便是将这些信息与早期神灵联系起来。少数神相对容易识别,比如恰克;然而对其他一些神的形象,学术界依然分歧巨大。

神灵都带有某些超自然特征。与方向有关的神以多神形式出现,东、南、西、北各有一名代表,如雨神恰克。其他的神通常单独现身,再与别的超自然生物形象融合,西蒙·马丁将这个过程称为"神合",这让众神变得难以区分。例如,被学者们称为"主鸟神"的鹰形态超自然生物与年长的神伊察姆融合后,便成为至高无上的"D神",决定着王权事务。在古典期,这只鸟往往以信使身份出现在新王即位等重要场景中,赋予仪式神圣色彩。有一些观点认为(见第三章),

6.10 (对页)双子英雄之一的乌纳普在进行放血仪式,圣巴托洛遗址墓穴西厅壁画,约公元前100年。他用一根可能是龙舌兰刺的细长锐物切开阴茎,鲜血正喷涌而出,有鸟儿在他身后飞舞。左上方的文字将他标注为"金星之人",这从其头饰也能分辨出。这是一幅大型壁画的局部,其他部分则展现了奉献给主鸟神的火鸡和其他祭品

它是《波波尔·乌》中"七鹦鹉"维科布·卡库伊科斯的前身。主鸟神的两只翅膀上分别有"太阳"和"黑夜"的标志，表明它游走在交界地带，可能与昼夜交替、晨昏过渡有关。

有几位神灵总是成对履行职责，典型例子就是玛雅神中最古老的双子英雄（图6.10，6.11）。他们在《波波尔·乌》中的名字分别是乌纳普和斯巴兰克。

6.11 手抄本风格的盘子，危地马拉北部或墨西哥坎佩切州南部，公元700—750年。画面中间的大地被描绘为点缀着萤火虫和火炬的龟壳，玉米神从裂开的大地中破壳而出。双子英雄之一的乌纳普站在左边的旋涡中，右边的斯巴兰克身上有美洲豹斑纹。斯巴兰克正在给大地浇水，确保玉米发芽

我们可以通过其脸上和身上的黑斑辨识出前者（这可能是一种死亡标记），通过身上的美洲豹斑纹辨认出后者。他们曾帮助玉米神从世界之龟的体内破壳而出。乌纳普在古典期的图像作品中有时也叫胡恩·阿乔。他被描绘为优秀的猎人，装备着自己最喜爱的武器吹箭筒。卡尔·陶贝认为，双子英雄定义了两类截然不同的领域：一个是人类领域，即乌纳普的活动范围；另一个则是动物领域，即不受人类控制、充满无序和混乱的世界。两位"桨手神"（一位具有美洲豹的特征，而另一位鼻子中间插着一条魟鱼）总是在引领玉米神走向死亡和重生的水路上为他划桨。有些神还有配偶，干枯的伊察姆同年老的康复和助产女神就是一对，他们很可能就是玛雅的创世神。神灵的最后一个特征是，他们总在一日之内不断变化。每天，当太阳神降入黑暗的地下世界时便获得了美洲豹的特征；早晨从东海升起后，他又像鲨鱼一样长出了鱼鳍，原本的门牙也成了鲨鱼齿。大多数玛雅人很可能从未目睹过这种猎食动物活着的身姿，但应该都加工过它们可怕的牙齿。考古学家在玛雅人的墓穴和储藏洞中发现了不少诸如魟鱼鳍刺、鲨鱼齿等通过交易来到这里的海洋珍宝。

　　许多神起源于玛雅人对自然的认知。焦点人物无疑是玉米神，他有着雌雄莫辨的不凡美貌，擅长舞蹈，珠光宝气，身边总是围绕着女性。玉米神的形象体现了玛雅人的最高审美层次。他的故事以古典期陶绘艺术形式呈现，如水上旅行、穿衣脱衣等主题。玉米神作为玛雅人的主要食物降临，然后化为种子重生。太阳神，天空的主宰，总是在旱季惩罚人类，言行举止俨然一副国王做派。最重要的神灵还是能降下雨水的恰克。卡尔·陶贝已经证明，恰克在奥尔梅克时期就极受人们崇拜。雨神出现时一般挥舞着闪电斧或蛇，那柄斧子对应着神秘的雷电和植被之神克阿维尔。克阿维尔地位很高，古典期的国王即位时必须以他之名获得合法统治权。另一位重要角色是在玛雅人看来善恶参半的L神，即交易神。他代表商人，总是昼伏夜出，难道是为了顺利通过敌国领土运输货物？他还像其他古老的神那样有些纵欲过度，美国普林斯顿大学艺术博物馆有一件藏品就描绘了他与五名少女或交际花厮混的场面。这座博物馆的另一件藏品上，一只狡猾的兔子正在玛雅书册上做着记录，而真正的书写员，即猴神却被斩首于一旁。这只兔子可能在搞什么恶作剧吧。今天，玛雅人之所以对富有的"大地之主"顶礼膜拜，可能就因为这个生物，正如危地马拉高地的几个族群崇拜生性贪婪、酗酒抽烟的"圣人"马克西蒙。

一般来说，人们对女性神灵了解较少。卡尔·陶贝在研究一件古典期陶壶时发现了一个异常生动的女神形象（图6.12）。年迈的助产女神通常被描绘成披着夜神身上的猫科动物皮、正在主持一场颇具神秘色彩的分娩的形象。奇迹发生了，一位年轻女神的脐带分裂成了两条蛇，两条蛇生下了一群一出生便老态龙钟的神灵。孕妇采取站姿以便分娩，助产女神则帮她按摩腹部，这种形象是助产女神的一种表现形式（这是神灵有着多重形象的绝佳例证，女神的同胞姐妹也在帮忙接生，她们用锋利的刀片割断脐带，并把胎盘收拾到碗里）。年迈妇女在治疗和生活方面拥有丰富经验，这就能解释她们为什么会出现在人类新生和死亡的时刻。在一只陶罐上，这位女神还见证了人类从洞穴中诞生的一幕，不过在《德雷斯顿手抄本》上，她却扮演了一个更具破坏性的角色。"天空和大地漆黑如墨"，周遭环境异常险恶。在黎明前的红色天光衬托下，天上一只鳄鱼正在向外喷水，日食昭示了洪水即将肆虐。世界被淹没，正在瓦解；战争也在悄然酝酿：交易神把他身上的背包换成了长矛。画面中间，年迈的女神查克·切尔（意为"伟大的彩虹"或"红色的彩虹"，对玛雅人来说，彩虹是一种噩兆）踢翻了一只水瓶，让更多水流了出来。

另外，女神们也有更年轻、更性感的一面。《德雷斯顿手抄本》中，有位女神与许多男神交媾。月亮女神也常常搂着一只象征多产多育的兔子，她可能是太阳神的配偶。如果她在某幅图像中代表玛雅王后，那么国王便会打扮成太阳神的模样。月亮盈亏的自然周期与人类女性月经周期大致吻合，因此将月亮与人类生育联系起来合乎逻辑。

古典期的玛雅文字向我们展示了大量关于人类与神灵互动的信息。神灵经常被召唤来见证某个事件，或被认为与某地领主有关而成为当地守护神。早期

6.12（对页）分娩场景陶绘方瓶。年轻的女神站在山上，借用地心引力分娩。作为支撑，她紧抓着蛇形绳，绳子同上方一串字符绑在一起。年迈的女神用美洲豹爪从后面替她按摩肚子；另一位帮助接生的女神拿着碗准备接住胎盘。裂开的脐带在画面下方绕成线圈状，其上有交错的静脉血管。高9.66英寸（约24.5厘米）

6.13 铬云母制恰克神像，古典期早期，高5.25英寸（约13.3厘米）

遗留下来的神像数量十分稀少，很可能它们原先都被放置在神庙里，但早就被人取走了。如图这样的小型恰克雕像（图6.13）让我们清楚地看到，从前古典期到古典期晚期的玛雅艺术品已经丢失了太多，着实令人扼腕。西蒙·马丁证实，王朝守护神的神像会在各城市间来回运送，就像当今的玛雅游行队伍总会携带圣人雕像。这类神像显然体形庞大，有些甚至高过真人，因此成了敌人泄愤的对象。交战双方会设法夺得对方的神像，这种做法不禁让人联想到阿兹特克人也会把敌国神灵囚禁在一座特殊神庙中。神的居所被称为"wayib"，即"沉睡之地"，在科潘遗址发掘出了供神居住的实心房屋模型，当年门上甚至还挂着帘子。统治者会在一年之初将众神供奉起来，在西班牙人征服玛雅之前这是一种普遍的习俗。大多神灵总是处于休眠状态，只能通过祭祀或焚香将其唤醒。艺术史学家安德里亚·斯通提出了一个似乎合理的论点，即集中兴建的金字塔和神庙是山顶或洞穴中神居之所的复制品，统治者以此种形式使众神处于自己的控制之下。因此从某种意义上说，玛雅城市其实是早在人类出现之前就已存在的"神界"在人间的投影。

不过与神祇最直接的交流方式还是模仿。统治者和王后戴上神灵面具，通过这种仪式让自身与神灵融为一体。猪侯健和丹妮拉·特里亚丹在危地马拉的阿瓜特卡遗址发现了一张用轻型材料制成的面具，它以纺织品为原料，然后浸泡在黏土浆中塑成人脸。戴上面具的仪式是最神圣的，神灵们将在舞蹈的召唤下亲自现身。我们无法重现真实的古代舞蹈，但只要与流行于危地马拉高地的玛雅传统戏剧类比，就能肯定时人是在演绎玛雅陶绘展现的故事。舞蹈仪式一般在广场上举行，我们从石碑上人物的姿态、服饰和说明性文字就能看出跳舞的是国王，他好像永远也不会停止。尽管很多舞蹈剧目庄严肃穆，但就像今天的玛雅节目一样，也一定有滑稽逗笑、针砭时弊和其他旨在娱乐的桥段。历史也会被重新演绎：在危地马拉的多斯皮拉斯遗址，一座阶梯记录了当地王朝自建立以来的各大事件，后来新增的一级台阶上，人们描绘了一场纪念这个王朝全部历史的舞蹈仪式。

神祇并不是玛雅世界观中唯一的精神存在，相关民族志资料就描述了许多看不见、摸不着的东西，其中一些甚至就生活在人体内。其中，玛雅早期历史最令人费解的便是"way"（意为"睡觉"），即人类的伴侣精灵。很多玛雅陶器上都描绘了它们的形象，但大多压抑阴郁（**图6.14**），如奔跑的骷髅、呈坐姿随意切下自己头颅的人、喷火的野猪、貘–美洲豹或猴子–鹿之类的怪异组合体等，还有与醉酒有关的恶灵。据说大多数伴侣精灵都属于统治者，不同王朝的领主各拥有自己的伴侣精灵，也许世代继承。其实，伴侣精灵在一些玛雅语种中代表着人类灵魂的某些方面，因为玛雅人的宗教观念复杂多变，允许一具躯体内同时存在多种力量。到了夜间，伴侣精灵便会离开人的身体。学术界对伴侣精灵存有几种不同的理论解释。一派观点认为它们代表着梦境中的超现实体验，或是某些疾病，国王可凭借几乎上升至王朝层次的高级巫术来控制。另一种说法是，伴侣精灵体现了在王室的自我认知中，他们的能力超越常人。也有学者持谨慎态度：我们就是不知道，也没有令人信服的理由可以解释为什么伴侣精灵会一起出现在盛装巧克力饮料的罐子上。

伴侣精灵可能与玛雅人举行重要仪式的场所，即洞穴密切相关。岩洞里气氛压抑，被后人普遍认为是通往 "Xibalba"（充满腐烂和尿液气味的可怕冥界）的入口，因此同这些令人心绪不宁的无形之物产生了联系。最壮观的可能要数纳赫图尼西洞穴，它是当地居民于1979年在佩滕东南部波普敦镇附近的喀斯特地貌中发现的。这座洞穴非常大，最长通道深达2790英尺（约850.4米）。洞内有古老的壁画、古典期晚期墓葬和前古典期晚期的陶器，但显然早在考古学家抵达之前就被洗劫一空了。纳赫图尼西洞穴的重要性在于其大量文字（总约400个）和壁画，全部以碳黑绘在洞壁上。壁画描绘的内容有球赛、可能带有同性恋性质的风流韵事以及玛雅神灵，如双子英雄乌纳普和斯巴兰克的故事等（图

6.14 伴侣精灵，玛雅世界观中的一种精神存在，代表了王室令人畏惧的一面。大多数伴侣精灵都是混合体：坐着的蜘蛛猴（右图）具有鹿的特征；会喷火或喷烟的蝙蝠（下图）端着一个装满人体器官的碗，它的翅膀上覆盖着眼球斑纹，代表死亡和黑夜

6.15 危地马拉纳赫图尼西洞穴中的双子英雄乌纳普和斯巴兰克。高9.5英寸（约24.1厘米）

6.15）。壁画的文字和绘画风格与古典期晚期的手抄本风格陶瓶密切相关，而且创作者一定是一位或多位精通玛雅书册制作的艺术家或书写员，其中还有王室成员。有一段关键文本提到，有人"看到了伴侣精灵"，暗示他在这样的空间内出现过幻觉。洞穴内有大量图像和文本都提到了年轻人，不禁让人推断时人可能在此举行成人仪式。纳赫图尼西洞穴还记录了不同王朝统治者到来并观看仪式时的各种活动。

数字与历法

科学历史学家奥托·诺伊格鲍尔认为，位值数是"人类最有用的发明之一"，在某种程度上可与字母表相媲美。罗马人和世界上许多其他文明使用的是笨拙的累加计数法，只有少数文明采用了"数字符号的位置决定其数值的系统，无论数字多么大，只用有限数量的符号就足以表达，不需要重复叠加或创造数值更大的新符号"的方法。

玛雅人通常只使用三种计数符号："点"代表1；"横条"代表5；还有一个代表0的固定图案（**图6.16**）。这些符号都有具体特征，仿佛脱胎于现实存在的物体，也许是鹅卵石和计数棒。今天全世界使用最广泛的十进制起源于印度，数值从右往左累增；而玛雅人的数学与此不同，他们采用二十进制，符号垂直排列，数值从下往上递增。因此，第一个符号，也是位置最低的符号代表"1"，紧挨其上的是"20"，接着是"400"，以此类推。很明显，若要表示"20"，那么最下面的位置应写"0"，其上的位置为一个"点"。二十进制的基本概念可能源于人体上的天然数字：玛雅语中的"人"（winik）与数字单位"20"的书写方式相差无几。

玛雅人这套计数法如何运算，目的又是什么呢？兰达主教说，纯粹的二十进制只在商人，特别是交易可可的商人之间使用。他指出，商人们在"地面或平坦表面"上，利用计数筹码，估计是可可豆、玉米粒或石块，在二十进制系统中计算。但玛雅算术的主要用途还是在历法领域，并为此做出了调整：计算

6.16 玛雅二十进制计数法示例图

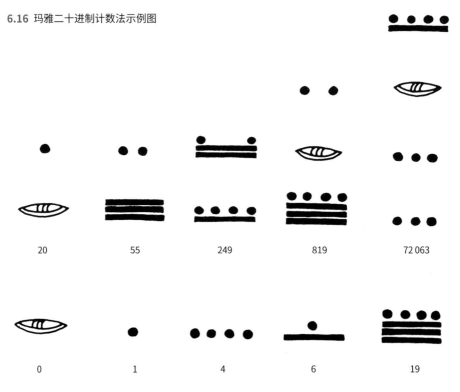

| 20 | 55 | 249 | 819 | 72 063 |

| 0 | 1 | 4 | 6 | 19 |

a   b   c   d   e   f

6.17 表示长纪历周期的字符。a：引导性字符；b：Bak'tun (pih)；c：K'atun (winikha'b)；d：Tun (ha'b)；e：Winal；f：K'in。请注意，前三个字符后括号内注释的是其各自在古典期的名称

天数时，各个数位的值就是长纪历值。比如，头两个数位值分别是"1"和"20"，第三个数位值便是1个Tun，或者代表古典期的一个哈布年，即360天（18×20天）[1]，以此类推（**图6.17**）。Tun是长纪历的核心单位，以Tun为单位的时间周期对石碑的竖立有着特殊意义。为了便于使用复杂得令人难以置信的历法系统，以及计算长纪历和52年历法循环的对应关系，古代玛雅学者认为有必要构建倍数表。在《德雷斯顿手抄本》的表格中，就出现了13、52、65、78、91（91是最接近四分之一年的整数）这几个倍数。玛雅人的算术系统中没有分数概念，他们总是试图给出所有取值都是整数的周期公式，如73×260天等于52×365天。最近在胡尔通遗址就发现了这种计算方式的例证。

在古典期玛雅遗址和《德雷斯顿手抄本》中，有好几种表达日期的方式。典型的玛雅古典期铭文开头是"初始字符串"：首先是一个引导性字符，里面嵌入了19位月份神中一位的名号，然后跟着一个长纪历日期。理论上，这是指从前文提到的"4 Ajaw 8 Kumk'u"日起经过的时间。紧随其后的是260天纪年法中这一天的日期名，之后填充几个其他符文作为间隔，再便是360天纪年法中这一天的日期名。中间填充的铭文表明这一天由9位冥界之神中的哪一位统治（以9天为一个周期）以及按阴历计算的日期，这些将在后文讨论。

这还不是全部，同一块纪念碑上通常还记录着其他日期，通过"距离数"来表示，告诉人们这个日期是从基准日开始向前或向后多少天。尽管这些间隔通常都不太长，但有少数几个跨越了数百万年。铭文之后的内容是"结束日期串"，以纪念1个K'atun，半个K'atun，四分之一个K'atun或1个Tun的周期终结。大卫·斯图尔特认为，时间是一种控制力量，通常为国王的化身，而石碑正是这种虚无

1　为了适应哈布年，玛雅人单独对第二个数位的进制做了小幅修改，改后为18进1。

缥缈的概念具象化的载体：时间单位K'atun这个词就来自"K'al-Tuun"，即"抬起石头"。古典期铭文中也有特定的纪念日，它们都是历法循环日期，从上面提及的结束日期串之外的某个日期开始，间隔着许多个K'atun和Tun。

玛雅人为什么对日期和历法如此痴迷？古典期纪念碑上的日期到底意味着什么？以前的解释是，计算历法和天体运行的周期与位置是祭司的工作，而这种宗教活动在本质上也是时间崇拜。不过我们将看到一个完全不一样，而且确定无疑的诠释。

阳历和阴历

对玛雅人来说，以365天（18个月，每月20日，另外加上5个"瓦耶伯"日）为一轮的周期接近于一个太阳年。在彼德拉斯-内格拉斯遗址和其他地方的铭文中确实出现了以太阳年计算的周年纪念日。兰达主教时代的尤卡坦人从7月16日（此处为儒略历，格里高利历直到1582年才出现）开始计算365天的不定年。然而，地球绕太阳公转一圈实际上需要365¼天，因此不定年一定会在太阳年的基础上不断提前，导致月份与季节逐渐脱节。我们知道，玛雅人没有像今日常见的那样，通过闰年或类似方法在不定年中插入天数；而且有证据表明，认为他们使用了更复杂的修正手段只是学者们的臆想。然而，关于阴历的铭文表明，玛雅人必定对回归年的实际长度有着异常准确的判断和概念，在危地马拉的塞巴尔等城市中也发现了关于这一点的记录（图6.18）。

6.18 亚斯奇兰遗址的石碑上展示了一对已故双亲的形象，分别以象征太阳和月亮的涡形刻纹表现。右边可能是鸟·美洲豹四世，左侧则是大骷髅夫人。亚斯奇兰遗址第4号石碑，公元775年

奇怪的是，游走不定的月亮给玛雅人带来了更大的麻烦。铭文中，初始字符串之后便是所谓的阴历字符串，其中包含多达8个关于月球运动周期的字符。其中一个字符记录了当时的太阴月是29天或30天，另一个字符则告诉我们在某个特定的长纪历日期中，月亮首次出现的时间（大卫·斯图尔特解释，这些记录措辞十分精确，甚至区分了"昨天"或"昨夜"）。玛雅人当然也面临协调阴历和阳历的问题，但没有迹象表明他们使用了19年一循环的"默冬章"（《公祷书》中的黄金数字就基于此）；相反，从公元4世纪中叶开始，玛雅每个城邦都做出了自己的修正，使两套历法不至于冲突。到公元682年，科潘的书写员开始用"149个月=4400天"的公式计算，这最终几乎普及到了每一座玛雅城邦。换算成现在的时间单位，他们计算出一个太阴月平均为29.53020天，与实际值29.53059非常接近！考古学家在胡尔通遗址的墙壁上还发现了许多历法符号的涂鸦，精准度甚至更胜一筹，与目前我们使用的计算值相差还不到4分钟。

玛雅学家和天文学家都对《德雷斯顿手抄本》中记载的日（月）食表非常感兴趣。这些表格涵盖了一个长达405个太阴月的周期，即11 960天，相当于46×260天。这是玛雅人非常重视的公式，据此便能将举办神圣仪式的日期与天体运动协调安排。至少在公元8世纪中期（可能更早），古玛雅人就已经意识到月食和日食只能发生在月球运行轨迹与太阳视运动轨迹相交那一刻的前后18天内。这就是这些表格的作用：阐明此类天文事件可能发生的时间。玛雅人似乎也意识到了相交点会逐渐退行的问题（或者至少知道退行现象在长时间后会对表格精确度造成影响），埃里克·汤普森认为，这些表格大约每半个世纪就会重新计算一遍。

天幕流浪者与群星

金星是唯一我们可以绝对肯定玛雅人对其做过大量计算的行星。与荷马时代的希腊人不同，古玛雅人知道天空中的暮星和晨星就是同一颗星体。他们将金星年定为584天（实际值是583.92，已经足够接近了！），分为4个不同长度的阶段，即晨星出现、上合消失、暮星出现，以及下合消失。因为5×584=8×365=2920天，所以经过5个金星年后，其周期便可与太阳历再次匹配。《德雷斯顿手抄本》和

《格罗利尔手抄本》中都出现了这样的8年星表。

有些人质疑玛雅人除金星外可能没有观测过其他行星，但这就很难解释《德雷斯顿手抄本》中的一张"78倍数表"除了表明火星运动规律外（因为火星的会合周期为780天），还能有什么其他用途。古代玛雅学者也可能忽略了数字"117"，即两个神奇的数字"9"和"13"的乘积，接近水星会合周期的长度（116天）。当然，玛雅学者是占星师，而不是天文学家，他们认为这些以星空为背景、四处游荡的天体会影响所有人的命运，无论贵族还是乞丐。金星本身（也可能指代星体）则代表着战争、暴风雨和洪水。这类隐喻在纳兰霍遗址就有体现，当地一幅有关军事的铭文就以旋风（也许是飓风）来形容一场冲突。

古巴比伦和古埃及的占星家用不同方式划分天空，将每个区域内的星体组合起来，构成一幅想象中的图案，以便监测太阳在一年中从一个星区逆行到另一个星区的轨迹与时间，还可以作为星钟在夜间计时。美索不达米亚人的黄道十二宫就是这类系统中最知名的。玛雅人发明过类似的星座系统吗？《巴黎手抄本》有两页严重受损，但人们很早就认识到，这两页上有一只蝎子、一头野猪以及其他生物从天蛇上垂向地面的场景。类似一组动物也出现在奇琴伊察女修道院的雕刻作品中。更早些时候，在墨西哥博南帕克遗址，壁画神庙第二个房间顶层的雕刻作品表现的似乎是群星聚成星座，一群惊慌的野猪（森林中最可怕的生物之一）正在奔逃，后面好像还跟着两个人，其中一个拿着棍子（投掷流星的人？），最后是一只乌龟的场景。琳达·谢勒判断这幅画描绘的是猎户座。从兰达主教的描述中，我们知道尤卡坦玛雅人把黄道带的双子座称为"ak"，也就是"野猪"。其实整幅博南帕克壁画可能就对应着狂风暴雨的场景：黑暗的天空上方是星星，而下方充斥着血腥暴力。博南帕克遗址的最后一个房间描绘了云开雾散、太阳光芒四射的景象，世界一片光明。

玛雅文字的本质

在破译玛雅碑铭和文字系统方面，研究人员已经取得了显著进展，但如果这里说的"破译"是指将某个符号或符号组与古代语言的特定发音或单词相匹配的话，那么可能只有大约80%的玛雅文字算是真正被破解了。尽管如此，在目前情况下，我们依然能够比较准确地理解相当多尚未"破解"的文字的含义，只不过我们还无法准确掌握它们在玛雅语中的发音。这意味着古玛雅是整个美洲少数几个有文字记录，且王室历史可以追溯到前古典期的文明之一（图6.19）。

然而坦率地说，就在半个世纪以前，很少有学术研究像破译玛雅文字那样付出了如此之多的心力，却只取得如此微不足道的成果。这并不是说有很多东西人们还没能理解，但解开一个符号的含义与将其和玛雅语言中的一个词语相匹配还是有区别的。破解具有历法或天文意义的符文进展最为迅速。例如，布拉瑟尔·德·布尔伯格神父在19世纪中期发现了兰达主教著的《尤卡坦风物志》，神父由此可以辨识代表日名的字符，并解读出横线和点的数学意义。人们很快发现，玛雅文字是按从左到右、由上至下的顺序分双列阅读的。到19世纪末20世纪初，欧美学者便已经成功地破译了表示数字0～20、世界的方向和颜色、金星、月份名（也是通过兰达主教的书）和长纪历的字符。经过天文学家和碑铭学家卓有成效的合作，阴历字符串的神秘面纱也在20世纪30年代初顺利揭开。但取得了这些智力成就之后，学者们的进一步收获却越来越少，导致一些悲观主义者，如西尔韦纳斯·莫利和埃里克·汤普森等人毫无根据地断言，玛雅文字中除了有关历法和天文学的深奥内容外，没有其他意义。

语言学家普遍认同，文字系统除了要表达语言的含义外，还要表达特定语言的发音。早年学者曾经认为某些历史悠久的文字，如汉语和古埃及语，只是表意文字，因为它们可以直接表达思想，而无须借助言语，但这一观点已被证伪。我们现在认识到，无论字符看起来多么形象化，其实都含有很强的语音成分。然而，即使在以表音文字为主的语言中，如英语和其他基于拉丁字母的语言，也有一些符号（如今天的数学符号）纯粹表意，不管在什么语种中，都能让任何人读懂。

世界各地都有自己的文字体系，有些独立起源，正如美洲文字。所有这些早期文字既表意也表音，尤其是在初期发展阶段之后。也就是说，它们存在大量语素（代表词语中一部分的符号，少数情况下也可代表整个词语），还有语音和语义符号帮助阅读。在语素拼音文字系统中，语义和语音元素往往错综复杂地交织在一起，有时会出现在同一个文字或字符中，而且语素本身也需要使用者付出一定精力来记忆。这样的文字读比写更容易。在汉语、古埃及语和苏

6.19 帕伦克遗址96字碑完整碑文，古典期晚期。这段长文记录着基尼奇·库克·巴兰二世于公元764年即位后的首个 K'atun 纪念日。内容完全记录历史，叙述了自巴加尔大王以来的国王谱系

美尔语中，辅助语义符号伴随着语素或表音符号来表明所指事物的类别（如木、水等）。[1]有些语言不使用这些符号，但自诞生之日起，其表音符号便起到了协助使用者口语发音的功能。例如，在书写玛雅文字"witz"（山）时，书写员会将表音符号"wi"放在其他部分之前（图6.20）。不过这是一种相对较晚的表达方式，而每一种书写传统都有其自身的发展历史。最早的玛雅文字与后世版本大

1　汉语中的偏旁部首应该就属于此处说的辅助语义符号。

不相同，极难破解。据推测，古人之所以要确定文字发音，是因为在辨识字符时易出现问题。语言可能会发生改变，让阅读产生歧义和不确定性，人们可能需要消除文字符号中的多种含义。

在语素拼音文字系统中的众多表音符号背后，其实隐藏着所谓的"画谜原理"。虽然许多符号可能源于物体的实际形象，如古埃及语和古汉语中常见的那样，但语言中的大多数名词和动词都比较抽象，因此并不太容易将其可视化。但在这里，书写员可以仅凭某个符号的发音就采用它，比如"fire"在英语中既是"火"的符号，也是"解雇"的符号。我们在孩童时期都玩过一些画谜游戏，比如图画中有一只眼睛、一把锯子、一只蚂蚁、一朵玫瑰花，那么其含义便是"我看见了罗丝姨妈"[1]。米斯特克人和阿兹特克人用这种方式记录人名和地名，而且这显然也是其文字系统中主要的表音成分（还没有发现动词有这种现象，也许不存在）。最早的玛雅字符之一"baah"，指一种低级的袖珍囊地鼠，显然不太可能出现在王室文献中，因此这个词在铭文中的实际意思其实是"身体"或"肖像"，只是与"囊地鼠"的发音相同罢了，但含义截然不同。

在许多古老的语素拼音文字中，表音部分采用音节形式，每个符号都代表一个完整的音节（通常是一个辅音后跟一个元音），而每个"纯"元音都有自己的符号。日语中的假名就是这种情况，它为派生自汉语、表示词根的语素提供了体现语法意义的词尾。有些文字系统则完全避免使用符号，或将其置于次要地位，主要依靠音节书写。最著名的两个例子便是古希腊青铜时代的线形文字B和塞阔雅在19世纪发明的切罗基文字。

最终发展为几乎（但从未完全）全表音符号的文字是字母系统。希腊人通过贸易，从地中海东部的腓尼基人那里学会了字母，并加以完善。在字母系统中，语言的大多数音素，即最小的独立语音单位都被单独标示出来，并不作为音节一起出现。

有了这些初步概念后，我们能在玛雅文字中发现怎样的秘密呢？兰达主教列出了他那套著名的"字母表"，包括29个符号（**图6.21**）。几位杰出的玛雅学者试图用兰达发明的"ABC"字母对照表来破译手抄本和铭文，却屡屡受挫，有些人甚至宣称这是兰达的骗局。经过更深入的研究，专家证实玛雅文字使用的并非通常意义上的字母系统。首先，有三个符号代表"A"，各有两个符号代表"B"和"L"；其次，有几个符号很明显为辅－元音节，如"ma""ca"和"cu"（"cu"按当前习惯的拼写为"ka"和"ku"）。我们将在后文讨论这一重要问题。

严格按照表音规则且依照兰达字母对照表破译玛雅文字失败后，埃里克·汤普森和许多学者站到了与此截然对立的另一面，断言玛雅文字只表意，可能偶尔还会在文本中嵌入一些图形符号。也就是说，任何一个符号都有很多种意思，映射或关联到的是祭司的所思所想，而且只有他们才能够读懂这些文字。总的

1　这里使用了一连串谐音，英文中"眼睛""锯子""蚂蚁"和"玫瑰花"的发音分别与"我""看见"（过去式）、"姨妈"和"罗丝"的发音相似。

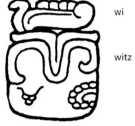

6.20 文字"wi-WITZ"（山），阿瓜特卡遗址

6.21 兰达主教编制的玛雅"字母对照表"手稿。他给出了按照这个系统的规则拼写出来的单词，但我们如今已经知道玛雅文字系统使用的是音节，而非字母

来说，玛雅文字更像是仪式性符号而非语言。这一论调简直与商博良取得破译古埃及文字重大突破之前，学者们对该文字的观点如出一辙。

原本研究古埃及文字的俄罗斯碑铭学家尤里·克诺罗索夫也注意到了这种相似性。从1952年开始，他通过一系列研究重新检视兰达字母对照表的准确性，并判断玛雅文字是否有可能表音。手抄本中共有约287个符号（不包括变体，图6.22）。如果这个文字系统完全是字母型，那么文本语言就会包含这么多音素；如果是纯音节型，那么其音素数量就应该减少到这个数字的一半左右，而这两种情况在语言学上都是不可能的。另外，如果所有符号都只是表意单位，那么文字能表达的思想就少得可怜，肯定不能满足广泛交流的需求。以此为基础，克诺罗索夫拿出了令人信服的证据，他认为玛雅人使用的文字是类似苏美尔语或汉语的混合系统，即将表音和表意元素结合在了一起，但它们也有一套相当完整的音节表。

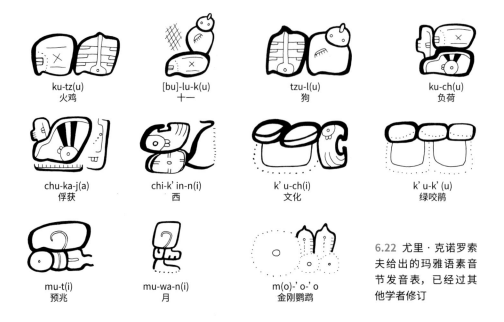

| ku-tz(u) | [bu]-lu-k(u) | tzu-l(u) | ku-ch(u) |
| 火鸡 | 十一 | 狗 | 负荷 |

| chu-ka-j(a) | chi-k' in-n(i) | k' u-ch(i) | k' u-k' (u) |
| 俘获 | 西 | 文化 | 绿咬鹃 |

| mu-t(i) | mu-wa-n(i) | m(o)-' o-' o |
| 预兆 | 月 | 金刚鹦鹉 |

6.22 尤里·克诺罗索夫给出的玛雅语素音节发音表，已经过其他学者修订

克诺罗索夫的出发点就是兰达的"ABC"字母对照表。汤普森已经证明，给主教提供信息的合作者误解了他的指示：也就是说，此人写出来的玛雅符号不是字母本身，而是字母的名称。例如，第一个"B"表示"道路上的足迹"。在尤卡坦玛雅语中，"道路"是"be"，而西班牙人就是这样称呼这个字母的。但问题是，这实际上只是部分音节表，而不是完整的字母表。克诺罗索夫能够证明频繁出现的"辅音+元音+辅音"（CVC）类单词是用两个音节符号代表"辅音+元音-辅音+元音"（CV-CV），最后一个元音（通常，但不总与第一个元音相同）不发音。当然，玛雅语应用"语音-音节"系统的证据就隐藏在对文本的解读中。通过分析手抄本中某一字符的上下文，特别是文本各段落间的插图，克诺罗索夫的一些理论早已得到证实。

如果这就是全部工作，那么阅读玛雅文字会是简单的任务，但语义是一个非常重要的维度。为了便于阅读，人们常常在语素符号上附加表音补语，要么作为前缀标识出字符的首音，要么作为后缀标识词尾辅音。识别表音补语明显推动了玛雅文字解密工作的进展。大卫·凯利第一个注意到帕伦克统治者巴加尔大王的姓氏既可以写成一面盾牌的样子（玛雅语发音为"pakal"），也可以用表音符号写成"pa-ka-l(a)"，或者同时用两种符号表达（图6.23）。碑铭学家一直在努力寻找类似例子，因为这是我们了解语素如何发音的基本途径。

克诺罗索夫的语素音节文字解读法现已得到玛雅碑铭学家的认可。自克诺罗索夫和凯利取得初步进展以来，学者们对玛雅文字中表音结构的认识取得了长足进步。如今，有超过150个字符的发音得到了普遍共识（当然，其中一些是同一个表音符号的变体）。现在人们还认识到，玛雅语和许多古代文字一样，一些字符可能有不止一种读音，而且人们同样可以解读其语素含义。如英语中的字母组合"ch"在单词"chart""chorus"和"chivalry"中的发音就完全不同。

不过克诺罗索夫也留下了需要填补的空白。他无法解释为什么有些音节没有采取元音相同的拼写方式，比如"mu-ti"（鸟）也可以写成"mu-tu"。现在看来，玛雅人用这种方式来表示另一种不同的元音，表达的不是克诺罗索夫所解释的"mu-ti"，而是拥有长元音的"muut"（这个音素用双"u"表示）。这是玛雅语源自早期的一项非常古老的特征，因此一些语言学家认为其在古典期已经失传，不可能出现在文本中。事实上，人们使用音节可能从一开始就是为了区分不同类型的元音。通过研究发音的细微差别，专家们现在可以重建玛雅文的大部分语法结构，只是在细节上仍有分歧。玛雅语中既有主动词也有被动词，还有代表方位的动词。不同的玛雅语中方位动词的形式也各有不同，不仅能表示空间中的位置，还能表明时间和正在进行的动作。玛雅语实在太复杂了，人们甚至怀疑可能存在过一位伟大的语法学家。他就像系统研究梵文的古印度人波你尼那样，做出过非凡贡献。一些玛雅文本甚至使用了第一和第二人称代词（主格和宾格的"我"和"你"），就好像在记录真实的对话。这些表达方式通常出现

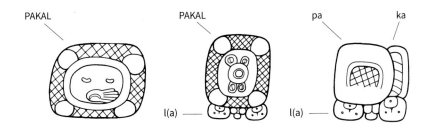

6.23 巴加尔大王姓氏的不同拼写方式。表意符号为大写字母，表音符号为小写字母，中间还包含一个附加元素，读作"Janahb"

在民间传说类型的场景中,如在一些现已失传的故事中指代动物或神灵。大卫·斯图尔特还发现一些刻在神庙内部的铭文读起来像是神祇在不停地喃喃自语,似乎不需要人类听众。

随着每一次新的符文发音被破解,我们距离完全理解铭文和现存手抄本中的语言也越来越近。正如第一章所言,这门语言已被证明是奇奥蒂语,一种现已灭绝的玛雅乔尔兰语的分支。奇奥蒂语很可能是精英阶层的通用语言,而且肯定像中世纪的拉丁语或科普特语那样,演变成一种带有神秘色彩、晦涩难懂的神圣语言,只有极少数人能够掌握。甚至奇琴伊察遗址的一些铭文似乎也是用这种语言的某种形式书写的。那么尤卡坦玛雅语的情况如何呢?尽管在北部遗址和《德雷斯顿手抄本》《马德里手抄本》中发现了一些用尤卡坦语书写的文本,但对古代书写员来说,这种语言显然不具有奇奥蒂语那样的强势地位。

通过分析与文本相关的神祇图像、表格,以及大量同260天纪年法有关的段落就可以看出,这四部手抄本记录的显然都是关于宗教和天文的事务。我们在这些文本中看到的不过是一些深奥的短语,并且往往与《契兰·巴兰之书》中的某些段落相吻合。玛雅文字何时消失还存在争议。历史学家约翰·楚奇亚克根据在尤卡坦地区缴获古抄本的法庭记录,认为玛雅文字一直应用至 17 世纪,甚至更久,尤其在那些西班牙人没有密切监控的地区。但这些被缴获的手抄本如果是用玛雅文字记录的话,就很可能只用作传家宝,制成之后就被长久且隐秘地保存起来了。除了极个别情况,玛雅文字可能在更早的时候就已经消亡了。兰达主教编制的字母对照表尽管重要,但其实只是些二手资料,而且错误百出。玛雅文字同拉丁文很相似,也是以线性顺序拼出短语,熟练的书写员会把它们压缩成字形块。这些聚集在一起的符号组成"小方块",与殖民时期西班牙人和玛雅人使用的连续书写的文字有很大不同。

刻在石头上的历史

那么,这些铭文到底讲述了什么主题呢?直到最近人们还普遍认为,铭文与抄本中的内容没有任何区别。此外,铭文记录的所有日期都是某种宗教崇拜的见证，就连时间本身也被神话了。伟大的玛雅学家约翰·劳埃德·斯蒂芬斯在撰写关于科潘遗址的著作时，提出了不同观点：

> 有件事我深信不疑：玛雅的历史已经刻在了它的纪念碑上。只是尚没有出现另一个"商博良"为此付出聪明才智。将来谁能解读呢？

在过去几十年里，美洲考古史上最激动人心的篇章之一便是人们证实了玛雅纪念碑的铭文的确具有记录历史的功能。

转机发生在1958年，海因里希·柏林发表文章证明玛雅铭文中有一种特殊的文字，即"徽章字符"，与特定考古遗址有关，并且可以从每一座遗址出现的同类字形元素中识别出来（**图6.24**）。到目前为止，学者们已经确定了大约115座古典期城市的徽章字符，包括蒂卡尔、彼德拉斯–内格拉斯、科潘、基里

6.24 古典期纪念碑上的徽章字符。a、b:帕伦克（Baak）；c、d:亚斯奇兰（Pa'chan或Pa'kan）；e:科潘；f:纳兰霍；g:马查基拉；h:彼德拉斯–内格拉斯（Yokib）；i:塞巴尔；j:蒂卡尔（Mut）。并非所有字符都能完全解读。主体字符左边的词缀可拼为"k'uhul"，意思是"神圣的"；上方词缀为"ajaw"，意思是"（的）国王"

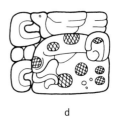

a   b   c   d

6.25 纪念碑铭文中有关历史记录的字符。a：出生（sihyaj）；b：即位（johyaj ti ajawlel）；c："盾牌·美洲豹"；d："鸟·美洲豹"

瓜、塞巴尔、纳兰霍、帕伦克、亚斯奇兰等。我们现在已经知道这些徽章字符的真正含义，它们是玛雅国王的头衔，将每位国王描绘为一个王国的"k'uhul ajaw"，也就是"圣主"，该国国名也是徽章字符中的主要组成部分。从那时起，人们便清楚地认识到，许多王国的名称都来自地名，玛雅铭文中贯穿着对神圣之地的炽烈感情。事件发生的地点，同参与事件的人甚至事件本身一样重要。

下一个重大突破来自华盛顿卡内基研究所的塔季扬娜·普罗斯库里亚科夫，她分析了彼德拉斯－内格拉斯遗址内35座刻有日期的纪念碑，发现这些建筑物前的石碑排列方式并非随机，而是分为7组，每一组石碑上日期的跨度从未超过时人的平均寿命。普罗斯库里亚科夫立即猜测，每一组石碑可能都是一位君王的统治记录。这一论点现在已经得到证实。每组第一座石碑刻画的场景通常是一名年轻男性坐在平台或基座上方的壁龛里，并刻有两个重要的日期，其中一个与现在解读为"即位"的字符（可能是"johyaj"）有关，而另一个读作"sihyaj"，表示这个人的出生日期（图6.25）。有一组石碑的后几座用于庆祝婚姻和子嗣降生，普罗斯库里亚科夫能够识别出其上的个人姓名和头衔，尤其是女性的，她们在古典期玛雅雕塑中具有相当突出的地位。石碑也经常记录军事胜利，若统治者俘获了重要的敌人，更要重点记录。

如此看来，几乎所有出现在古典期浮雕上的人物其实都不是神和祭司，而是王朝的统治者及其配偶、子女和下属。当铭文记录到一代国王结束统治时，石碑上通常会出现一位站在高架上的人物，代表下一代国王的统治开始。亚斯奇兰遗址的石质门楣上刻有较完整的铭文信息，帮助普罗斯库里亚科夫重建了

图中标注文字：

7 Imix

14 Sek

chuhkaj
（俘获）

"宝石头骨"

第二名俘虏

u baak
（他的俘虏）

"鸟·美洲豹"

亚斯奇兰
徽章字符

第二名俘虏   "宝石头骨"

6.26 亚斯奇兰遗址8号门楣，记录了鸟·美洲豹和一名高贵的同伴俘获了"宝石头骨"和另外一个敌人的场景

公元8世纪统治该地区的一个好战王朝的历史。记录始于一位国王的功绩，她称其为"盾牌·美洲豹"（可能读作"Kokaaj Bahlam"）。经过一段神秘的空白期后，他的儿子"鸟·美洲豹"（可能读作"Yaxuun Bahlam"）于公元752年继位。亚斯奇兰的8号门楣（图6.26）就是一个典型示例，证明我们能从铭文以及颂扬统治者胜利的浮雕中解读出很多历史信息。铭文一开始便是一个对应于公元755年的历法循环日期，往下是一个读作"chuhkaj"的字符，意思是"俘获"，接着是一个类似于装饰了珠宝的头骨，这个字符是右侧俘虏的名字。右上第二个字符表示的就是鸟·美洲豹本人（手持长矛的人物），下面则是代表亚斯奇兰的徽章字符。

　　特别有意思的是，有些铭文还记录了一些国家与他国交往的事件。例如，在博南帕克遗址的壁画中，亚斯奇兰的徽章字符就与最显赫的妇女形象一起出现；因为一场王室婚姻，多斯皮拉斯的徽章字符出现在纳兰霍人的纪念碑上。

彼德拉斯–内格拉斯位于亚斯奇兰下游不远处，该遗址中著名的3号石板经专家解读，现在被普遍认为描述的是一名来自亚斯奇兰王室的访客。不过这人可能是个冒牌货，因为他的名字在亚斯奇兰从未被提及过！我们将看到，这类外交事务在南部低地一些城市发挥了重要作用。在帕伦克，我们现在已经能够把巴加尔大王和坎·巴兰这样的关键人物与为他们创造的非凡艺术和建筑联系起来。就像亚斯奇兰一样，帕伦克如今也可以被纳入历史研究范畴了。其中一幅图画可能具有神话色彩，画面上被俘的妇女向胜利者哀求，这种悲哀的场景在现实生活中可能经常出现。现在已知与王朝事务有关的重要字符除了"出生"和"即位"外，还有表示战斗（"星星–贝壳"和其他表现方式）、就职或"就座"、放血仪式、死亡和葬礼等事件的字符。正如人们期望的，统治者家族都会执着于纯正的血统，力图通过婚姻建立联盟。现在专家已经辨认出一些涉及"关系"的字符，如"父亲的孩子""母亲的孩子""妻子"（玛雅语为"atan"）等；另一端，也有字符表示王廷与重要俘虏之间极其暴力的敌对关系。

政治博弈

随着对文字理解的不断深入，我们对古典期中部地区的玛雅政治制度的认知也发生了重大变化。西尔韦纳斯·莫利早前以为玛雅地区存在一个庞大且单一的政治实体，他称其为"旧帝国"。然而，一旦人们破解了徽章字符蕴含的全部意义，就会清醒地意识到那个所谓的"帝国"压根儿没有存在过。取而代之的是，玛雅学家提出了一个更加巴尔干化的模式，即每座城邦基本上都独立于其他城邦。即使蒂卡尔这样的大型政治实体，权力也被限制在一个相对较小的区域内，从首都到边界的距离很少超过一天的路程。现已证明，频繁爆发于各城邦之间的战争，主要动机不是控制敌人或扩张领土，而是将对方王室成员抓为俘虏羞辱，并留作人牲。一只出土自伯利兹贝金波特遗址的精美花瓶虽然已经破碎，但上面绘制了该国已知最长的文本。哥本哈根大学的克里斯托弗·黑尔姆克及其同事发现这是相当罕见的记载，它与其他历史记载有着诸多对应及相似之处，但也存在部分出入（图6.27）。

基于我们已经对古典期文本有了更深入的研究，尤其掌握了与王室行为有

6.27 破碎陶器上的文字记录了王朝历史，伯利兹贝金波特遗址

关的动词含义，西蒙·马丁设计了一个明确且有历史依据的政治模型，介于帝国式和巴尔干式之间。我们现在知道，并非所有玛雅政体都是平等的：一些较小城邦的国王臣服于更强大的统治者（短语"y-ajaw"意为"他的国王"，说明了这类关系）。附庸国举行王室授职仪式时，有时需要其效忠的外国统治者见证并认可。这种支配-依附关系在王室访问、礼物馈赠、联合仪式和婚姻等活动中也有体现。

虽然帕伦克、科潘和彼德拉斯-内格拉斯这样的城邦也会在其边界以外的广大地区发挥政治影响力，但真正的大玩家还是蒂卡尔和卡拉克穆尔，而后者是所有玛雅城市中最大的一座（图6.28）。两大城邦之间的冲突不禁让人联系起19世纪帝国主义强权之间爆发的全球"大博弈"。它们在远离自身国界的地方通过"代理人"发动战争。毫不意外，蒂卡尔和卡拉克穆尔在整个古典期一直是劲敌。大卫·斯图尔特、马塞洛·卡努托和托马斯·巴里恩托斯等人研究发现，一些较小的城市，如拉科罗纳，其历史完全由卡拉克穆尔主导。这些小城邦与大城邦通婚，把自家王子送去当宫廷侍从，也成为某种形式的人质。对比卡拉克穆尔，蒂卡尔的政治影响则似乎较为保守且被动。

卡拉克穆尔王朝的统治者可能并不出身于这座庞大的城市，而是在其东部，现今墨西哥金塔纳罗奥州的南部地区。这个家族向西扩张，占领了历史悠久的卡拉克穆尔，从此以统治者的身份登上政治舞台。从外交活动中可以看出，卡拉克穆尔对坎昆、彼德拉斯-内格拉斯、多斯皮拉斯、埃尔佩鲁、纳兰霍及卡拉科尔等地有着广泛影响，以此组建出一个针对蒂卡尔但并不牢固的庞大联盟。卡拉克穆尔拥有发动战争的强悍实力，而且显然比它的主要对手更具侵略性：

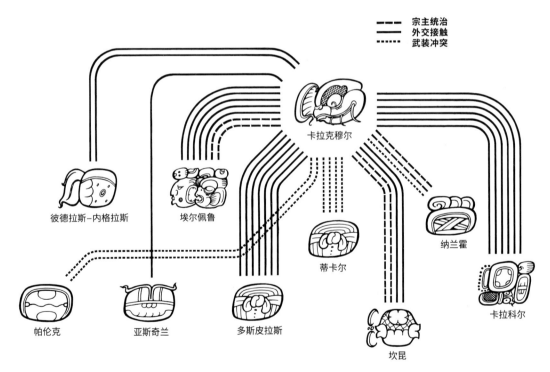

6.28 古典期在玛雅低地占统治地位的是卡拉克穆尔。根据铭文，专家了解了该城邦与附近王国之间的外交关系，进而推断出上述结论。卡拉克穆尔和蒂卡尔是竞争对手，二者处于武装冲突状态

公元599年，它出兵攻击其西南方150英里（约241.4千米）外的帕伦克；公元631年，它征服了东南方向距离很远的纳兰霍；公元657年，它直接向蒂卡尔发难了。卡拉克穆尔国王尤克努姆大王精力充沛，热衷于领土扩张，我们不妨将其视为玛雅人的查理曼大帝。公元695年8月5日，蒂卡尔人终于一雪前耻。他们的国王贾索·查恩·克阿维尔率领大军击败了卡拉克穆尔军队，俘虏了国王伊查克（火爪）。这场胜利被记录在蒂卡尔1号神庙的木门楣上，贾索·查恩·克阿维尔本人就安葬在这座神庙之下。战胜者甚至连敌对国家的守护神也不放过。帕伦克遗址有证据表明，当地一处基座上本应有守护神像，却早已不翼而飞。让历史学家疑惑不解的是，为什么卡拉克穆尔没能走得更远，发展成真正的帝国。可能是因为神圣王权已经根深蒂固，不可能将它们连根拔除；又或者卡拉克穆尔和其他大国一样，发现假当地人之手统治反而更容易。

到公元8世纪，强权时代终结，少数几个强国失去了霸主地位。随着原有的政治格局瓦解，小国之间爆发了激烈的军事冲突，玛雅低地也变成了真正的巴尔干式地区。不断升级的区域战争、随之而来的苦难和破坏以及超越王国的新贸易网络无疑是古典期玛雅世界最终崩溃的原因。

万物有属

如果说古典期的文字作品有什么主题的话，那就是对所有权的痴迷。朝臣属于地位更高的统治者，妻子属于丈夫，孩子属于父母。至于玛雅国王有何特殊之处，那就是他们很富有，或者起码想变得富有：石刻碑文罗列出他们拥有的各式物品，许多物品上都仔细地标注着其主人的名字。即便是石碑、石柱、祭坛，也都属于某位统治者；如果体积比较小的话，则可能属于级别较低的男女贵族。当时似乎出台了一些限制性法规，规定了哪些人可以拥有什么。建筑物也应属于国王，因此可以通过建筑所有权的记录来厘清某些城市的历史脉络。所有物清单中还包括各种便携物品，有骨器（baak）和耳饰（tuup），如在伯利兹阿尔顿哈遗址发现的一对黑曜石耳饰（图6.29），最重要的是，还有大量古典期的彩绘陶器。

许多陶器（包括盘子、餐具及酒器）会在边沿绘制或雕刻公式化的重复文字，

6.29 黑曜石耳饰，伯利兹阿尔顿哈遗址，约公元500年。这对耳饰制作或雕刻于危地马拉的佩滕，属于一位地位很高的女士。左侧耳饰上刻着她儿子的名字，可能就是他赠送的。直径2英寸（约5.1厘米）

说明了其类别及物主，当喝水的人把嘴唇压在靠近文字的位置上时，就没法不注意到它们了。一般而言，盘子（lak）上的文字内容似乎并不太重要，但那些用来喝饮料的容器就不一样了：学者从中破译出了不同饮料的配方，从玉米粥（atole）到各式各样的巧克力饮品，可谓五花八门。正如前文所述，考古学家在里奥阿苏尔遗址一处古典期早期墓葬中发现了一个不寻常的螺旋盖罐子，经好时食品公司检测，里面确实含有巧克力成分（图4.16）。并非所有物品都属于活人，其中一些属于祖先（mam），也许是在世物主的祖父母。这些东西是真正的传家宝，所有此类物品都携带着首位主人的印记，记录着其经历。然而令人惊讶的是，有大量陶器属于王室青年（ch'ok），或者更常见的情况是，属于"重要的王室青年"（chak ch'ok），也许就是指定的王位继承人。玛雅古典期最令人惊叹的陶器可能就是作为成年仪式上的礼物送给前途无量的新一代人的。

除了所有者，我们还知道制造这些物品的工匠姓名。大卫·斯图尔特在一组开创性论文中首次涉及这方面的研究，目前已确认了超过120名雕刻师和17名画家的名字。不过这些艺术家所在的地理位置具有高度的区域性，仅彼德拉斯–内格拉斯一地就有42名雕刻师，而大多数书写员居住在危地马拉北部的一小部分地区里，与佩滕伊察湖附近的一个王国有着密切的政治联系。彼德拉斯–内格拉斯出土的手工艺品尤其能说明问题（图6.30）。我们甚至能追踪某些雕刻师的职业轨迹，他们的创作工作持续7～24年不等。一般来说，雕刻师都依附于某位特定的国王，只有少数几名雕刻师的职业生涯会延续到下一位国王的统治中，还有几名雕刻师的职业生涯似乎在最后一位著名国王统治期间就中断了。雕刻师可能在工作室里工作，有些人还拥有"第一"或"首席雕刻师"头衔，说明可能有学徒们在这位大师的指点下学习技艺。在这项代表王室的工艺中，政治元素总是会不可避免地渗透进来：一些雕刻师被贴上了"大师"的标签，但大多数无此殊荣，而且绝大多数都在同一个王国内经营业务。但也有例外，这不禁让人联想到文艺复兴时期的意大利。一些雕刻师被借给附庸城市，也可能他们本来就来自这些地方。一些前往关系友好的城邦工作，还有一些就像另一个时空中的达·芬奇一样，为敌人工作，这一定让他们原来的主人大为光火。

6.30 雕刻师的名字，彼德拉斯－内格拉斯遗址1号王座，公元785年

第七章

古典期终期

　　中部地区的玛雅城市在公元8世纪初达到鼎盛，但危机也在酝酿：随后的一个半世纪里，许多城市陷入衰退，最终被抛弃，只有极少数人选择留下。这无疑是人类历史上影响最深远的社会事件和人口迁徙之一。然而具有讽刺意味的是，经历了南部低地古典城市的崩塌，玛雅人在那个充满挑战的时代开始与墨西哥湾沿岸甚至墨西哥中部高地的居民建立起紧密联系。同样清楚的是，玛雅北部或沿海地区没有出现这种衰落，恰恰相反，普克丘陵和奇琴伊察的城市相当繁盛，诸多前所未见的石质建筑建立起来，是前征服时代美洲最精致的。

　　因此，公元800—925年的古典期终期是悲剧与胜利并存的时代：南方的旧王权被推翻，北方的新政治秩序形成；南方城市逐渐解体，北方却繁荣昌盛。这个时期的特点是人员和物资广泛流动。在此期间，墨西哥中部和玛雅地区的命运就像早前特奥蒂瓦坎的霸权时代那样，紧密地交织在一起，为墨西哥神秘的新生力量——托尔特克人的崛起创造了条件。

大崩溃

　　古典期晚期南部低地各王朝的崩塌是不争的事实，有大量考古记录可证明这一点，问题在于什么原因导致了这一现象发生。一代又一代学者试图解释大崩溃的起因，论点也五花八门，如流行病、来自墨西哥的外族入侵、社会革命、地下水位下降、干旱，甚至地震和飓风。遗憾的是，最后阶段的古典期铭文却没有给我们留下什么启示，简洁的铭刻从未涉及人口普查或农业生产数据这样的世俗问题。一些铭文确实暗示当时人们付出了巨大心力来举行祈雨仪式，但这也只能间接推测当时可能发生了旱灾。可除了实际原因，这种仪式举办与否还会受到很多其他因素的影响。

公元751—790年，长期稳定的联盟开始分崩离析，交易规模下降，邻近城邦之间爆发冲突，各方损失惨重（博南帕克遗址有一幅壁画为纪念发生在公元792年的战争而创作，就生动地表现了这一点）。公元790—830年，城市死亡率不断攀升。公元810年是真正的转折点，此后衰退开始急剧加速。公元830年后，除拉马奈等边缘城市，整个中部地区的建筑工程逐渐减少。考古学家只在少数遗址中找到了纪念K'atun结束日10.3.0.0.0（公元889年）的铭文，而K'atun的另一个结束日10.4.0.0.0（公元909年）仅出现在两处铭文中，即托尼那遗址的一块纪念碑以及墨西哥金塔纳罗奥州南部一座遗址出土的玉石上。古典城市的光芒一处接一处熄灭了，不是一下子陷入黑暗，而是逐渐走向毁灭：西蒙·马丁称这是一种"蔓延的传染病"，衰弱的王国接二连三地陨落。马丁指出，就算是最后阶段的文字日期也有误导性，因为在那之前的漫长时期内并没有雕刻。

通过研究罗马、高棉等帝国的衰亡过程，我们知道试图寻找单一原因无异于缘木求鱼。但现在大多数玛雅考古学家都认为，有三个因素是玛雅衰落的罪魁祸首：未能从战争中恢复元气、人口过剩（和随之而来的环境崩溃）以及干旱。这三者可能都产生了影响，但不一定同时发挥作用。一些地方肯定出现了肉眼可见的急剧衰退，可能是因为战争：危地马拉的佩特斯巴顿地区有几处遗址修建有栅栏，而且现代激光雷达扫描图像显示出整个中部地区存在更多建有防御工事的遗址，但目前还无法确认它们的年代。猪俣健和丹妮拉·特里亚丹在阿瓜特卡遗址发现了一座未完工的金字塔，里面有一个巨大的洞，也许是王室陵墓。遗址宫殿里遗留了不少珍贵物品，包括一顶王冠。那里就像是玛雅版的庞贝古城，只不过被人类自己摧毁，而不是火山爆发。定居点发生了天翻地覆的变化，不到半个世纪，城市便沦为集镇，最后无可避免地变成了小村庄。其实，许多玛雅遗址明显是在建造过程中就废弃了。得克萨斯州立大学的尼古拉斯·卡特阐明了埃尔佐茨遗址的宫殿如何随着时间推移变成残垣断壁，以及权力中心如何转移到防御更严密的地区。芝加哥大学的萨拉·纽曼同样在埃尔佐茨进行了研究，她从越来越粗糙的石质建筑中也看到了这种衰败的过程。公元830年的一块王室石碑甚至沦落为普通住宅的建筑材料。

考古学家金子昭在调查乌苏马辛塔河畔的亚斯奇兰遗址时，确认了战争在大崩溃中扮演的关键角色。西卫城废墟矗立在一座165英尺（约50.3米）高的天然山丘上。金子昭在布满瓦砾的阶梯和底层建筑物内（防御薄弱点）发现了217个矛尖，几乎全部用燧石打制，用投枪器发射，它们成了这座城市在战争中最终走向灭亡的无言见证。中部地区其他城市终究也无法逃脱同样的暴力循环。人们蓄意破坏并砸毁石碑，凿去统治者雕像的眼睛和嘴，仿佛这样就能剥夺他们的权力。

古典玛雅社会到底发生了什么？到公元8世纪末，南部低地玛雅城邦的人口增长已经超过了土地的承载潜力，无论采用何种农业模式，一旦发生旱灾或影响粮食安全的突发事件，整个社会的容错余地就会相当局促。各地区均出现了大规模森林砍伐和水土流失现象，唯一的应对措施是修筑旱坡梯田。总之，当时的玛雅社会已处于全方位的压力之下，而环境退化程度只有今天热带发展中国家面临的困境可以比拟。情况就是如此，玛雅末日肯定有生态原因。

由美国辛辛那提大学的植物学家大卫·伦茨领导的研究小组对蒂卡尔主要神庙及宫殿中的木梁和门楣采样分析后发现，公元741年以前建造的神庙首选建筑原材料是人心果木。这是一种又高又直的树木，可以长到100英尺（约30.5米）高，果实可食用，还能分泌出可用于制造口香糖的树胶。人心果木是一种极其坚固耐用的木材，刚砍下来的时候很容易雕刻。而在此后的几十年里，人们开始用小得多的采木制造横梁。这种木料劣质、粗糙，几乎无法雕刻。植物学家就此得出结论，蒂卡尔玛雅人在公元740年之前便已经基本上摧毁了高大的季风森林。但需要注意的是，到公元810年，人心果树再次成为首选建筑原材料，只是制成的横梁比以前细得多。显然，蒂卡尔统治者为他们最青睐的树种划出了保护林，又或者设法从远方进口了这种木材（人们认为史前时期美国西南部的查科峡谷就使用过这种方法，但存在争议）。

导致大崩溃的最后一个因素可能是干旱。在本书的第一章，我们叙述了近期非常有说服力的地球化学方面的证据，表明玛雅低地发生过重大旱灾。这些灾祸都是一阵一阵的。公元8世纪，玛雅地区发生了一场不太严重的干旱，持续时间很短；公元820—860年，玛雅地区又遭受了一场持续时间较长的干旱。随后出现了一段相对湿润的时期，但之后气候变得更加恶劣。大约在公元930年发生了一场短暂而严重的干旱，接着公元1000—1100年，真正可怕的厄运降临了，让这个农耕民族不得不面对有史以来最悲惨的时期。社会、政治和生态等方面的压力已经接二连三打击中部地区，旱灾则可能是压垮佩滕地区古典文明的最后一根稻草。年复一年，日渐绝望的农民播下玉米种子，却眼睁睁地看着秧苗从干涸的田里破土而出后很快便枯萎死亡。收获如此微薄，就连种子也日益减少。玛雅社会的精英阶层不再能够靠祭拜恰克来召唤降雨，很快就失去了统治的合法性。埃里克·汤普森推测，这出悲剧的最后一幕可能是爆发社会革命，或者人们为了生存而背井离乡。整个王权制度与玛雅族群的日常生活彻底脱节，失去了控制力。

随着社会结构崩塌而消亡的不仅有所谓的石碑崇拜——玛雅人颂扬王室血统及其成就的铭文，还有整个深奥的知识体系、神话传说和宗教仪式也一并没落了。本书第六章描述的许多精英文化产物，如绘制在古典期玛雅陶器上的复杂神话故事和图像，随着后古典期的到来而发生了变化。人们只能得出这样的结论，即王室和贵族，包括掌握着浩如烟海的神学和科学知识的文化人士，在数量上已大为减少。尽管如此，从成书于西班牙征服前一个世纪或更早一些的《德雷斯顿手抄本》来看，部分知识已经转录到用无花果树皮编订的书册上了。查尔斯·戈尔登和安德鲁·谢勒从危地马拉特科洛特遗址一座公元8世纪的宫殿建筑中就发现了这种现象：有一面墙壁上抄写着一本展开的书册。危地马拉的胡尔通遗址也出现了类似文本，似乎摘录或引用了手抄本中的内容。

调查显示，至少有一些中部地区的居民在灾难中幸存下来，如生活在危地马拉埃尔佐茨的一个村庄里、伯利兹河和新河河谷内，以及佩滕伊察湖和周边其他水体附近的居民。然而人口还是在不断流失，其中一些人回到如今空荡荡的城市中心，跑进被遗弃的宫殿房间里暂住。这就是许多玛雅城市的最终宿命，这幅末日景象一直持续到西班牙征服之后。在拉坎敦人和其他族群看来，那些在古典期创作的凡人肖像就是神像，所以他们焚烧柯巴脂，对着人像顶礼膜拜。

但是曾经居住在中部地区的数百万人民命运终将如何呢？这是玛雅考古史

上最大的谜团之一，因为我们几乎没有任何证据来推测答案。尤卡坦早期的殖民编年史提到了"大迁徙"和"小迁徙"，这意味着有两波巨大的难民潮从废弃的城市向北涌往尤卡坦地区。可能也有些人向南迁移，主要进入恰帕斯高地。然而到目前为止，关于这种多方迁徙的假说，我们并没有在考古记录中发现有力的证据。

塞巴尔和普顿玛雅

位于帕西翁河畔的伟大城市塞巴尔早前曾被规模远小于自己的多斯皮拉斯击败，如今显然已经恢复了元气。其实，它似乎吸收了大量当地人口，其方式颇似西班牙人的"缩减地"制度（见第十章）。通过这种制度，当权者迫使或以某种方式诱导人们迁徙至容易控制的定居点。塞巴尔也有一个大谜团至今未解。古典期终期，它与一些异族个体建立起了不同寻常的关联，后者的人种与塞巴尔的主体民族截然不同。A 建筑群南广场上有一座独特的四面结构建筑，每一面都有一道阶梯，阶梯前各放置一座石碑，神庙内还有第五座石碑。所有石碑都记录了一个 K'atun 结束日，即 10.1.0.0.0（公元 849 年 12 月 1 日），并且大部分石碑上的主要人物都是一个叫瓦图尔·卡泰尔的人。这个奇怪的名字对塞巴尔人而言似乎是外来的，却与其另一个可能意为"第一太阳火大人"的威严尊号相匹配。正如大卫·斯图尔特所示，每座石碑都是在异国领主的监督下竖立起来的，摆放位置与这群人的来向一致。位于北面的石碑代表来自蒂卡尔、卡拉克穆尔和莫图尔德圣何塞等城邦的统治者；东边的石碑代表来自乌卡纳尔的统治者，该城邦位于现今伯利兹的边界地带。毫不奇怪，这座非凡建筑西面的石碑上刻有来自拉坎图恩的统治者，这是乌苏马辛塔河附近的西部城邦。最后，建筑内的一座小纪念碑暗指当地统治者替换了炉灶，这无疑是在向公元前 3114 年的创世传说致敬。在玛雅人的世界里，塞巴尔似乎处于宇宙尺度上的中心位置，这与猪俣健和丹妮拉·特里亚丹的发现相吻合，即早在各国领主拜访塞巴尔约 1800 年之前，这座城市一直居于重要地位。塞巴尔遗址中还有几座数年后的非玛雅石碑，上面雕刻的历法符号并非玛雅文字和图像，其中一个人物戴着墨西哥中部风神埃卡特尔的鸟脸面具，喙里卷着用非玛雅语写就的卷轴。图像上不同寻常的发型、文字和面部特征表明塞巴尔与其他地域存在更加广泛的联系。卡尔·陶贝最近还在一组E群模式建筑（朝向太阳的一类建筑群）底部的石碑上发现了太阳神的新形象：一个青年正在将太阳光束当作飞镖投掷。

这些文化元素哪些是本地原产，哪些又来自外部呢？尽管我们对公元9世纪玛雅南部低地还有很多认知空白，但埃里克·汤普森提出，来自墨西哥塔巴斯科州和坎佩切平原南部的普顿或琼塔尔玛雅势力在塞巴尔等地变得有影响力，可能进入了权力真空地带。不过这个观点目前还难以证实。这些略墨西哥化的玛雅商人和战士控制了墨西哥湾在西卡兰科的大型港口，墨西哥和玛雅商人会聚于此，后世的阿兹特克人则称这里为"奥尔梅卡－希拉兰卡"。碑铭学家西蒙·马丁认为，通过这群人的名字字符判断，他们似乎来自琼塔尔玛雅族群，并建立了新的贸易网络，重新让玛雅城市焕发生机。他们的足迹甚至可能延伸到了更远的地方。在挖掘卡卡希特拉山顶遗址的过程中，考古学家发现了一座建于公元650—950年的宫殿，其内墙壁上绘制了绚丽多彩的玛雅风格壁画（图7.1）。拉丁裔与美洲土著的混血编年史家迭戈·穆诺兹·卡马戈认为这是奥尔梅卡－希拉兰卡人的作品。芝加哥大学的艺术史学家克劳迪娅·布里滕纳姆研究后认为，这些壁画描绘了身着玛雅服饰的达官显贵手持"仪式棒"的身姿，以及两个敌对派系之间一场你死我活的大战。画面中的"仪式棒"与受普顿风格影响的塞巴尔碑刻风格相似，但是这些作品也是当地画家的创作。他们具有高度的流动性，能够广泛接触到各种思想和艺术风格。然而不幸的是，塞巴尔的结局很悲凉：猪俣健和特里亚丹确信，瓦图尔·卡泰尔的宫殿最终被焚毁，此后一直没能得到修复。

于是问题来了，如果这群人是奥尔梅卡－希拉兰卡人或普顿玛雅人，那他们在距离故乡近250英里（约402.3千米）的地方做什么？同样，墨西哥山谷以南的莫雷洛斯州霍奇卡尔科遗址中公元9世纪的羽蛇神庙为什么会有玛雅风格的浮雕呢？现在我们已经清楚，公元9世纪是中部美洲大部分地区相互频繁接触的年代，特奥蒂瓦坎势力早已撤出，玛雅低地的旧秩序正在经历剧烈动荡和变革。普顿人精通商业，与墨西哥中部直至洪都拉斯的加勒比海沿岸地区一直保持着密切联系，他们一定在这个动乱时期扮演了关键角色，还可能对后来托尔特克人在墨西哥高地崛起、建立国家起到了推波助澜的作用。

7.1 这幅混合了战士与鹰形象的画像受到了玛雅风格的强烈影响，画中鹰人的爪子搭在一条羽蛇的背上，怀里抱着一根含义不明的棒子，棒子一头是蜈蚣大张的嘴巴，里面镶嵌着用风格化手法绘制的燧石。墨西哥特拉斯卡拉州卡卡希特拉遗址山顶宫殿群，公元800—850年，古典期终期

北部地区的普克遗址

1566年，兰达主教写道："西印度地区以蕴藏丰富的金银和财富闻名于世，而尤卡坦半岛拥有众多宏伟美丽的建筑，如果它们的价值同样能够得到世人认可，那么必定会像秘鲁和新西班牙那样声名远扬。"兰达并没有夸大其词，因为这里确实拥有成百上千的废墟遗迹。西尔韦纳斯·莫利将此视为所谓"新帝国"存在的证据。他认为中部地区是玛雅"旧帝国"所在地，而北部"新帝国"正是由来自中部废弃城市的难民建立的。然而，埃里克·汤普森和乔治·布雷纳德根据发掘出来的陶器，以及对民族史资料更深入的解读，认为很多尤卡坦遗址与原先学者们认为早于它们的佩滕中心城市其实属于同一时期。现代学者发现，这两种说法各有对错：尤卡坦文化的繁荣时期在古典期终期，这时许多佩滕城市已经化为废墟，但玛雅文明最接近帝国的时期处于墨西哥卡拉克穆尔王国的霸权时代。

如第一章所述，尤卡坦地区东南部分布着一串非常低矮的山丘，即普克丘陵。该地区覆盖着厚厚的肥沃土壤，是半岛北部最优良的种植土（不过根据尼古拉斯·邓宁的观点，玛雅人很快把肥力耗尽了）。也许到前古典期，这一地区的玛雅人就已经学会建造瓶状地下蓄水池楚尔敦（该地区留下了大量前古典期中期的遗址），以确保旱季也能获取稀缺的饮用水。到古典期，普克地区的人口数量开始膨胀。进入古典期晚期后，古典期早期稀稀落落的聚居区转化为众多规模相对有限的城市。几座重要城市控制着大片土壤特别肥沃的平坦地带。当地人称这种沃土为"普拉纳达"（planada）。激光雷达调查显示，该地区人口稠密，但分布并不均匀。在尤卡坦半岛占据主流地位的古典期终期风格正是在普克地区得到了发展。确定年代依然是很棘手的问题，因为后世有些族群在编年史中声称是自己创建了这些城市。在第9个Bak'tun末期和第10个Bak'tun早期，一些缩写形式的长纪历日期被刻在拱顶石上，其中最晚的是10.3.17.12.1，即公元906年10月5日。不过汤普森认为普克风格可能一直延续到了10.8.0.0.0（公元987年），当时依附于托尔特克人的族群应该已经迎来了后古典期。

普克式建筑的内部填以混有黏合剂的碎石，外墙采用石灰石贴面，拱顶石为靴形，装有檐板；门廊处有圆柱，附墙或嵌入墙壁的半圆柱排成长列；外立面大量使用马赛克石材，十分生动，极具活力；长着长钩鼻子的面具和纵横交错的栅格元素随处可见。普克建筑的外立面装饰充分利用了石材的特征，其他地方则采用灰泥塑形。在尤卡坦地区的奇维克遗址，两座建筑物的整块外立面依然躺在地上，每一块都放置在恰当地方，似乎马上就要立起来安装到位。既然能将独立构件组合成一面外墙，就代表也可以反向操作，即将这些构件拆开运往其他地方。普克建筑的外墙会被重新用于奇琴伊察（克劳迪娅·布里滕纳姆的观点），或者在某个时候被运到后古典时期城市玛雅潘（卡尔·陶贝的观点）。

得益于陶贝的研究，我们现在清楚了建筑物上大量出现的面具的含义。长期以来，我们一直认为它们代表玛雅雨神恰克，其实大多数情况下指的是"山"，其前身便是放置在古典期纪念性建筑物（如科潘的第22号神庙）拐角处的面具形象。在普克及奇琴伊察的一些建筑上，建筑师通常用艺术化手法表现花朵，将其组成花带装饰在面具的眼睛上方。这意味着只要是装饰了这种花带的普克和奇琴伊察建筑，就成了"花之山"。用陶贝的话说，那是"一个充满阳光的天堂，到处都是鲜花和美好事物的闪耀之地"。这个概念至少从特奥蒂瓦坎时代便在整个中美洲广泛传播，甚至影响到了美国西南部的普韦布洛文化。陶贝认为，普克遗址的其他建筑还描绘了天蛇的大嘴。

乌斯马尔是迄今为止发现的最大的普克遗址，也是玛雅建筑巅峰的代表作之一（图7.2）。历史上，这座城邦一直是修氏家族的所在地，但这是一个起源于墨西哥、发迹年代较晚的家族，不可能是乌斯马尔的建造者。考古学和碑铭学证据表明，乌斯马尔在公元850—925年曾经是一个以普克丘陵区东部为中心的古典期终期大型国家的首都（图7.3）。该遗址建有两座恢宏的神庙–金字塔，即大金字塔和巫师宫，后者的上层神庙需要通过类似于切内斯遗址中发现的怪物面具门洞进入。巫师宫旁边是一座名字颇具想象力的建筑，即四方修女院。它实际上是由四座独立矩形建筑组成的宫殿群，中间围出一个庭院。叠涩拱设计的主入口位于建筑群南侧，但从四个角落也都能进入（图7.4）。四方修女院石质外墙上的马赛克图案别具特色，包括当时的茅草屋、羽蛇、盾牌、串珠面具，还有模仿精美织品样式的石雕。

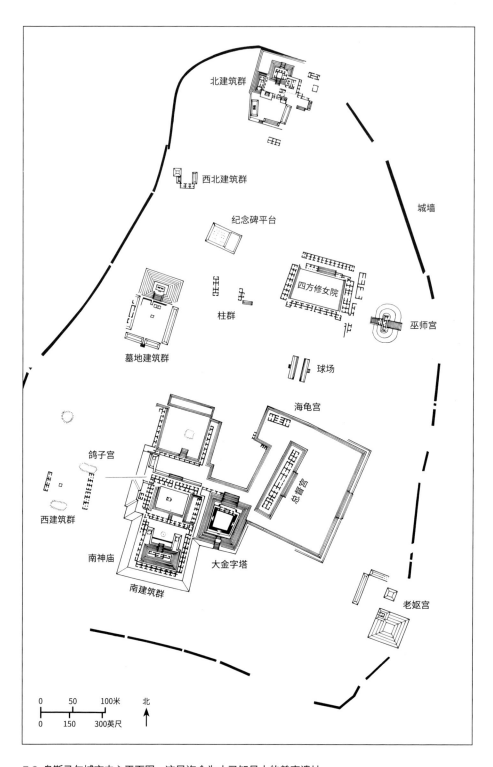

北建筑群

西北建筑群

城墙

纪念碑平台

四方修女院

柱群

巫师宫

墓地建筑群

球场

海龟宫

鸽子宫

总督宫

西建筑群

南神庙

大金字塔

南建筑群

老妪宫

| 0 | 50 | 100米 |
| 0 | 150 | 300英尺 |

北

7.2 乌斯马尔城市中心平面图，这是迄今为止已知最大的普克遗址

7.3（上）从大金字塔向北瞭望视角下的乌斯马尔遗址全貌。位于中远处的是海龟宫，再往后是左方的四方修女院和右方的巫师宫。这些建筑属于古典期终期

7.4（下）乌斯马尔四方修女院，朝东北方向视角

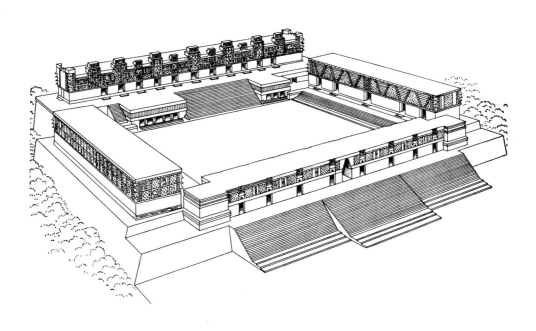

总督宫坐落在独立的人造平台上，位于大金字塔之下，是乌斯马尔最精致的建筑，也是普克风格的巅峰之作。这座建筑由三个相互连接的矩形构成。四个外立面都覆盖着大小不一的石块，数以千计，组成了精美绝伦的马赛克镶嵌画。阶梯纹饰、镶嵌图案、花山面具，所有这些元素在总督宫上共同结合成一个和谐的整体。

　　与宏伟建筑形成鲜明对比的是，乌斯马尔的雕刻石碑不多，而且水平较低，保存状况也很糟糕。即便如此，科瓦尔斯基也已从中勾勒出一个王朝的部分历史。其中一位统治者以恰克之名实施统治，其间修筑了总督宫、四方修女院和球场，总督宫可能就是他的宫殿。

　　一条长11.25英里（约18.1千米）的堤道，即前文提到的白色之路从乌斯马尔向东南延伸，穿过规模不大的诺帕特遗址后抵达卡巴，人们由此推测这三座城市即便不存在政治联系，也至少在仪式上有着千丝万缕的关联。卡巴以科德兹波普宫闻名于世，精致非凡的外立面上装饰着数百个花山面具，还有一道独

7.5 拉伯纳拱门，墨西哥境内的一处普克遗址，卡瑟伍德绘制，1844 年

7.6 五层建筑，墨西哥坎佩切州埃德兹纳遗址，古典期终期

立的拱门。萨依尔是位于卡巴以南的城市，城内主要建筑是一座宏伟的三层宫殿。美国圣塔菲研究所的杰里米·萨布罗夫是萨依尔发掘项目的负责人，他估计当年约有1万人居住在方圆1.7平方英里（约4.4平方千米）的城市核心区域内，另有7000人生活在周边地带。萨依尔以东是拉伯纳，又一座规模相当大的普克城市。城内建有一座精致的独立拱门（远比卡巴拱门更让人惊艳，**图 7.5**）、一个宫殿群和一座巍峨的神庙－金字塔。奥希金托克和希卡鲁姆金这两座城市拥有相对更丰富的文字记录。前者建立了一套独有的贵族称号体系，后者则不同寻常地只强调一个称号，即"萨加尔"（sajal）。这个称号原来仅由乌苏马辛塔河沿岸和墨西哥恰帕斯地区那些次级领主使用。

　　埃德兹纳是这一地区最南端的主要遗址，知名景点是一幢结合了金字塔和宫殿特征的罕见五层建筑（**图 7.6**）。据推测，埃德兹纳人在前古典期晚期建立的输水渠－护城河系统（见第三章）在整个古典期终期依然发挥着作用。无论其功能如何，普克遗址群都是古代美洲最伟大的建筑遗产之一，遗址中有许多精心装饰了外立面的建筑，砌石工艺无与伦比，保存状态也让人欣喜。可令人遗憾的是，它们留下的铭文信息十分有限，这与南方城市大不相同，导致我们对其精英阶层的历史几乎一无所知。

埃克巴兰

位于奇琴伊察东北方向约32英里（约51.5千米）的埃克巴兰遗址（Ek Balam，学术著作中更常采用"Ek' Balam"的拼写方式，意思是"星星美洲豹"或"金星美洲豹"）是一座规模紧凑，但引人注目的城市，其核心是一座大型卫城。埃克巴兰的发掘工作始于20世纪80年代，由威廉·林格尔和乔治·贝负责，然后在墨西哥考古学家莱蒂西娅·瓦加斯·德·拉·培尼亚和维克托·卡斯蒂略·博尔格斯的指导下继续进行。这里有很多令人叹为观止的遗迹，为人们研究北部玛雅低地古典期终期的文化带来了意想不到的启示和角度，尤其是在埃克巴兰建筑物的墙壁和拱顶石上发现的大量文字，其记录的日期使我们能够为卫城许多附属建筑的修筑年代排序。

埃克巴兰是相当古老的遗址，可以追溯到前古典期中期，但我们已知有记载的历史始于公元770年4月8日，一位名叫坎·埃克（天空·美洲豹）的外国领主的侍臣来到埃克巴兰，此人名叫"王座之第一人"。埃克巴兰这个地名是用字符拼写出来的，一直沿用至今。然而，这段文字却显得颇为神秘。作为人名，坎·埃克在古典期危地马拉佩滕风格的铭文中得到证实，而且在西班牙征服时期，佩滕地区的国王也使用了这个名字。那么这位抵达埃克巴兰的使臣是来自佩滕吗？一位名叫"四俘虏大人"的武士兼书写员可能也来到了这里，也许他就是埃克巴兰一些画作背后的天才艺术家。然而，这段文本的主要人物则是当地统治者乌基特·坎·托克，似乎正是他召集或邀请这些客人来访。这位统治者在位时间很长，可能超过40年，我们今天在遗址中看到的大部分建筑都是在他任内建造的。

乌基特·坎·托克的主要成就是建造了长525英尺（约160米）、高102英尺（约31.1米）的卫城。这是一个复合建筑群，建筑层叠在一起，每一层都有叠涩拱顶房间，彼此间由错综复杂的阶梯和通道连接。卫城上层的一面外墙上装饰着特别精致且保存完好的灰泥饰带。在乌基特·坎·托克统治期间，卫城的主入口是一张用灰泥塑造的巨蟒大口，口内长满尖牙，艺术风格为纯粹的切内斯式（图7.7）。真人大小的宏伟灰泥雕塑装饰在巨蟒大口周围，其中一个人坐在巨蟒左眼内。经文字分析，卫城建造的时间约为公元770—832年。加州大学河滨分校的特拉维斯·斯坦顿指出，有迹象表明，埃克巴兰的繁荣建立在墨西哥科巴城的衰落之上。

卫城许多房间的石柱上都绘有外形像鸟的神灵（见第三章），或克阿维尔神坐像，他代表王室后裔，是闪电之神，也许还是植物繁茂生长之神。与其他遗址一样，球场朝向似乎也与安葬乌基特·坎·托克的地点完全吻合。在他的坟墓中发现了北部地区迄今为止最丰富的随葬品，包括动物祭品、人牲、一只金蛙（可能进口自巴拿马，是玛雅地区迄今发现的最早的金属物品之一）。他的头颅旁边还有一件涂有灰泥的陶器，部分刻字解读为"……乌基特·坎·托克的巧克力罐"。值得注意的是，墓穴拱顶石没有将统治者描绘成克阿维尔的形象，而是青年玉米神。也许时人有意复刻巴加尔大王的精美石棺盖。在遥远的帕伦克，这是一种庆祝统治者复活与神格化的表现。

埃克巴兰的全盛时期至少持续到公元9世纪末，但最终还是臣服于一个新兴的玛雅-托尔特克国家。这个军事王国以奇琴伊察为中心，后来统治了整个尤卡

7.7 埃克巴兰卫城精致的白色灰泥外墙。画面右侧是一张巨大的面具，面具的大口布满尖牙；左侧是一座玛雅房屋的复制品

坦半岛。考古学家发现埃克巴兰拥有环绕整座城市的防御城墙，这表明当时社会多么动荡不安。这些工事建造年代相对较晚，似乎是在乌基特·坎·托克死后动工的，表明他死后的政治局势危机四伏。

古典期终期的奇琴伊察和托尔特克人

位于尤卡坦半岛中东部的城市奇琴伊察以其"献祭之井"闻名于世，这也是其名字的由来：奇琴（chi-ch'en）在玛雅语中就是"井口"的意思。献祭之井最具特色的地方在于，早期考古学家从里面发掘出许多玉石、黄金、香脂、木器、纺织品，甚至还有成堆的玛雅蓝。不过真正吸引我们的还是这座城市本身（图7.8）。整座奇琴伊察占地约11.5平方英里（约29.8平方千米），城内有很多平台和水库，以及无数游客目睹的庞大建筑群。几条堤道大致呈南北和东西走向，长度较短的堤道将城市核心区域连为一体。目前总共发现了几百条堤道，几乎所有都发端于被称为"大平台"的区域，今天最受游客欢迎的建筑也在那里。向西的堤道可能长达数千米，极有可能是去往更遥远地区的官方通路。

尽管奇琴伊察广为人知——甚至连兰达主教都为城市中的卡斯蒂略大金字塔绘制了一幅粗略的平面图，但这座城市依然有很多谜团，让人们争论不休。传统观点认为奇琴伊察分为两个部分。一部分始于古典时期的最后阶段和后古典初期，称为"老奇琴"，可能位于城市核心地区的南部。另一部分是后古典期早期发展起来的所谓"新奇琴"，建筑都集中在大平台区域。老奇琴的陶器和建筑为普克风格，新奇琴的雕刻、建筑和陶器则与墨西哥城市图拉有着密切关联，最近那里还有同墨西哥克雷塔罗州埃尔塞里托有关的发现。创造新奇琴的族群是来自墨西哥图拉城的托尔特克人，他们因掌握了先进的学识和技术而深受阿兹特克人等后世族群敬仰。还有相反观点认为，将奇琴伊察一分为二毫无道理。例如，一座"托尔特克"式建筑的年代可能与一座纯粹的玛雅建筑相近，这意味着两者转换建筑风格和图像装饰也轻而易举。为了强调文化上的连续性和重叠性，本章将奇琴伊察划归为古典期终期城市，但换一个角度，也很容易发现它同样具有后古典期特征（见第八章）。不管怎样，虽然奇琴伊察一直保持着文化上的延续，但在公元900年之后它可能经历了某些变化，比如各种新元素的影

北

7.8 奇琴伊察的激光雷达测绘图，北部为"老奇琴"，南部为"新奇琴"。一条堤道向北通往献祭之井

响以及更严重的外部入侵。

关于老奇琴，我们知道些什么呢？老奇琴的很多建筑都与西部地区建筑非常相似，只是很少使用普克式石质装饰面。这些建筑包括三层结构的修女院、阿卡布茨比（Ak'ab Tz'ib，意为"黑暗文字"，得名于门廊浮雕中的字符）、红房子、三门楣神庙、四门楣神庙，以及彼得·施密特在初始系列建筑群中发现的一组非凡建筑。修女院和其他建筑的门楣上留下了数量相当可观的字符。值得注意的是，这些门楣甚至被称为"门廊之主"（yajaw ti'il），也许是因为它们位于门道上方的显眼位置，决定了哪里才是建筑物的入口。一些门楣是在公元9世纪下半叶相对较短的时期内雕刻完成的，但也有少数例外，如奥萨里奥金字塔（早期考古学家发现，奥萨里奥金字塔内隐藏着一口竖井，从顶端可以一直下降到一个天然洞穴内，里面有七座墓穴，因此该金字塔又被称为"藏骨堂"）门楣上的字符就创作于公元10世纪。奇琴的文字不像南部低地那样专注于歌颂某位国王的统治功绩，而是颂扬神庙的宗教仪式，如放血献祭和钻取"新火"，后者显然是一种关于重生的仪式。在这些文字中，出现了一个名叫卡库帕卡尔·克阿维尔的人物，这个名字的含义是"炽热的克阿维尔之盾"，后来殖民时期的资料中也提到了一个卡库帕卡尔，说他是勇敢的伊察军事领袖。这就引出了问题：这两位是不是同一个人呢？铭文内容比较隐晦，我们无从得知卡库帕卡尔在奇琴伊察历史上到底是真实人物，还是超自然的神祇。

玛雅人建造的最引人入胜的建筑之一是"卡拉科尔"（西班牙语中意为"蜗牛"或"螺旋"），位于所谓的奇琴"老城区"（图7.9）。尽管这里曾被埃里克·汤普森贬低为"放在方纸盒上的双层婚礼蛋糕"，但卡拉科尔仍不啻为古典期终期最杰出的标志性建筑之一。长期以来，各类通俗读物一直将卡拉科尔描述为天文台，经测量其结构，这一观点得到证实。古玛雅人站在卡拉科尔的平台上，或透过它的门框和窗框记录太阳、月球，尤其是金星在天幕上升起和落下的位置。正如上一章所述，玛雅天文学家对金星的视运动轨迹有着非常准确的认识，卡拉科尔天文台提供的观测结果也证实了这一点。

新奇琴也引出了很多不解之谜，而后世的史料记载往往反令这些谜团更加扑朔迷离。城市中出现的主要人物形象是托尔特克人，一个讲纳瓦特尔语的族群，起源于北方，与一个被称为奇奇梅克人的非农耕民族存在亲缘关系。公元

7.9 这座不同寻常的圆形建筑名为卡拉科尔，在古典期终期用作天文台，墨西哥奇琴伊察遗址

900年之前，托尔特克人在图拉（纳瓦特尔语拼写为"Tollan"，含义是"芦苇之地"）凝聚成一股相当强大的文化力量。图拉位于墨西哥城西北方向约50英里（约80.5千米）的伊达尔戈州，现已被确认为考古遗址。此地曾是墨西哥中部与大西洋和太平洋地区的交流中心。学术界广泛认同托尔特克式艺术和建筑就起源于此。托尔特克人势力所及无不彰显他们独特的风格，重点之一就是武士形象。这些战士戴着筒状头饰，前面有一只向下飞行的鸟，胸前描绘有特定的鸟或蝴蝶形象。他们一只手拿着饰有羽毛的投矛器，另一只手握着一束飞镖；左臂套有填充衬垫，背部有一面圆镜似的小盾牌保护。在主神庙-金字塔的浮雕中，美洲豹、土狼和啄食人心的老鹰占据了主要位置，说明在这个军事国家武士具有重要地位，他们在后来的墨西哥历史上也发挥了重要作用。

根据很久以后语焉不详的历史记载，图拉是由一个名叫托皮尔岑的国王创建的，他也自称为魁札尔科亚特尔，即墨西哥宗教体系中的羽蛇神，它一般与作为"晨星"的金星紧密相连。一些具有部分史料性质的古代文献用诗一般的文字描述了托皮尔岑·魁札尔科亚特尔及其追随者与武士集团爆发的激烈斗争。国王被他的对手特斯卡特利波卡用黑魔法击败，被迫在公元987年左右带着追随者离开图拉。在所有古代墨西哥人都熟知的传说版本中，他来到墨西哥湾沿岸，乘坐蛇筏前往"红色之地"（Tlapallan），总有一天会回来拯救他的人民。托尔特克首都内部一直纷争不断，随着大多数居民弃之而去，这座城市最终在公元1156年或1168年被暴力摧毁，但墨西哥人心中永远对它饱含敬意，在后来的中部美洲各王朝中，几乎没有哪个王室不自称是图拉城的托尔特克人后裔。

巧合的是，殖民时期早期的玛雅史料提到，一个自称"库库尔坎"（K'uk'ulkan，"K'uk'ul"意为"羽毛"，"kan"意为"蛇"）的人在一个K'atun的结束日4 Ajaw这一天（公元987年）[1]从西方来到此地。据说他从尤卡坦半岛的合法统治者手中夺取了政权，并在奇琴伊察建立了属于他的首都——这个故事显然会让人联想到墨西哥人对托皮尔岑的描述。同颇具挑战性的奇琴文字一样，面对这一问题，学者们首先面临的挑战就是解读这些模糊混乱且隐晦不全的信息。已故玛雅学家拉尔夫·罗伊斯认为，对这一重大事件的记载与后来被称为伊察人的民族历史严重混淆了。这个民族在进入13世纪后的下一个K'atun 4 Ajaw年迁入半岛，并将原奇琴地域内的托尔特克遗址用自己的名字重新命名。与此观点相反的是，伊察人（"itza"这种拼写方式也许只出现在佩滕的一份文本中，在墨西哥金塔纳罗奥州的科巴遗址内，其写法为"itz'a"）也有可能从很早以前便生活在玛雅地区。无论如何，玛雅人认为正是库库尔坎和他的随从将偶像崇拜引

1　以本书采用的"584286常数"玛雅历与公历关联理论计算，这一天为公元987年11月28日，按玛雅标准的长纪历日期记录方式，可表达为"10.8.0.0.0 4 Ajaw 13 Kumk'u"。玛雅人后来采用了简化的短纪历，只记录一个单独的K'atun，再加上这个K'atun结束那一天的卓尔金历名称。这一天总是Ajaw日，只是前面的系数有所不同。然而这种方式省略了除K'atun结束日及当天名称之外的全部信息，可表达的日期非常有限，而且每260个Tun，也就是93 600天（大约256年5个月）就会重复出现，因此作者必须加上公元纪年（本例中为公元987年）才能准确表达日期，标准的长纪历在可研究的玛雅历史范围内就不存在这样的问题。请注意，当标准长纪历的5个数字中后3位数都是0时，即表示上一个K'atun结束。

人自己的文化，殖民时期的史料对他的评价基本上都是正面的。兰达主教曾说：

> 他们说他广受爱戴，没有妻儿。他回来后，墨西哥人将其视作神灵，称之为"魁札尔科亚特尔"；生活在尤卡坦地区的人们也把他当作神来崇拜，因为他是一位秉持公正的领袖。

可以肯定，以上提到的溢美之词几乎都出自后世的统治家族之口，他们大多自称墨西哥人，而非玛雅后裔。其实，从奇琴伊察石刻上生动的战争场景便可以清楚看出，这一地区当时并不太平。类似的画面也可以在奇琴伊察武士神庙里的壁画，及献祭之井中打捞上来的金盘錾刻上看到（**图7.10，7.11**）。有一种观点认为，这出大戏以托尔特克军队从海上来到此地拉开序幕，他们对房屋经过粉刷的玛雅沿海城镇展开侦察。玛雅人划着木筏出城迎战托尔特克人的独木舟，结果在海战中首次失利。然后场景转向陆地，双方在一处大型定居点内爆发了激烈战斗，玛雅人再次落败（时人在美洲豹神庙中创作壁画纪念了这场战斗，但现已损毁）。最后一幕以献祭玛雅首领的心脏结束，而羽蛇神就盘旋在上方，享用这血淋淋的祭品。

外族势力就这样攻入了尤卡坦半岛（不过必须强调的是，一些学者认为双方的接触远没有这么暴力），导致形势更加动荡，冲突频发。如此一来，可以猜想埃克巴兰的城墙和环绕乌斯马尔中心的防御工事也是为了应对这种局面。托皮尔岑·魁札尔科亚特尔占领了奇琴伊察，将其设为统一王国的首都。他曾经失去了图拉，但他让这座大城市再现了图拉的辉煌（**图7.12**）。无论历史舞台上叱咤风云的人物是谁，这一时期的建筑技术和表现手法都融合了普克式玛雅风格和来自墨西哥的托尔特克风格。例如，柱子代替了分隔空间的墙壁，使大厅显得更加宽敞；外墙和平台底部被打造成斜面；纯粹的图拉式柱廊出现，低矮的石质走道上刻着彪悍的托尔特克武士和身躯起伏的羽蛇；墙壁上装饰着成排的壁画。古老的玛雅花山面具被融进这些新建筑，依然随处可见。

奇琴伊察不仅混合了各种风格，还杂糅了托尔特克和玛雅的宗教及社会文化。美洲豹武士和雄鹰武士与穿着传统玛雅服装的人在街道上擦肩而过，墨西哥诸神与玛雅诸神和谐并存。当地似乎有很多王公贵族被吸纳进新的权力结构。

7.10 奇琴伊察武士神庙壁画复原图，描绘了武士乘独木舟侦察玛雅海岸的场景

7.11 金盘錾刻临摹图，出土自奇琴伊察献祭之井，描绘了两名托尔特克战士正攻击两个逃跑的玛雅人的场景。直径8.75英寸（约22.2厘米）

不过，所有学者都同意上述观点吗？答案是否定的：参与奇琴伊察发掘工作的考古学家有多少人，似乎就有多少种不同的理论。这些争论背后可能还隐藏着一个更加热门的议题。玛雅考古学家向来不认为历史上有外来势力（如特奥蒂瓦坎人或来自图拉的托尔特克人）影响过玛雅文明，更不用说占领玛雅人的土地了。然而在奇琴伊察，人们发现该城与图拉之间在图像艺术上有着极其密切的联系，而且采用了与早前区别很大的非玛雅书写系统，即通常只用一两个字符分别表示图像中的不同人物。我们目前掌握的托尔特克民族史来自阿兹特克人和高地玛雅族群的资料，如果像一些玛雅学家那样，否认托尔特克人存在过，那么这些史料就大都沦为了无稽之谈。与此同时，奇琴伊察的大多数居民则毫无疑问都是玛雅人，他们的建筑技术和陶器艺术也都继承了前人成果，在此基础上发展而来。

破解奇琴伊察到底属于托尔特克人还是玛雅人的问题如此艰难，其原因在于直到最近对奇琴伊察的挖掘仍不充分。尽管该遗址规模庞大，声名远扬，但

7.12 朝东北方向望见的奇琴伊察主要建筑。前景为卡拉科尔天文台，右后方是卡斯蒂略大金字塔和武士神庙，左上方为大球场

研究力度并不与之匹配。更棘手的是，当前有效的放射性碳年代测定数据也相对较少。一项研究甚至根据此类证据提出，普克风格的老奇琴和北部的新奇琴在使用时间上几乎没有交集。不过大多数学者明确表示不认同这一观点，指出该城是一个相当突出的案例，（可能）是多语言汇聚、双文化并存的聚居地，极有可能由一小群外族势力统治，其人口数量与他们掌握的权势不成比例。

卡斯蒂略大金字塔矗立在托尔特克新奇琴的中心地段（图7.13）。这是一座宏大的四面神庙-金字塔，兰达主教记录它是献给羽蛇神库库尔坎的。金字塔四面都建有陡峭的阶梯，顶端耸立着一座奇妙地混合了本土风格和外族特色的叠涩拱结构神庙。金字塔外立面装饰着花山面具，有些可能是从早前建筑中直接移过来的（克劳迪娅·布里滕纳姆提出的猜想）；门框上雕刻着高大的图拉军事首领的浮雕。卡斯蒂略大金字塔内还发现了一座早期的托尔特克-玛雅式金字塔，细节保存完好。神庙内部有一个涂成红色的石质王座，造型是一只咆哮着的美洲豹，其眼睛和皮毛上的斑纹为玉石材质，獠牙则用了贝壳。王座上方有一块镶嵌着绿松石的托尔特克式圆形后背盾，前面摆放着一座查克穆尔雕像：斜靠着的人物双手放在腹部，紧握一个盘形容器，也许用于盛放人牲的心脏。在奇琴伊察，这些建筑和雕像可能都是太阳崇拜的产物——卡尔·陶贝认为其实这座城市本身就与那个主宰一切的天体紧密相连（古人可能在初始系列建筑群中的海龟平台上刺穿阴茎，血祭太阳。在其他方面，该建筑群还展现了可可和珠宝首饰的图像，这是为了炫耀财富，因为奇琴伊察正是得益于贸易和征服才蓬勃发展的膏腴之地）。查克穆尔雕像（图7.14）可能由托尔特克人创造，在图拉和奇琴伊察随处可见。据美国奥尔巴尼州立大学的罗伯特·罗森韦格研究，这类雕像广泛分布于危地马拉的莫塔瓜河谷地区，甚至在南至哥斯达黎加和墨西哥米却肯州都有发现。这是那段时期各族群频繁接触的有力证据。阿兹特克人一直很钦佩托尔特克文明，也复制了他们的这一文化形式，并将其与自己文化中漂浮于海上的雨神融合在一起。然而，这类查克穆尔雕塑的起源仍不确定。

7.13（对页上）从奇琴伊察遗址的武士神庙眺望卡斯蒂略大金字塔。这是一座供奉库库尔坎神的托尔特克–玛雅风格建筑。照片前景就是被称为查克穆尔的斜卧人形石雕，可能用于心脏献祭仪式。后古典期早期

7.14（对页下）武士神庙阶梯顶端的查克穆尔雕像。这类卧像在托尔特克时代就已出现，被认为用来盛放人牲心脏。高3英尺6英寸（约1.1米）

7.15 从卡斯蒂略大金字塔的一个入口望向托尔特克式武士神庙的景象。图中这座宏伟的建筑仿照墨西哥图拉城的B金字塔修建，表明托尔特克文明在尤卡坦半岛产生了深刻影响

它摆出新生儿般的斜躺姿势，似乎不是牺牲品，但又自愿献身于残酷的仪式。最后一项激动人心的发现是，考古学家推测卡斯蒂略大金字塔地下20米处可能存在一个巨洞，不过目前仅处于初步地质勘探阶段，还需要深层探测。

站在卡斯蒂略大金字塔顶上可以看到宏伟的武士神庙。这是一座修建在阶梯式平台上的建筑，周围环绕着柱廊大厅，华盛顿卡内基研究所在20世纪初完成了此处的修复工作（**图7.15**）。武士神庙仿照图拉城的B金字塔修建，但规模要大得多，而且工艺精湛，彰显了玛雅建筑师及工匠的高超技艺。建筑从西北方向进入，首先要穿过一排令人印象深刻的方柱，柱子的四面都雕刻着托尔特克官员形象的装饰性浮雕。阶梯顶端也有一座查克穆尔石雕，它凝视着下方主广场。神庙入口两侧各有一条羽蛇，头部紧贴地面，尾部竖向天空。无论从何种角度看去，两条大蛇似乎都是在狂怒中从天而降，让任何靠近神庙的人心惊肉跳。查克穆尔和羽蛇之后便是主圣殿，里面有一张桌子或祭坛，底部支撑物打造成托尔特克武士的模样。内室壁画生动描绘了托尔特克军队在尤卡坦半岛战斗的场景。其实，整座神庙可能就是为太阳崇拜建造的。这与战争和征服息息相关。

1926年，就在武士神庙修复工作接近尾声时，考古学家在其下面又发现了一座类似的建筑，后命名为查克穆尔神庙。人们在里面看到了装饰着浮雕的立柱，上面还保留着当年留下的鲜艳色彩。神庙内放置有两张绘有图画的长凳，其中一幅画面表现的是一排托尔特克首领坐在美洲豹王座上，就是卡斯蒂略大金字塔里的那种王座；另一幅画中，玛雅贵族坐在覆盖着美洲豹皮的凳子上，手持玛雅风格的人形权杖。这群人会是当地的诸侯王公吗？

托尔特克人在奇琴伊察修建了中部美洲规模最大也最精致的恢宏球场（**图7.16a,7.16b**）。两堵高墙平行而立，间隔99英尺（约30.2米），长272英尺（约82.9米），高27英尺（约8.2米）。"I"字形场地两端各有一座小神庙，北面那座神庙里有大量关于托尔特克-玛雅人生活场景的浮雕。高墙两侧高高悬着的两个石环是得分装置（后世有观点认为这与赌博有关），但它们并不像早期学者认为的那样源自墨西哥，因为在低地玛雅城市中也发现了一些这样的石环。球场东墙上方是重要的美洲豹神庙，内壁曾经装饰着精美壁画，描绘了托尔特克武士战斗的场面。其细节之丰富、技法之生动，足以说明画师可能就是那场托尔特克战争的见证人。遗憾的是，由于几十年以来一直维护不善，这些壁画几乎已经损毁殆尽。

兰达主教曾描述了奇琴伊察的"两座由石头凿成的小型舞台"。它有"四段阶梯，顶面铺着石板，据说在那里演出过供大众娱乐的闹剧和喜剧"。他指的肯定是城内的两座舞蹈平台。平台正面装饰着显然直接取自图拉的主题，如鹰和美洲豹吃心的场景（图7.17）。大规模活人祭祀必定是托尔特克人的另一项创新，因为在球场附近建有一座长条形平台，四周都雕刻着用木桩串起的人类头骨（**图7.18**），阿兹特克人称之为"Tzompantli"，即"头骨架"。这个名字十分贴切，因为在后古典期的墨西哥，这样的平台上就会支起巨大的木架，用于陈列死者头颅（阿兹特克帝国首都就位于现代墨西哥城的危地马拉共和国大街附近，考古学家们刚刚在那里发掘出了至少300个人类头骨，其中大部分都钻有孔洞，便于固定和展示）。奇琴伊察球场中有6幅浮雕描绘了一名球手被斩首的情景，其目的很有可能是让比赛"永久"进行下去，失败者最终会被送上头骨架。

如前所述，奇琴伊察最著名的不是建筑，而是献祭之井。以大广场为起点，有一条向北延伸、长约900英尺（约274.3米）的堤道直通该处。兰达记录了以下内容：

7.16a 奇琴伊察的托尔特克－玛雅式球场。墙高27英尺（约8.2米），全长约490英尺（约149.3米），是中美洲最大的球场。设置在两侧墙壁高处的圆环是得分装置

7.16b 球场圆环，雕刻着缠绕的羽蛇

7.17 托尔特克式浮雕，表现了美洲豹和老鹰正在啃食人类心脏的场景，奇琴伊察鹰之舞蹈平台。类似主题在托尔特克人的故乡图拉也广泛存在，也许与武士阶级有关

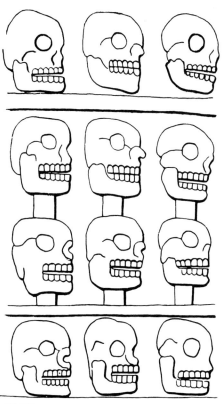

7.18 串起来插在架子上的人头骨，奇琴伊察头骨架平台浮雕临摹图

干旱时期，他们有把活人扔进这口井作为祭品献给神灵的习俗，而且他们相信，虽然再也见不到这些人，但这些人并没有死。他们还把许多别的东西，如宝石和自己珍视的物品投入井中。

一份殖民时期的资料告诉我们，就在西班牙征服前不久，被献祭的牺牲品是"属于领主的印第安妇女"，但在大众的想象中，只有年轻的处女才会被扔进献祭之井，奉献给隐藏在墨绿色水面之下的雨神。不过井中有相当数量的头骨属于成年男性，还有不少儿童头骨。正如玛雅学家拉尔夫·罗伊斯和阿尔佛雷德·托泽强调的，献祭之井的祭祀仪式在托尔特克的新奇琴衰落之后达到顶峰，一直持续到殖民时期甚至更晚。尽管如此，从献祭之井底部淤泥中挖掘出的许多物品都产自托尔特克，包括一些精美的玉器和前文提到的金盘（图7.11）。玛雅地区此时已经出现了金属器皿，不过大多数都可能是在其他地方铸造、加工，再进口来的。当地的领主们从遥远的巴拿马等地获得大量黄金制品，然后献给献祭之井。有条别致的王室腰带就是来自危地马拉的古典期城邦彼德拉斯－内格拉斯的珍品。

考古学家在奇琴伊察以东2.5英里（约4千米）处的巴兰坎切地下洞穴内也发现了雨神崇拜的明显证据（图7.19）。托尔特克－玛雅祭司在洞穴深处一个又热又潮湿的洞室内放置了近百件陶制和石制香炉，大部分藏在洞室中央巨大的石笋群底部。这些香炉中有26个呈沙漏状，以戴护目镜的墨西哥雨神特拉洛克为造型，并绘上多种色彩。洞室一侧，祭司们留下了一套微型手磨和磨盘作为供品。这让人不禁猜测，这样的祭祀物可能有260套，与圣历中的天数相匹配。2018年，考古学家在奇琴伊察大平台以东约1.7英里（约2.7千米）处又发现了情况与此类似的巴兰库洞。学者们正持续展开研究，以评估到底有多少这样的地下洞穴存在，以及它们是否分别与奇琴伊察的不同部分相连接——请不要忘记，卡斯蒂略大金字塔下面可能就存在这样的洞穴。

7.19（对页）尤卡坦半岛巴兰坎切地下洞穴的洞室。钟乳石和石笋在洞室中央组合成一根巨大的石柱，就像神话中的"世界之树"一样；石柱周围放置着大量陶制和石制香炉

在尤卡坦半岛的其他地方也发现了不少奇琴伊察全盛时期的物品，其中大部分是以红色调和深刻纹为特征的所谓索图塔陶器（图7.20）。大约就在这个时期，贸易货物中出现了一种被称为铅陶的釉面器皿，产自危地马拉和墨西哥恰帕斯州边界地区在太平洋沿岸的炉窑。部分铅釉陶器肯定是按照托尔特克人的品位定制的，因为其外形经常采用托尔特克武士的形象，不过也有很多陶器为动物造型，或者直接采用简洁的梨形样式，由空心瓶足支撑，与尤卡坦半岛托尔特克时期带有刻纹和彩绘的器皿十分相似（图7.21）。

有一种猜想认为，铅釉陶器的原产地也是种植可可的中心地带，或许这些陶罐搭上了高质量可可豆的便车，顺带成了贸易中的热销商品。话虽如此，但铅釉陶器也可能反映了在古典期末期和后古典期初期几个世纪中贸易活动十分广泛活跃。尤其是在沿海地区，众多族群都参与其中，而一些转运港口则由同一家族的成员或说同一语言的人占据（这些群体往往通晓多门语言，因此具备贸易优势）。即便是强大的王朝也难以再垄断商品的流通，贸易权如今落入大商人或当地小领主之手。奇琴伊察的政权在这个时代已不太可能控制所有贸易活动了。

与此相关的一个案例是尤卡坦半岛北海岸里奥拉加托斯河口的小岛塞里托斯，这座小岛现已被证实是奇琴伊察的港口，其海堤在迎向海面的一侧有出入口。从公元800年起，这里的陶器样式就几乎与那座伟大托尔特克－玛雅城市中的一模一样。考古学家狄伦·克拉克指出，该岛曾耗费大约90万人/日的劳力向南扩建，并仿照奇琴伊察的建筑修建缩小版的神庙、祭坛、长廊和庭院。大家应该还记得，尤卡坦地区最丰富的资源是它的沿海盐床，而塞里托斯岛无疑是这种必需品生产及贸易的战略要地。当然，其他商品也会顺着贸易网络走向四方。考古学家在挖掘过程中发现了来自墨西哥中部矿区的黑曜石、可能源自美国西南部的绿松石（托尔特克人及其文化继承者阿兹特克人都将其视为价值不菲的奢侈品），以及来自中美洲南部的黄金。奇珍异宝总是会双向流动，位于现今美国境内的查科峡谷就有证据表明，可可等热带商品，还有产地相对较近的金刚鹦鹉都曾交易到此处。在遥远的韦拉克鲁斯，萨克里菲西奥斯岛虽然不属于玛雅文化圈，但肯定也是贸易网络中重要的一环。

占据奇琴伊察的托尔特克人最终命运如何呢？尤卡坦半岛的后期历史记录十分杂乱，年代彼此重叠，铭文数量也少得可怜，因此要解开这一谜题极具挑

7.20（上）出土自奇琴伊察的索图塔陶器

7.21（右）年迈神灵造型的铅釉陶罐，出土自危地马拉的胡蒂亚帕省，高5.7英寸（约14.5厘米）

战性。古典期那种歌颂个人功绩和纪念重大事件的铭文已经不复存在了，我们对托尔特克人统治奇琴伊察的方式和政治结构尚无定论：之前部分学者基于对少数早期字符的解读，提出奇琴伊察由议会管理，不过这种观点现在已经被否定了。后来不甚可靠的资料显示，奇琴伊察作为一股政治势力，终结于公元1224年，K'atun结束日6 Ajaw这一天[1]。在接下来的几个世纪里，献祭之井依然是朝圣之地，但沃尔塔和布拉斯韦尔认为，所有仪式性建筑在公元1100年左右就不再兴建，其他学者则相信奇琴伊察在此前一个世纪便已经衰落了。

科特苏马尔瓜帕谜团

匹普人一直都很神秘。他们说的纳瓦特语是阿兹特克帝国的官方语言纳瓦特尔语的近支，主要区别在于以"t"代替了"tl"。匹普人在后古典期从墨西哥某处闯入玛雅地区，到西班牙征服时期，匹普人便已在危地马拉的太平洋平原上选择了一处面积不大，但水源丰沛的山麓地区建立起自己的主要定居点。不过从殖民时期的玛雅记录中得知，他们的领地曾一度向西延伸到后来喀克其奎玛雅人的领地内。

这片匹普人曾经占据的土地孕育了一个已经消亡的文化。其中心城市位于圣卢西亚-科特苏马尔瓜帕镇，这一地区当年以盛产既能做饮料，又具有货币功能的可可豆闻名遐迩。人们一度误以为该文化是匹普人创造的。根据耶鲁大学考古学家奥斯瓦尔多·钦奇利亚·马萨列戈斯的研究，目前已知只有三处科特苏马尔瓜帕文化的遗址（埃尔包尔、埃尔卡斯蒂略、毕尔巴鄂），不过这三处都集中在只有约20平方英里（约51.8平方千米）的小区域内，所以也可能共同组成了一座大遗址。当地土壤层很厚，研究人员很难据此估计居民或人口数，但钦奇利亚认为整座城市有将近1.5万人，其中既有当地人也有移民，部分来自危地马拉的西部高地。每处遗址都是结构紧凑的祭祀中心，长边只有数百米的平台上排列着多座神庙。这些建筑为土制，表面覆盖鹅卵石，但阶梯和部分庭院偶尔会铺上加工后的石面，彼此由堤道和石桥连接。钦奇利亚认为，埃尔包尔

---

1 这一天为公元1224年6月18日，按玛雅标准的长纪历记录方式，可表达为"11.0.0.0.0 6 Ajaw 8 Mak"。其实这一天也是一个Bak'tun的结束日，十分特殊。

7.22 埃尔包尔遗址的科特苏马尔瓜帕风格石雕，一个人正从螃蟹壳中钻出来。石雕两侧记录了墨西哥式纪年法中的"2猴"日和"6猴"日。高3英尺3英寸（约1米）

的大型卫城可能是科特苏马尔瓜帕统治者的住所。

科特苏马尔瓜帕文化的石雕作品（图7.22）分布更广，甚至在危地马拉城以西高地上的安提瓜湖也有发现。尽管科特苏马尔瓜帕文化可能起源于古典期晚期，但根据其艺术风格和陶器实物分析，一定在古典期终期，即匹普人到来之前它就已经蓬勃发展了。对一些人来说，很难想象玛雅地区还有比这更令人不安，或者说整体而言不那么玛雅的雕塑风格。正如埃里克·汤普森指出的，科特苏马尔瓜帕雕塑家显然"对死亡有着挥之不去的迷恋"，在这里，表现头骨和人体骨架的浮雕随处可见。橡胶球比赛是另一项让他们无比痴迷的活动，其规则可能同奇琴伊察的球类运动大同小异。有关这种比赛的可靠证据来自当地一类十分常见的石制品。沿太平洋海岸线南下直到萨尔瓦多，一路上都可以发现这类物品。其中最典型的是"U"形石轭，造型仿照参赛者实际穿戴的沉重木质和皮革护具；还有一种名叫"阿查"的薄石片，上面刻着人脸、样貌怪诞的食肉动物、金刚鹦鹉或火鸡，一般认为是球场比赛区域的标记，但在赛后仪式中会被戴在护具上（图7.23）。两者都是与墨西哥湾沿岸的古典文化密切相关的标志，而且这种球赛用具可能就起源于那里。

科特苏马尔瓜帕遗址内的一些浮雕和雕像呈现了非玛雅神的形象，还有些稀奇古怪的复合体形象，如美洲豹－鬣蜥等。几座宏伟的石碑上展现了穿戴护具和防护手套的球员高举手臂，仿佛要触摸高高在上的太阳神或月神的场景（图7.24）。神和人的身体上长出可可叶和豆荚，这显然说明可可正是科特苏马尔瓜帕的财富之源。除宗教外，他们的历法相较玛雅人使用的也更墨西哥化。石碑上的大部分字符可被辨识出是在墨西哥南部地区广泛使用的日名，而数字和系数的表达仅以墨西哥常见的点或圆来表示，很少出现玛雅文化中特有的"横线加点"式计数法。同在墨西哥高地一样，我们仍可根据某人（也许还有神）的出生日来识别其身份。科特苏马尔瓜帕文化与墨西哥湾沿岸平原之间也有潜在的关联，生活在那里的族群同样热衷于球赛、死亡、人祭和可可种植。但是，科特苏马尔瓜帕文化究竟是从哪里起源的，又是如何发展的呢？人们说的又是什么语言？这些仍然是谜。

7.23 埃尔包尔遗址的科特苏马尔瓜帕风格薄石片人头浮雕（阿查）。这类物品可能被用作球场上的标记物。高1英尺（约30.5厘米）

辉煌终结

　　佩滕及周边区域文化消亡的谜团依然困扰着当代学者，除此之外古典期终期还有很多有待探清的地方。从诸多角度分析，普克地区遭遇的不幸就是发生于一个世纪前的南部低地大崩溃的重演。出于尚不清楚的原因（可能包括人口过剩和普克统治者逐渐无力养活自己的人民等），几乎所有城市和较小的城邦都在公元10世纪遭到遗弃。当西班牙人第一次来到此地时，他们看见的只是一片废墟。不过在这第二次大崩溃中，也有一个明显的例外。正如我们已知的，在古典期向后古典期过渡期间，位于普克地区东部的奇琴伊察异军突起，成为当时中美洲规模最大，甚至可能是最强盛的城邦。

7.24　球手向女神致敬，毕尔巴鄂遗址4号纪念碑，科特苏马尔瓜帕风格，古典期终期

第八章

后古典期

　　到了公元10世纪末，玛雅世界发生了天翻地覆的变化（图8.1）。之前的时代，相关历史记录虽然详略不一，但史料丰富，而且涉及人物有名有姓、有事件经过、有历史背景。新时代却截然不同，缺乏同期记录，或者说至少没有幸存下来的记录：记录着当时信息的手抄本只有四部保存至今，而且内容神秘晦涩。相反，要了解这一时期，也就是后古典期的情况，就必须回溯以前的资料，包括尤卡坦地区以及危地马拉高地族群的传统编年史。这些史料在殖民时期早期都被转录成了西班牙文。

　　无论这些编年史是出自兰达主教之手、土著贵族的声明，还是摘录于法律诉讼和土地索权案卷，我们在研究中都应当谨慎使用，因为其内容往往难以解释，甚至自相矛盾，特别到后古典期，各族群似乎出于政治原因而故意篡改过历史。目前最丰富（也是最晦涩）的史料便是《契兰·巴兰之书》中的尤卡坦K'atun预言。这个名称来自一位古代玛雅学者，据说他预言了西班牙人会从东方到来。这些预言中包含的"历史"基于短纪历。这是一个由13个K'atun（13×7200天或256.4年）组成的循环周期，每个K'atun都根据结束时的最后一天（永远是Ajaw日）来命名。然而，后古典期的玛雅人秉持时间循环的观念，坚信如果某事件发生在K'Atun 13 Ajaw日，就很可能会在下一个同名日再次发生。这让预言和真实历史在史料中纠缠，使人无法区分，读起来有时就像神启。例如，有一段史料是这样开头的：

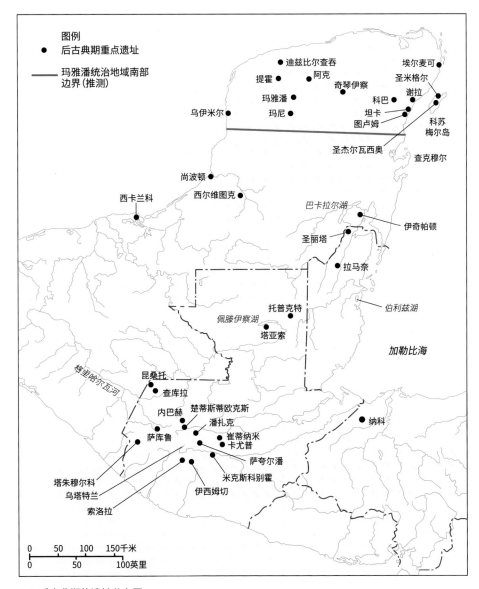

图例
● 后古典期重点遗址
—— 玛雅潘统治地域南部
边界（推测）

迪兹比尔查吞
提霍   阿克
奇琴伊察   埃尔麦可
圣米格尔
乌伊米尔   玛雅潘   科巴   谢拉
玛尼   坦卡
图卢姆   科苏
梅尔岛
圣杰尔瓦西奥
查克穆尔

尚波顿
西卡兰科   西尔维图克
巴卡拉尔湖
伊奇帕顿
圣丽塔
拉马奈

托普克特
伯利兹湖
佩滕伊察湖
塔亚索
加勒比海

昆桑托
格里哈尔瓦河   查库拉
内巴赫   楚蒂斯蒂欧克斯
潘扎克
萨库鲁   崔蒂纳米
卡尤普   纳科
萨夸尔潘
塔朱穆尔科   米克斯科别霍
乌塔特兰   伊西姆切
索洛拉

0   50   100   150千米
0   50   100英里

8.1 后古典期的遗址分布图

　　这是关于唯一之神、13位神、8000位神降临的记录，根据祭司、先知、契兰·巴兰、阿·舒潘（Ah Xupan）、纳普克·吞（Napuc Tun）、祭司纳哈乌·佩奇（Nahau Pech）和阿·考伊尔·切尔（Ah Kauil Chel）的话记载。神传授诫命，用明白的话解释给他们听。

伊察和玛雅潘

托尔特克人可能最终被尤卡坦半岛的人民接受了，但伊察人一直遭到鄙视。玛雅编年史中用"异族人""骗子流氓""下流鬼""孤儿"等词来形容他们。伊察人的战争首领可能名叫卡库帕卡尔，人们对他的称呼则是"话说不利索的人"，表明伊察人不可能来自尤卡坦本土。一些学者认为，伊察人最初是生活在塔巴斯科的墨西哥化琼塔尔玛雅人（普顿人），与墨西哥中部有着根深蒂固的贸易联系。他们到底是何方神圣？这个问题在很大程度上取决于"伊察"一词的来源。正如上一章所述，这个名词可能以变体形式出现在佩滕伊察湖附近，也可能出现在墨西哥的科巴。那么这个词与那些变体到底具有相同的含义，还是不同的名词呢？答案目前我们还不清楚。在古典期文献中，"伊察"肯定不是用于描述某个民族的。无论如何，后世史料都各有一套自己的说法。就在托尔特克人统治尤卡坦半岛期间，伊察人定居在一个叫恰坎·普顿的地方，意思是"普顿人的大草原"，可能就在现今墨西哥坎佩切州的海岸城镇尚波顿。他们在公元1200年左右被赶出这座城镇，只好向东游荡，穿过丛林地带到达佩滕伊察湖地区和伯利兹东海岸。殖民时期的史料记录，"（他们）在树下，在灌木丛中，在藤蔓下，受尽苦难"。终于，这群可怜的武士沿着海岸来到奇琴伊察，在K'atun 4 Ajaw期间（公元1224—1244年）霸占了这座荒凉的城市，并定居下来。这一切是否符合史实还有待考证。不过他们开启了另一种崇拜，即医药（和生育）女神崇拜。她是年迈的治愈和毁灭女神查克·切尔数个变体中的一个。来自整个北部地区的朝圣者纷纷乘船前往科苏梅尔岛，拜谒供奉她的神殿。

在K'atun 13 Ajaw（公元1263—1283年）期间，伊察人建立了玛雅潘城，不过仍然有部分成员留在了奇琴伊察。那时这座城市已经失去了它原来的名称"乌基尔-阿布纳尔"，变成了后来闻名世界的奇琴伊察（"奇琴伊察"的意思就是"伊察人的井口"）。老谋深算的库库尔坎二世将各地方的领主及家族成员安置到自己的城市中，以此掌握了尤卡坦半岛大部地区的统治权，然而他死后（或离开后）动乱接连不断。大约公元1283年，一个名为科科姆（kokoom）的伊察家族发动叛乱，在来自塔巴斯科的墨西哥雇佣兵卡努尔（意为"守卫"）的帮助下成功夺取政权，玛雅潘这才正式成为尤卡坦首都（作为一个词，"kokoom"曾出现在奇琴伊察的文字中，但很隐晦。一如既往，后来的记载常与早期证据相冲突）。

玛雅潘坐落于尤卡坦半岛中西部，是一座居住型的大城市，占地约1.6平方英里（约4.1平方千米）。城市完全被防御墙包围，说明当时社会动荡不安。城内有数百座住宅，美国奥尔巴尼州立大学的玛丽莲·马森估计有15 000~17 000人居住在城内。玛雅潘的城市中心是库库尔坎神庙。它模仿奇琴伊察的卡斯蒂略大金字塔建造，但规模要小得多。一些小型神庙围绕着这座纪念性建筑，其中许多以蛇图案为装饰，内部为开放式大厅。关于大厅的功能众说纷纭，有人说是议事厅，有人说是宫殿。兰达主教写道，带柱廊的砖石宅邸就在库库尔坎神庙附近，供大人物居住，房屋离城中心越远，就意味着居住者越贫穷。一些较大的茅草屋聚成一团，周围建有一圈低矮的地界墙，证明此处可能有一个大家族住在一起。城市格局杂乱无章，压根儿就没有街道，玛雅地区以前从未出现过这样的城市。对奇琴伊察而言非常重要的球场在玛雅潘也不见踪影。墨西哥官方考古队在几幢建筑中发现了轮廓突出的壁画及人物雕塑，雕塑头部以壁龛代替，也许是为了放置真正的头骨。

玛雅潘的居民靠什么生活？一种答案是贡品，科戈柳多神父记录说，科科姆家族把当地贵族挟持到首都，然后要求这些人的封臣提供奢侈品和生活物资。其他学者，如马森和卡洛斯·佩拉萨·洛佩在发掘玛雅潘的过程中发现了数个曾经活跃的交易市场遗址。而且毫无疑问，城市里也有金属加工作坊。玛雅潘居民生活在遍布岩石且相对干燥的环境中，头等大事便是在城墙内确定天然井位置。考古学家克利福德·布朗发现，城墙的走向正是为了最大限度地围住这些天然水源。阿道夫·巴图·阿尔普切及其同事在尤卡坦半岛后古典期及殖民时期的塔科博遗址也注意到了类似现象。当地王室显然拥有这些水源。不过，有些天然井的作用可能不只是提供饮用水。布朗在库库尔坎神庙正下方发现了一条隧道，这不禁让人联想到特奥蒂瓦坎太阳金字塔下面的隧道和密室。此外，还有一口被刻意隔离在城墙之外的大型天然井，当地人至今仍将其视为怪物居住的圣地，对其敬畏有加（据布朗介绍，当地一位长老坚持说有人看到过长着羽毛的蛇从那里进出）。

这个时期，玛雅人会在神殿、小型神庙或家族祈祷室里举行祭祀仪式，摆放色彩鲜艳的陶制香炉。这类器皿在整个尤卡坦半岛，甚至南下至伯利兹都能发现。香炉被塑造成魁札尔科亚特尔（羽蛇神）、西佩托堤克（春神）、老火神等墨西哥神灵的形象，也不乏玛雅神祇，如恰克、玉米神、墨西哥中部的玛雅版老火神以及猴神书写员等（图8.2）。其他神灵的形象则出现在别的陶器上，如在伯利兹拉马奈出土的一件鲜艳的红色陶器（图8.3）。这些陶器是在哪里制造的？是产自当地，还是从远方交易来的呢？这涉及一个更宏观的问题，即思想和仪式如何在尤卡坦半岛上传播。新型仪式建筑及城市布局也在这段时期广泛散播开来。尤卡坦语在相当大的区域内具有明显的相似性，这些共性可能就是各族群在这一时期的密切接触中形成的。

K'atun 8 Ajaw时期（公元1441—1461年）对伊察人而言象征着不祥，厄运开始一步步向他们逼近。后世一些不甚可靠的史料称，当时玛雅潘的统治者乌纳克·基尔绝非泛泛之辈，他把自己当作祭品投入奇琴伊察的献祭之井，却能活着回来传达雨神在水下赐予他的预言，由此树立了自己的威望。有传说称乌纳克·基尔利用巫术，驱使奇琴伊察首领查克·西布·查克绑架了伊萨马尔统治者的新娘，于是报应如期而至，伊察人被迫离开了奇琴伊察。接下来轮到科科姆家族倒霉了。玛雅潘城内爆发叛乱，煽动者是修氏家族。这股新崛起的势力具有墨西哥血统，当时定居在现今的乌斯马尔遗址附近。玛雅潘的玛雅贵族加入修氏一方，科科姆家族败下阵来。胜利者处死对手，将恢宏的城市彻底摧毁，永远遗弃。这种说法是否准确目前还无法确定。不过我们在发掘玛雅潘的过程中得知，该城在公元13、14世纪繁华一时，被废弃前也的确遭受过焚毁或袭击。加拿大卡尔加里大学的伊丽莎白·帕里斯和其他学者在玛雅潘发现了一个大崩溃之前的乱葬坑，说明这座城市局势不稳，冲突频发。玛雅潘毁灭之际正值阿兹特克人走向强权之时，这预示着整个中部美洲都将陷入动荡。

然而，那些被赶出奇琴伊察的伊察人在接下来的几个世纪里并没有销声匿迹。他们再次流落到荒无人烟的森林里。据某些史料记载，这一次，他们辗转回到了佩滕伊察湖。在上一个K'atun 8 Ajaw时期，伊察人也曾落难至此。他们

8.2（对页）来自玛雅潘的陶制香炉。猴神书写员一手持笔，一手拿着贝壳做的墨水容器。它的上臂后侧和张开的嘴巴里贴着写有数字的字条，仿佛它正在背诵。经过烧制的香炉涂上了蓝、绿、黑、红、白、黄等颜料。高22英寸（约55.9厘米）

8.3 大陶罐，其上头像可能是雨神，出土自
伯利兹拉马奈遗址 N10–2 号建筑中的一处
墓葬，公元 12 世纪，高 20 英寸（约 50.8 厘米）

在湖心岛上建立了新首都塔亚索（"Tayasal"，即"Tah Itza"的西班牙文变体），这座城市如今已埋在危地马拉北部的主要城市弗洛雷斯之下（自公元14世纪以来，目前唯一还能被世人一睹真容且具有巨大价值的定居点不是弗洛雷斯，而是令人印象深刻的托普克特城，它与古典期的亚萨哈城遥遥相望）。这座建在岛屿上的据点隐匿在未开发的地区中，几乎无法进入，因此反而安全，在历史洪流中得以独善其身。公元1524年，埃尔南·科尔特斯率军穿越佩滕地区去镇压洪都拉斯叛乱，途中首次进入塔亚索，并受到国王卡内克的友好接待。这是历代伊察统治者一直沿用的名字。直到公元17世纪，西班牙人才决定必须对这最后一个尚未驯服的玛雅王国采取措施。他们派遣了数名传教士试图改变卡内克及其臣民的信仰，但徒劳无功。

两年后，和平传教多次失败的西班牙人终于凭借手中的武器取得了成功。塔亚索在公元1697年才落入西班牙人之手，这似乎令人难以相信。当哈佛大学的学生们正在为科顿·马瑟的神学理论抓耳挠腮时，远在3000多千米之外的玛雅祭司竟然仍在手持用字符书写的书册吟唱颂词。

尤卡坦地区的独立国家

玛雅潘灭亡后，整个尤卡坦半岛又恢复到6个世纪前古典期的政治格局。不同的是，16个相互敌视的国家取代了单一的联合王国，每个国家都觊觎他国的权力和土地，并急于通过战争扩张自己的势力（图8.4）。来自中部美洲其他地区的影响在视觉艺术方面表现得淋漓尽致，艺术史学家唐纳德·罗伯森将这种占据主导地位的艺术形式称为"国际风格"，并将其与20世纪现代主义的简约建筑风格相类比，但这种说法多少有些不恰当。事实上，尤卡坦图像艺术绝对谈不上朴素无华或风格混杂，其基本概念依然深植于本土文化，而且描绘的许多（但不是全部）神灵都是玛雅神。在伯利兹的圣丽塔科罗扎尔遗址，有一组壁画在发掘后不久就惨遭损毁，但绘制年代大致可以追溯到这一时期。壁画主要描绘掌管历法的神灵（图8.5），其中一些甚至像俘虏一样被捆绑起来。在一个恐怖的场景中，一位神身上吊着另两位神的头，还有一位在敲着战鼓。每幅壁画都与某个神话中的地名，而且显然是纯粹的玛雅语地名相关联。圣丽塔科

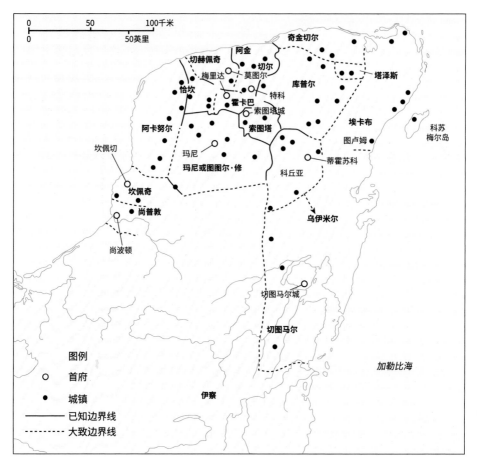

8.4 西班牙征服前夕尤卡坦半岛北部地区的独立国家分布图

罗扎尔遗址还出土了一套由黄金和绿松石打制的别致耳饰，可能来自墨西哥中部（图8.6）。

虽然兰达主教和其他后征服时期早期的作家对当时的生活做了详尽描述，并询问了真正生活在当地文化中的土著居民，但可归于后古典期的考古遗址很少。我们可以确定的是，每个省至少有一座主要城镇，但都是西班牙人选择的定居地，因此这一阶段的玛雅城市大都埋在几个世纪以来的殖民点以及当代建筑之下了。

不过有一处遗址没有被破坏，那就是图卢姆。这是伊卡布省的一个小镇，建于玛雅潘时期（碑铭学家尼古拉·格鲁贝认为，伊卡布省可能是以古典城市"科巴"命名的，但拼写为"Ek'ha'b"，也许是"黑色年"的意思。尤卡坦地区的地名似乎都有着异乎寻常的生命力）。图卢姆坐落在加勒比海蓝绿色水域之上的

8.5 现已损坏的壁画局部复原图，伯利兹圣丽塔科罗扎尔，后古典期晚期

悬崖上，地势险要，一面临海，另三面有城墙保护（图8.7）。城内可能最多只有五六百人，住房集中在沿"街道"修建的人工平台上。主神庙是一座被称为"卡斯蒂略"的不起眼建筑，和其他重要建筑都聚集在海边。许多这类小型建筑的上层外立面装饰有长着翅膀、似乎从天而降的灰泥神像，但工艺非常粗陋。部分神庙内部和外立面都有壁画，不过保存最好的是两层结构的壁画神庙（图8.8，8.9）。这些作品无疑深受墨西哥手绘风格影响。然而，图卢姆壁画表现的内容

8.6（上）由黄金、绿松石和黑曜石打造的饰品，伯利兹圣丽塔科罗扎尔遗址，长2.5英寸（约6.4厘米）

8.7（下）图卢姆平面图，该城位于尤卡坦半岛加勒比海沿岸，建有城墙。A：卡斯蒂略神庙；B：壁画神庙；C：潜水神庙

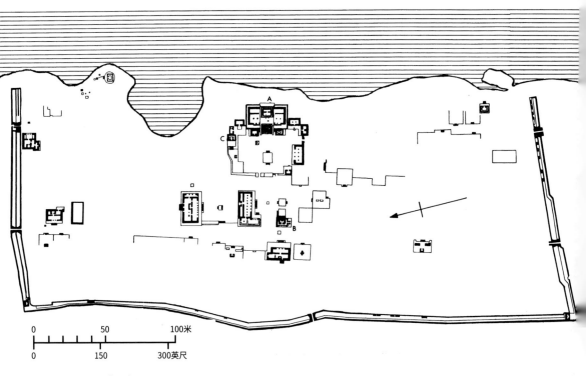

8.8（左）图卢姆壁画神庙，摄于1923年之前，西侧视角。当时这座有城墙的城市还没有清理完毕。这座神庙因其混合风格的壁画而闻名。门廊上方的嵌板装饰有"潜水神"灰泥雕像，下层转角处的灰泥面孔说明神庙是献给一位老迈神灵的

8.9（下）图卢姆壁画神庙的壁画细节。右上方是一组接受祭品供奉的神，以及一位长着翅膀从天而降的神灵，下方出现了海洋的图像。复原图，费莉佩·达瓦洛斯绘，敦巴顿橡树园

依然关于人们熟悉的玛雅文化，如恰克和多位女神在某种豆类植物间举行仪式的场景。

后古典期中部地区

正如上一章所述，并非所有低地玛雅中心城市和人口稠密地区都随着古典期大崩溃而彻底衰落或遭到遗弃（尽管大多数肯定如此）。事实上，东北部的科巴在后古典期实现了复兴，他们在古典期的金字塔上方又兴建了图卢姆式建筑。中部地区的后古典期早期定居点很难与古典期终期的定居点区分开来，这说明两者具有相当强的连续性。公元1200年左右，还出现了一些新特征，如开放式大厅以及玛雅潘式建筑和香炉，因此这一阶段更容易辨识。一串湖泊穿过佩滕东部，几乎延伸至伯利兹边境，公元1200年后，包括塔亚索在内的一些城镇就在湖链中的岛屿及湖畔繁荣起来。历史学家格兰特·琼斯认定这些城镇是伊察人、科沃赫人等族群建造的。这些族群间保持着紧密联系，有时也相互敌视。每座城镇的陶器都别具一格，但各自的精英阶层一致声称自己的祖先来自尤卡坦。考古学家在塔亚索可能还发现了边境神祠以及存在大型泥雕的证据：公元1920年左右，华盛顿卡内基研究所的一个团队找到了一只巨大的泥脚，可以想象整座雕塑该有多么庞大。

伊察人首都的遗址现在就躺在危地马拉的弗洛雷斯城之下。此处陶器质量上乘，种类繁多，与周边遗址形成了鲜明对比。至于科沃赫人的首都，可能位于亚萨哈湖的托普克特岛上，从湖区出发可通往今天的伯利兹。到公元15世纪，区域强权转移到离弗洛雷斯更近的另一座临湖城市扎克佩滕。扎克佩滕的很多神庙和住宅中都留下了类似庞贝城中的废弃物，说明它是在短时间内被迅速遗弃的。纽约市立大学女王学院的蒂莫西·皮尤研究发现，该遗址中为数不多的西班牙文物都是在祭祀场所出土的，包括一块放在家庭神龛中的牛下颌骨，旁边还有一只香炉。当地本来有着很强的文化延续性，但在西班牙人的统治下，原住民的生活很快被强制迁移打乱了（见第十章）。皮尤对危地马拉佩滕省圣巴纳贝的一座传教教堂及其周边区域展开了细致入微的调查，发现了混合西班牙和玛雅风格的复杂装饰图案。拉马奈是新河上的古老港口城市，拥有很多后古典期建筑，建于 16 世纪的教堂（后被遗弃）说明这里到殖民时期一直有人居住。所有这些遗址都很容易获取饮用水，水路贸易也颇为通畅，这无疑是他们选择此地定居的重要原因。

南部地区的墨西哥王朝

征服时期前夕，危地马拉高地的山谷中分布着许多独立城邦，其中基切和喀克其奎是最强大的两股势力。各种迹象表明，他们及其稍弱小的邻居，即苏都伊人和波库马姆人，自相当早的时候起就已经在此定居了。然而他们在自己编撰的历史资料中自称来自西方，来自墨西哥。正如喀克其奎人的编年史所述：

> 我们从落日之处而来，来自图拉，来自海的另一边；父母告诉我们，他们正是在图拉孕育了我们，造就了我们。

这可能纯粹就是一厢情愿的想法，就像上一代美国人都希望自己的祖先属于在 1620 年走下"五月花号"的那批人一样。研究基切玛雅文化和历史的知名权威专家罗伯特·卡马克认为，基切的上层阶级其实并不是在公元 10 世纪末和 11 世纪流落在外的托尔特克人，而是在更晚些时候来自韦拉克鲁斯和塔巴斯科的墨西哥湾沿岸地区、说琼塔尔-纳瓦特尔语的族群。他们已经托尔特克化，换句话说，已经成了普顿玛雅人。这些"祖先"可能会像日本武士一样，组成人数不多，但战斗力强悍的军事组织。他们成功入侵高地，对基切和喀克其奎原住民实施恐怖统治。他们逐渐建立起国家，最终形成一个自称是魁札尔科亚特尔后裔的统治集团。许多上层人士的名字以及早期地名、物品和机构名称似乎都使用了琼塔尔语，而非基切语。他们还将许多有关军事和仪式的纳瓦特尔词汇引入了危地马拉高地。

西班牙征服者记录下了这些城邦的辉煌景象，如被佩德罗·德·阿尔瓦拉多无情烧为灰烬的基切首都乌塔特兰（库马尔卡伊）和喀克其奎人的中心城市伊西姆切（图 8.10，8.11）。这些遗址位于峡谷环绕的山顶之上，防御效果极佳。大多数建筑在细节上都呈现出浓郁的墨西哥风格，代表性建筑是一座正面

8.10（上）位于危地马拉特克潘附近的喀克其奎首都伊西姆切。这座后古典期晚期遗址建在峡谷之中，防御稳固；城市由广场组成，氏族神庙、宫殿、住宅区环绕广场四周

8.11（下）危地马拉崔蒂纳米遗址C建筑群复原图，朝西视角，塔季扬娜·普罗斯库里亚科夫绘。基切人赶走波库玛姆玛雅人后，在这里建立了宏伟的城市。晚期高地城市中心的双联金字塔呈典型的墨西哥风格

有双排阶梯的大型双联神庙，样式与阿兹特克首都特诺奇蒂特兰的大神庙很相似。神庙附近通常有精心修筑的球场，从而证实了《波波尔·乌》中提到高地人热衷于这种比赛的说法。最后，所有建筑物都采用了墨西哥式直梁灰泥平屋顶，不存在叠涩拱结构。

保存最为完好的晚期高地城市是波库马姆人的首都米克斯科别霍。这座城市周围全部是陡峭的峡谷，几乎坚不可摧，最后是在叛徒出卖的情况下，阿尔瓦拉多统率的两个西班牙步兵连才将其攻陷。

在这些高地玛雅国家的首都中，乌塔特兰（库马尔卡伊）无论在考古学上还是民族史学上都是最知名的一座。在这里，统治者和臣属在社会地位上有着根本性差异，严格意义上说，就是种姓制度。统治者在父系血统上是最早征服此地的军事首领后裔，他们神圣不可侵犯，周身环绕着王家标志。臣属是统治者的士兵，他们虽然可以并且确实能够凭借战功获得军事头衔，但仍然要受到禁奢法约束[1]。商人享有一定特权，但须上缴贡品。此外，自由人口还包括工匠和农夫（数量不断增长的农村劳动阶层）。奴隶包括服刑罪犯和臣属抓获的战俘。一般而言，人们认为只有被俘的领主才有资格成为祭品，或成为食人仪式中的食物。

乌塔特兰有24个"主要"家族世系，与处理政务的建筑，或称"大屋"密切相关。"大屋"的功能包括进行仪式演讲、赠送彩礼或举办联姻宴会。基切国由一位国王、一位候补国王以及两名"首领"治理，但还存在一种四方统治制度（也存在于尤卡坦地区），以四位酋长为主导，他们分别来自乌塔特兰的四大家族。

古玛雅仅存的文献证据帮助我们将乌塔特兰特定的神庙废墟与基切人推崇的神灵联系起来。大型祭祀建筑隔着广场相对而立，其中最重要的是托希尔神庙，供奉着与太阳和雨水有关的美洲豹神。同一广场上还有一座奉献给羽蛇神的圆形神庙，乌塔特兰球场则代表着冥界。还有一座宫殿为纪念乌塔特兰统治家族——卡韦克（字意为"雨"）而建立，这充分反映出"大屋"的建筑理念。其他"大屋"可以确定为典型的高地建筑风格，也许我们可以从中得到线索，进一步了解"宫殿"在南部低地后古典期遗址中的功能与作用。

1　禁奢法，历史上世界各地都有针对服装、食品或家具等方面的过度支出而制定的法律。本质上是通过消费限制加强社会等级差异，阻止平民模仿贵族的生活方式或外表。

西班牙征服

"高高竖起的木旗要来了！"玛雅预言书《契兰·巴兰之书》呼喊道，"我们的主人来了，伊察！我们的兄长来了，啊，坦顿人！迎接你们的贵客，蓄着胡须的人，来自东方的人，他们持有神的标记，他们是主人！"

1517年，预言成真。埃尔南德斯·德·科尔多瓦发现了尤卡坦半岛，但他在恰坎·普顿与玛雅武士作战时受到了致命伤；1518年，格里哈尔瓦探险队来到此地；1519年，埃尔南·科尔特斯抵达，但西班牙人暂时无暇关注尤卡坦半岛，因为蕴藏着丰富黄金的墨西哥吸引了他们贪婪的目光。直到1528年西班牙人才开始对玛雅北部地区发动征服战争。西班牙国王授予军队首领弗朗西斯科·德·蒙特霍"阿德兰塔多"称号，意思是"先驱者"，该尊称可以追溯到收复伊比利亚半岛失地的时代。实际上，这场长达数百年的冲突对西班牙进攻美洲产生了重大影响。但征服玛雅绝非易事，与强大的阿兹特克帝国不同，玛雅地区没有统领所有土著族群的政权，所以西班牙人无法通过消灭这个政权迫使所有族群屈服。玛雅人的战斗方式也与欧洲人习惯的方式大相径庭。他们在夜间发动突袭，设置伏击圈和陷阱，采用现代人很熟悉的传统游击战术与当时的西班牙人对抗。因此直到1542年，这群被玛雅人视为仇敌的异族入侵者才成功建立起首府梅里达。即便如此，反抗在整个16世纪依然持续，令西班牙人不胜其扰。正如历史学家马修·雷斯塔尔指出，如果没有一些玛雅领主（如玛尼的修氏家族或琼塔尔玛雅统治者帕克斯博洛纳查家族等）积极合作，西班牙人想要"平定"那些尤卡坦半岛上桀骜不驯的玛雅人（他们在即将失败时总是会转移到森林中去）就不可能成功。这些家族甘冒风险，希望凭借与入侵者合作谋求长远利益。他们确实得偿所愿，至少在一段时间内如此。西班牙人在伯利兹的拉马奈和提普留下的遗迹较少，都是所谓的"探访教堂"，只有天主教修士或神父才会定期光顾（**图8.12**）。

人们历来将西班牙人占领南部地区归功于几百名征服者的军事才能，他们的首领正是残忍无情的佩德罗·阿尔瓦拉多和豪尔赫·阿尔瓦两兄弟。但莱顿大学研究员弗洛伦·阿塞尔韦格斯在研究一幅描绘征服危地马拉的大型布制彩绘地图时发现，数千名来自墨西哥中部和南部的原住民盟军多次在战役中发挥了极其重要的作用——获胜后的西班牙人却很少承认这一点。到1541年，也就是佩德罗·德·阿尔瓦拉多去世那年，基切和喀克其奎两王国已经落入西班牙人的枷锁之下，玛雅人的抵抗也基本结束了。但在用尤卡坦语写就的《契兰·巴兰之书》中，我们依然隐约能听到他们的哀歌：

> 吃吧，吃吧，你有粮；
>
> 喝吧，喝吧，你有水；
>
> 那一天，尘土席卷世界；
>
> 那一天，枯萎肆虐大地。
>
> 那一天，浓云聚集；
>
> 那一天，高山隆起；
>
> 那一天，强人夺取土地；
>
> 那一天，万物皆毁；

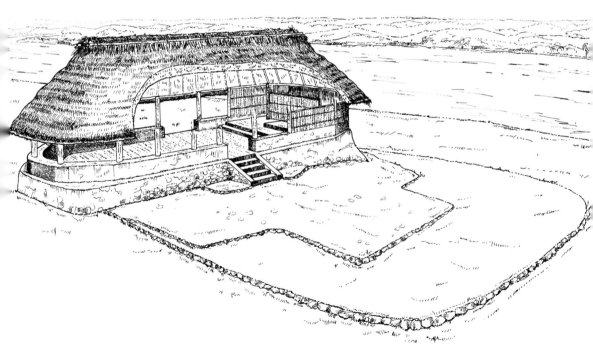

8.12 方济各会教堂，伯利兹
拉马奈，约1568年

那一天，嫩叶凋零；

那一天，垂死之人闭上双眼；

那一天，树上出现三个标记；

那一天，三代人绞死在那里；

那一天，战旗招展，

他们散落于远方的森林。

那一天，战旗招展，

他们散落于远方的森林。

第九章

征服时期前夕的
玛雅生活

到目前为止，我们一直在研究玛雅人的陶器、玉器和遗迹，但其实我们对征服时期前夕，特别是尤卡坦地区玛雅人的日常生活了解得更多。幸运的是，早期西班牙传教士都是颇有成就的学者。他们试图让玛雅人皈依十字架，万分渴望了解这些民族，于是为后世留下了关于当时玛雅地区土著生活的精彩记录。所以，我们必须在此基础上分析后古典期的考古遗迹与古典期的玛雅文明。

农业与捕猎

农业（第一章中有详细描述）是玛雅人的生存基础。他们种植了玉米、豆类、南瓜、辣椒、棉花、各种根茎作物和果树。现代学者已经确定，前征服时期的低地居民通常以刀耕火种的方式开垦土地，直到后古典期才装备铜斧，进入殖民时期才开始使用铁器，在此之前他们究竟是如何砍伐大树的我们尚不清楚。也许他们只是把树木箍住，之后任其自生自灭或自己动手挥舞打磨过的石斧将其砍倒。农作物的种植时间根据某种农业历法确定，两部手抄本中就有明显的例子。按照兰达主教的说法，田地归集体（20人为一组）所有，共同耕种。这种劳作模式在殖民时期早期的史料中也有大致记载。

在尤卡坦半岛，玛雅人将自己的收成储存在地面上的木棚里，不过兰达也提到了"适合的地下场所"，很可能就是古典期遗址中常见的楚尔敦地窖。西班牙史料中一直没有提及低地玛雅人的玉米饼（pek wah），考古学家在伯利兹的拉马奈等遗址的住房内发现了一些黏土浅锅，不过也可能用于烘焙可可豆，而不是制作玉米饼的工具。史料中还记录了制作其他玉米食物的方法，包括"萨卡"（saka'），即一种玉米粥，作为一天的首餐，与辣椒一起食用；"克耶"（k'eyen），水和酸面团的混合物，装在葫芦里带到农田，是白天的食物；还有著名的玉米粉蒸肉"塔马利"（keehel wah），在尤卡坦半岛古典期晚期的陶器和很多古典期建筑的顶部都绘有作为祭品的玉米粉蒸肉图像。农民的菜单（我们对上层人士的饮食了解甚少）主要局限于这些简单的食物，此外还有添加了南瓜子、辣椒的蔬菜炖肉（图9.1）。

经济作物对尤卡坦居民来说至关重要。他们大面积种植棉花，生产的纺织品闻名遐迩，出口的范围非常广。沿着墨西哥坎佩切州南部、塔巴斯科、伯利兹的河道以及危地马拉临太平洋的山坡上都布满了可可树。而在北部，这种树的种植范围有限，只在填满了土的天然井底部和其他天然洼地内生长。树上结出的可可豆能制成巧克力，这是中部美洲统治阶级最喜爱的饮品，而且直到殖民时期，可可豆还在一些区域性市场内充当货币。它们如此珍贵，据说哥伦布

9.1 用磨盘研磨玉米的女人雕像，伯利兹的卢巴安敦遗址，古典期晚期

9.2 陶制蜂箱，危地马拉
的纳库姆，前古典期晚期

在洪都拉斯海岸遇到的玛雅商人会把掉到地上的可可豆一颗颗捡起来。

每个玛雅家庭都有自己的菜园，种植蔬菜和果树，居民点附近还散布着果园。玛雅人栽培木瓜、鳄梨、番荔枝、人心果树和面包果树，也食用多种野生水果，特别是在饥年。这反映了古玛雅人的食物具有多样性，这一观点很早以前就在萨尔瓦多布满灰烬的塞伦废墟中得到证实。

玛雅人驯养了许多品种的狗，每种有不同的名字。其中一种不会吠，公狗阉割后用玉米喂养，最后成为盘中餐或祭品；另一种狗可作猎犬。玛雅人也吃野生或家养的火鸡，不过只有野生的才能在仪式上献祭。就像今天一样，古代玛雅农民也饲养本土无刺蜜蜂，将它们置于体积不大的空心原木内，两端用灰泥封闭，再堆放成"A"字形。雅罗斯瓦夫·拉瓦卡在危地马拉的纳库姆发现了类似的陶制蜂巢（图9.2），其年代可追溯到古典期伊始或更早。后古典期成书的《马德里手抄本》记录了养蜂业，生动地刻画了蜷伏在蜂巢内的蜜蜂形象。野生蜂蜜也颇受大众喜爱。

在成群结队的猎犬帮助下，玛雅人用弓箭狩猎较大的哺乳动物，如鹿（图9.3）和野猪，不过投矛器和飞镖才是古典期的主要武器。他们用吹箭筒捕猎鸟类，如野火鸡、鹧鸪、野鸽、鹌鹑、野鸭等。《马德里手抄本》展示了各种圈套和网夹，特别详细地描述了一种专门捕杀犰狳的陷阱。

尤卡坦半岛的渔民一般在近海作业，工具为拖网、鱼钩和鱼线，不过玛雅人也使用弓箭在潟湖中射鱼。在内陆水域，尤其是高地溪流中，人们会往水中投放迷药，一旦鱼漂浮到人工水坝上便可直接用手抓。考古学家在蒂卡尔找到

9.3 猎人屠鹿雕像，伯利兹的卢巴安敦遗址，古典期晚期

了一枚古典期晚期的精致骨雕，显示佩滕地区也使用上述方式捕鱼，只是画面中的渔夫为神灵形象，可能掌握了非常特殊的技能。在沿海地区，捕到的鱼经过腌制并晒干后可用于交易。

野生的低地森林提供一种对玛雅人具有重要文化意义的物产"珀姆"（pom）。这是柯巴树分泌的香脂油，通常与橡胶和香口胶一起用作熏香材料。对如此神圣的香脂油，当地资料将其形容为拥有"天堂中心的气味"。另一种树的树皮可加工成颇具风味的"巴尔切"（balche'），用兰达的话说，这是一种"又浓又臭"的蜂蜜酒，人们在节日期间会大量饮用。奇怪的是，古典期资料中很少提及巴尔切酒，它们只出现在一些刻有"kab"（蜂蜜）字样的器皿上。"契"（chih）是一种用龙舌兰制成的发酵饮料，殖民时期被称为"普奎酒"（pulque），在现代墨西哥也很流行。

手工业和商业

尤卡坦半岛是中部美洲最大的产盐地。从坎佩切海岸至半岛北部的潟湖，再到东面的穆赫雷斯岛，一路分布着大量盐床。兰达主教盛赞这里的盐是"我一生中见过的……最好的"。沿海而居的族群在旱季结束时开始采盐，几乎垄断了制盐业，不过这一行业有段时间完全控制在玛雅潘的统治者手中。部分内陆地区也有盐井，如危地马拉的奇霍伊河谷，靠近萨利纳斯－德洛斯－努埃塞罗斯遗址，但最受青睐的还是海盐，在整个玛雅地区广为交易。尤卡坦半岛有价值的出口产品还有蜂蜜、棉披风和奴隶。有人怀疑某些地方的支柱产业不是玉米种植，而是这类专业化手工制品。

其他区域参与贸易的特产包括来自危地马拉上维拉帕斯省的绿咬鹃羽毛、中部地区矿床的燧石、危地马拉城东北部高地的黑曜石、海岸边的彩色贝壳（尤其是带刺海菊蛤壳），以及可可，这种植物只能生长在少数几处水源充足的地方（特别是永远湿润的无水天然井底部）。玉石和大量质量较差的绿石也是交易对象，它们大部分产自莫塔瓜河床，不过市场上出现的部分宝石则很可能是从古代坟墓中盗取的。

由于道路崎岖、物资沉重，绝大多数商品都通过海路运输。这类商业活动被善于航海的琼塔尔玛雅人或普顿玛雅人所垄断。埃里克·汤普森称他们是"中美洲的腓尼基人"。本书第七章介绍了他们可能在古典期终期扮演的角色。他们驾驶大型独木舟从位于墨西哥坎佩切州的阿兹特克贸易港西卡兰科出发，沿海岸航行，绕过半岛，向南抵达尼托，在那里与内陆玛雅人交换货物（北肯塔基大学的扎卡里·赫鲁比将这个地点确定为位于危地马拉杜尔塞河口的米拉马尔，那里正对着通往阿马蒂克湾和洪都拉斯湾的海湾）。然而，也有一群特殊的商人在他们自己的神灵——"黑神"埃克楚瓦的保护下，穿梭于危机四伏的陆上小道。市场（k'iwik）在尤卡坦半岛很常见，正如第五章所述，考古学家已经在卡拉克穆尔等古典期城邦遗址发现了集市的痕迹。民族历史学家拉尔夫·罗伊斯认为，毫无疑问，奇琴伊察拥有一座巨型市场，"旅行者从外乡赶来，既是为了交易，也是为了朝圣"。一份史料记载，奇琴伊察的统治者与洪都拉斯进行羽毛和可可贸易。许多位于危地马拉高地的市场商品丰富，品种多样，直到今天依然繁华如初。

生生不息

婴儿出生后，尤卡坦半岛的母亲们会立即将他们清洗干净，然后固定在摇篮中，用两块木板夹住小脑袋。数天后，他们的前后颅骨就会被永久性压扁。这在玛雅人看来是美丽的标志。焦急的父母会尽快找祭司询问孩子未来的命运，以及在洗礼前应该给新生儿取什么名字。

西班牙神父对玛雅人也有洗礼仪式感到非常惊讶。当某个定居点里有许多3~12岁的孩子时，人们就会选择一个良辰吉日在当地某位长者家中举行这种洗礼仪式。孩子们的父母也在场，为了保持仪式的神圣性，他们必须事先遵守各种禁欲规定。四位德高望重的老者代表雨神，他们拉起绳子围成一圈，将孩子们和他们的父亲留在圈内，而祭司负责净化仪式，用熏香、烟草和圣水为圈内人祈福。从那时起，年龄较大的女孩就可以结婚了。仪式中有一个环节被称为"héets méek'"，是指托着儿童臀部将其抱起，期望他们很快就可以下地走路。

高地和低地的男孩及年轻男子都要与家人分开，住在特殊的公共房屋里，他们大概就在那里学习战斗技巧（不过事情没那么简单，据兰达说，妓女也是那些屋子的常客）。年轻人的其他娱乐活动还有赌博和球赛。玛雅人对待贞操问题持双重标准，女孩须在母亲的严格管教下成长，如果失去处子之身就会受到严厉惩罚。婚姻由媒人安排，就像所有允许外婚制（与族群之外的人婚配）的社会一样，玛雅社会对婚姻条件有着严格规定，尤其禁忌父姓相同的人婚配。玛雅人普遍采取一夫一妻制，但有实力的大人物也可以娶多个妻子。与阿兹特克人一样，无论男女，通奸者都会被处以死刑。

修士们对美丽的玛雅女性留下了深刻印象。她们中的许多人会将门牙锉成各种形状。考古人员在一些可能来自上层社会，甚至属于王室成员的古代玛雅人头骨上就发现了门牙嵌有小块玉石的例子。结婚之前，年轻男子喜欢把皮肤涂成黑色，而战士们任何时候都是如此。婚后，男女都会开始在腰部以上位置大量文身或刻出装饰性疤痕来装点自己的身体。人们非常推崇轻微的对眼，父母们甚至尝试在孩子的鼻梁上悬挂小珠子来诱导他们发展成对眼。

所有人都畏惧死亡，更重要的是，玛雅人认为死者不会自动进入天堂。普通人被埋在他们房子的地面下，嘴里塞满食物，还有一颗玉珠，身边陪葬着神像以及他们生前使用过的物品。据记载，送葬者会在祭司的坟墓里放置书籍。大贵族则被火葬，这一习俗可能源于墨西哥，他们的骨灰瓮之上还会建造葬仪神庙。当然，更早些时候，土葬才是惯例。玛雅潘的科科姆王朝在丧葬方面使用着另一套独一无二的模式，他们会将已故统治者的头颅制成木乃伊，保存在家族祭拜堂内定期祭祀。事实上，今天在尤卡坦半岛的某些墓地里，尤卡坦人仍然在照料并清洗他们祖先的头骨。

社会与政治

这一时期的玛雅世界既非神权政体，亦非民主社会，而是阶级社会，政治权力高度集中在世袭精英阶级手中。要了解16世纪尤卡坦半岛国家的政治基础，就必须直指问题核心，了解人民本身。

每个成年尤卡坦玛雅人都有两个名字。一个来自母亲，但只能由女性传给后代。另一个来自父亲，同样只在男性后代中传递。现在有大量证据表明，这两种名字代表了两种不同但交叉并存的血缘制度，即母系和父系。征服时期，尤卡坦半岛大约有250个父系族群，我们从兰达主教那里能了解到它们有多重要。例如，允许外婚制，财产父系继承，而且族群自我守护，所有内部成员都有义务互相帮助。从源于殖民时期早期的称谓可知，各族群也有自己的土地，这可能就是兰达口中一切土地都"共有"的意思。至于母系氏族，可能主要在婚姻规范体系中发挥作用，比如鼓励与堂姐妹或表姐妹结婚，也禁止某些类型的婚姻关系。

尽管如今在其他社会看来，父系和母系氏族在理论上应该是平等的，但在玛雅人中却不是这样，两者都有着严格的等级划分。鉴于此，能够从自己的两套血统谱系中追溯到先祖是一件很重要的事情。处于顶端的是"阿尔梅亨"，也就是贵族（almehen，字面意思是"女人的孩子，男人的孩子"，但更广泛的含义是"父系母系血统都清楚的人"）。他们拥有私人土地，担任重要政治职务，也扮演高阶战士、富裕农民、商人以及神职人员等角色（图9.4）。平民是社会中的自由劳动者，可能像他们的阿兹特克亲戚一样，拥有从父系血脉继承一片森林以及种植玉米田的权利。不过就算是这些人也很有可能再被细分为富人和贫民。有迹象表明存在农奴阶层，他们在贵族的私人土地上劳作。奴隶位于社会底层，他们大多是在战争中被掠走的平民（图9.5），级别较高的囚犯可能会直接用匕首杀死。奴隶制是世袭的，但奴工的父系亲属可以付钱将其赎回。

当西班牙人来到此地时，玛雅人居住的大部分地区政治权力都掌握在墨西哥或受墨西哥影响的统治阶级手中。控制着尤卡坦政治格局的那群人自称来自传说中的西部家园图拉和祖瓦。其实，不论担任何种要职，候选者都必须通过一种名为"祖瓦语"的神秘教义问答考验。尤卡坦半岛上每个独立小城邦的首领都自称"哈拉赫·温尼克"（halach winik，意思是"真男人"），以父系血脉继承。然而在更早的时代，高地玛雅其实存在过真正的国王（ajawob），他们控制着更广阔的地区。哈拉赫·温尼克居住在首都，靠自己土地上的物产（如奴隶种植的可可树）或贡品来维持统治。

哈拉赫·温尼克从自己的贵族父系亲属中任命"巴塔布"（batabob），负责管理首都之外的次级城镇。巴塔布通过由富有长者组成的地方镇议会统治。这种地方镇议会由每年从定居点的四个区中选出的一名重要平民领导。除了行政管理方面的职责外，巴塔布还要负责军事管理，但须与任期三年、让所有人都不寒而栗的"纳科姆"（nakom）分享部队指挥权。

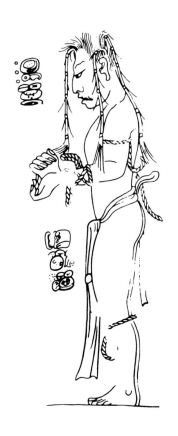

9.4（上）坐在轿子里的上层人士，蒂卡尔遗址墙壁上的粗糙雕刻

9.5（右）站立的俘虏，骨雕作品，出土于蒂卡尔遗址I号神庙的墓葬（第116号墓葬），可能来自卡拉克穆尔，古典期晚期

玛雅人非常注重战争。《喀克其奎编年史》和《波波尔·乌》都大量描述了高地人之间的部族冲突，而尤卡坦半岛的 16 个城邦则为了争夺领土和家族荣誉征战不休。除了这类军事记录，古典期的石碑及铭文也是战事的见证。根据这些资料及西班牙征服者的描述，我们可以看到玛雅战争如何进行。"霍尔卡诺布"（holkanob），意思是"勇士"，属于步兵。他们身穿有衬芯或用貘皮制成的护甲，装备燧石刺矛、投矛器和飞镖等武器。到后古典期晚期，他们还会装备弓箭。战争通常以突袭敌方营地、抓捕俘虏开始，不过正式战斗会在可怕的鼓声、哨声、海螺号声和战士们的呐喊声中拉开序幕。不论哪一方的祭司都要护卫着神像和首领一道进入战场，顶着雨点般的飞镖、利箭和投石器甩出的石块，立于步兵两侧。然而，一旦敌军杀入本土，非常规战便取而代之，防守方会设下伏击圈和各种各样的陷阱。不重要的俘虏直接成为奴隶，而贵族和军事首领要么在祭祀石上被挖心，要么被砍头，这也是古典玛雅社会常用的祭祀形式。

第十章

坚韧前行

当今世界仍有大约600万说玛雅语的幸存者，他们反复遭到征服与压迫，直到我们这个时代依然饱受摧残。这些族群之所以能够生存下来，是因为他们坚守属于自己的土地，愿意为集体无私奉献，并传承一套对许多人来说无所不在、秩序井然的信仰体系。难怪压迫者都把注意力集中在这三个方面，不断将他们当作没有任何政治权利的劳动力加以盘剥。正如小说家和人类学家奥利弗·拉·法格多年前所言："从征服时期开始直至最近，尽管不时有些改变，但当权者总是持续侵害印第安人对大片土地的所有权。正是这些土地构成了部落凝聚不可缺少的物质和经济基础，使他们免于沦为非印第安人的奴工。"

主要根据采集自危地马拉的数据分析，拉·法格认为玛雅的历史自西班牙人最初入侵以来大致经历了五大阶段。目前这一理论依然可行，只是在术语表达上有更新。第一阶段是征服时期，始于1524年，16世纪末结束。这是暴力的时代，虽然有些当地政治势力，特别是佩滕地区的城邦直到17世纪尾声才被征服，但玛雅文化却遭受了根本性破坏。第二阶段是殖民时期，持续到18世纪。西班牙王室在此期间废除了监护征赋制（这一压迫性制度赋予了西班牙大地主强迫玛雅人提供劳动力的权利），以换取玛雅族群皈依基督（在尤卡坦半岛，这一制度最终于1783年在相对开明的西班牙波旁王朝统治下被废除）。西班牙和天主教元素在这段时期被大量吸收进玛雅人的生活结构中，并根据当地的文化模式产生了一定程度的改变。玛雅人生活方式的许多特征都遭到破坏，剩余部分也发生了巨大变化。

虽然大多数历史资料很少提及，但很多来自非洲的奴隶也在这一时期被带入危地马拉、坎佩切，而后进入今天的伯利兹。输入性疾病导致本地人口大规模死亡，迫使西班牙人寻找替代劳动力。考古学家在墨西哥坎佩切州发现了一些骨骼，经化学成分分析，这些死者出生于西非。他们其实并不是第一批奴隶：跟随西班牙征服者一同来到玛雅的塞巴斯蒂安·托拉尔就来自非洲。他后来赢得自由，成了尤卡坦梅里达城最早的定居者之一。18世纪末的人口普查显示，尤卡坦半岛超过12%的人口完全或部分拥有非洲血统。历史学家马修·雷斯塔尔指出，他们中有许多人是熟练劳工或专业工匠，被殖民者视为"奢侈品"，也因此成了反映其主人财富程度的标杆。最终，大多数人获得了自由，融入人口更多的土著社群之中。玛雅的历史记录往往会忽略他们的故事，在殖民时期的危地马拉亦是如此。

过渡时期结束于1820年左右，殖民地脱离了西班牙统治。随着原宗主国控制力减弱，玛雅族群的生活也发生了变化，其部分生活方式正是在这一时期出现，并延续至今。不过整个玛雅地区的局面却不尽相同。18世纪后期，牧场发展壮大，玛雅农业衰落。这一时期从墨西哥和危地马拉独立开始，持续到19世纪七八十年代。尽管拉·法格认为当时的局势相对平静，西班牙和玛雅文化元素平稳融合，但这基本只适用于处于保守派政府治理下的危地马拉高地，恰帕斯地区和尤卡坦地区则是另一番光景。恰帕斯发生大规模叛乱，而尤卡坦则爆发了阶级战争，玛雅人差一点儿就击溃了白人统治者。自1880年至今，土著族群一直受到粗暴压迫。各国政府沆瀣一气，竭力逼迫玛雅人成为经济作物种植园中的劳动力，成为世界贸易体系的棋子。市场渴望生产更多食物和硬木（有些用作染料）、咖啡、酿造朗姆酒的食用糖、制作绳索和麻绳的剑麻纤维等原材料，这推动并至今依然影响着当地的伐木业和农业。廉价劳动力增加了利润，而当地人民付出的代价却无人关心。旅行者可能会沿着"改革大道"驱车进入危地马拉城，但他们大概不知道"改革"的含义：鲁菲诺·巴里奥斯总统废除了原住民的土地共有制，强制推行了另一种制度，将玛雅高地的居民送到在太平洋沿岸山麓地带开拓不久的咖啡种植园劳作。如此不公自然引起了玛雅人的激烈反抗，但他们被巴里奥斯领导的自由党政府以残暴手段镇压，为后来事件恶化埋下了伏笔。尤卡坦半岛原本并不存在这种强加于人的季节性迁移，但在当时覆盖北部大部分地区的大型剑麻种植园里，最低工资、债务奴役和发放公司货币（在种植园外没有用处）都已成了惯例。

新西班牙秩序

为了理解自征服以来发生在玛雅人身上的冲突、妥协及融合的过程，就有必要弄清楚西班牙人到底带来了什么。首先便是以前美洲从未出现过的流行病，如天花、流感、麻疹等。学界普遍认为，这些疾病造成了世界历史上前所未有的惨剧：仅仅一个世纪，包括玛雅地区居民在内的90%美洲原住民都病亡了。甚至在阿尔瓦拉多兄弟到来之前，天花其实就已经传播到了危地马拉高地，誓死保卫家园的玛雅人因此遭受重创，战斗力锐减。使局面变得更加复杂的是，阿尔瓦拉多兄弟利用玛雅人之间存续多年的世仇，与部分土著族群结盟，比如为了击败基切人，他们一开始便拉拢喀克其奎人助战。大批墨西哥中部的原住民武士（许多来自特拉斯卡拉城或属于阿尔瓦拉多兄弟的进贡国）给予了西班牙人巨大帮助。他们积极作战，以换取殖民地城市的财产，不过他们的异族身份肯定持续了一段时间。华沙大学的阿格尼兹卡·布莱拉克指出，征服者的危地马拉盟友们觉得自己的权利受到侵害，向王室提交请愿书时没有用西班牙语书写，而是用纳瓦特尔语变体，即被新西班牙殖民当局授予特殊地位的阿兹特克语。

在接下来的两个世纪里，西班牙人将他们自己的文化模式强加到被疾病摧毁的地区。正如考古学家帕克·范瓦尔肯堡所言，这种模式是根据天主教教义和伊比利亚法律制定的。按照教会和王室命令，对分散的人口须执行"缩减地"制度，也就是将人口集中到依西班牙模式建立的村庄和城镇中，借此更好地控制原住民，促使他们皈依基督教，成为"西班牙国王的臣民和基督教会的成员"。在西班牙君主的授意下，地图仿照玛雅形式绘制成圆形；基督教国王的形象也与领主"ajaw"的概念融合在一起（**图10.1**）。新定居点布局为网格状，建有笔直的街道、中央广场和教堂，整个玛雅地区至今仍存在此类定居点。除了作为宗教权力机构的教堂，城镇内通常还有一座用作"阿尤塔米恩托"的建筑，即

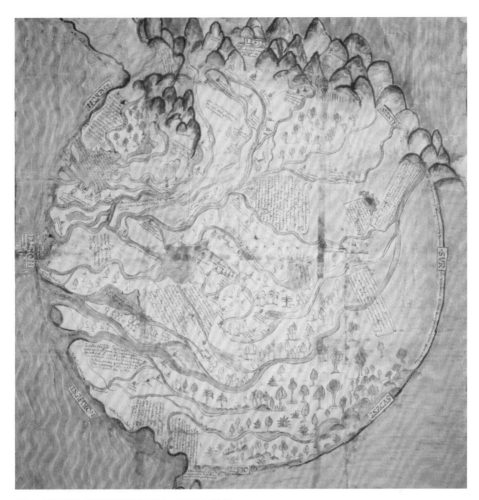

10.1 塔巴斯科地区的圆形地形图，1579年绘制

由西班牙人或混血后代管理（或控制）的市政厅。后来还出现了由所谓拉迪诺人经营的商店。他们在好几代人之前便已经放弃或一定程度上弱化了自己的土著身份。

天主教带来了它的神父、教会仪式和圣徒，成为文化融合的主要媒介。最成功的组织形式之一是流行于整个高地地区的"兄弟会"，每一个兄弟会都致力于奉养和崇拜某位特定的圣人。例如，在现今内巴赫地区的伊西尔市，就有12个这样的兄弟会，它们在社区的仪式生活中发挥着至关重要的作用（不少在美国务工的玛雅人寄来外汇，资助这些在当地享有崇高声望的组织）。基督徒的洗礼为玛雅社会生活引入了另一个概念，即"共同的教父母"，通过这种更为正式的仪式令成年玛雅人之间的友谊更加牢固。

当然，在宗教制度和信仰方面，西班牙和玛雅之间也激发出大量创新融合，因为两个文明在许多方面很相似：举行仪式时都要焚香、都有自己崇拜的形象、都用清水洗礼、都食用圣餐（天主教有圣餐饼，玛雅人则在文字中提到了"瓦赫"，也就是现在的玉米粉蒸肉）、都有神父（祭司），以及都会根据各自的历法，精心安排带着神像的朝圣和巡游活动。尼古拉·格鲁贝还提醒说，两者的文化中都有死而复生的英雄神——对西班牙人来说，他是耶稣基督；而在玛雅人心目中，他是玉米神。当齐纳卡坦的索西玛雅人向圣山上的十字架朝拜时，我们不必追问这是玛雅人的习俗还是西班牙人的习俗：对索西人而言，十字架和先祖的神山就是一个整体。

但欧洲入侵者带来的不仅仅是他们的文化和宗教，还将一套新的经济秩序强加到玛雅人身上。钢铁工具取代了打制或磨制的石器，玛雅人欣然接受了西班牙人的斧头、砍刀和钩镰，这让低地人能以前所未有的方式改造森林。牛、猪、鸡开始取代野味，成为饮食中主要的肉食来源，不过玛雅人从不喜欢大量使用猪油或菜油，而这正是西班牙菜肴的一个突出特点。玛雅人赋予老单词新含义，为从未见过的物种命名，如尤卡坦玛雅语将马写作"tsimin"，原意是"貘"；奇奥蒂语中的马是"chij"，原意为"鹿"。入侵者引进了柑橘、西瓜和其他颇受当地人欢迎的作物，但作为经济作物引进的甘蔗和咖啡（后者在很大程度上取代了本土可可树）却让人喜忧参半，因为种植园给玛雅人套上了经济枷锁。

西班牙人引入的另一个重要元素是罗马字母。最初，早期传教士用罗马字母拼写以土著语言创作的布道讲稿或类似作品。不久，受过教育的玛雅人就用罗马字母抄写他们自己的仪式和历史记录。这些文本以前是用玛雅文字书写的，而书写本身可能就是秘不示人的活动。多亏如此，伟大的基切史诗《波波尔·乌》，以及同样用基切语写的戏剧《拉维纳尔阿奇》和用尤卡坦语写就的《契兰·巴兰之书》才能保存下来。它们本身就是原住民文化和欧洲思想相融合的典型例子。中世纪或文艺复兴时期的占星术和医学也被玛雅人吸纳了。尤卡坦地区一直稳固维持着本土书写传统，至今仍有担任"ah tz'ib"，也就是"书写员"的人专职负责记录。19世纪四五十年代阶级战争期间，各方首领之间的往来信件有不少存留至今，这些史料可能正出自专业书写员的笔下。尽管在征服后的几十年里，这种书写传统在大多数地区急剧衰落，但之后这套文字体系到底持续了多长时间仍有争议。

各个玛雅族群显然吸收并调整了许多不同的外来元素，以适应他们从前征服时期继承而来且属于自己的文化模式。以马林巴琴为例，这是一种源自非洲的打击乐器，在殖民时期引入危地马拉，今天，它却作为一种典型的"玛雅"乐器出现在原住民的各种宗教和世俗表演中。马林巴琴如此彻底地融入了当地文化，许多游客都认为它一定在前征服时期就存在于此了。

高地玛雅：昨日与今天

人类学家和其他社会学家一致认为，1660万危地马拉人中有30%是讲土著语言的玛雅族裔。他们大部分居住在该国中部和西部高地。危地马拉东部地区有大量西班牙移民，拉迪诺人占主要成分。另一大玛雅群落的成员主要是索西人和泽套人，生活在邻近的恰帕斯高地。玛雅族群经济困难，成员营养不良，并不断承受近代以来危地马拉采取的各种恐怖镇压和剥削政策，但他们的人口数量依然在快速增长。

玛雅高地的经济既是墨西哥和危地马拉两个现代民族国家经济的一部分，又与其分离。大多数玛雅家庭从事玉米种植和手工艺品制作，产品用于当地消费或在本地市场出售。但许多地区的男性在一年中的部分时间里必须长途跋涉到低地，进入咖啡、棉花或甘蔗种植园及类似场所工作。还有人种植出口到国外的水果和蔬菜。除了壮丽的风景之外，危地马拉玛雅地区最显著的特征就是连接各地的市场和贸易网络，正如一位人类学家所说，这里产生了一种"便士资本主义"[1]现象。这些市场非常壮观，比如在阿蒂特兰湖附近的索洛拉和圣地亚哥·阿蒂特兰，会有一排排衣着鲜艳的玛雅妇女出售各种产品（图10.2）。如前所述，来自海外的侨汇金额也在不断增加。朴实的村庄里同样会有多层建筑，从美国寄来的二手服装随处可见。然而繁荣之下也有家庭支离破碎，也有人长

---

1 "便士资本主义"的概念由人类经济学家索尔·塔克斯于1953年提出，描述拥有小块土地权的土著经济。当地人种植作物，并从事小规模贸易活动。

10.2 危地马拉圣地亚哥·阿蒂特兰的苏都伊玛雅妇女正在踞腰织机上织布

期失业。许多人在没有证件的情况下，穿越人类学家詹森·德·莱昂所说的"露天坟地"冒险北上，很可能就一去无回。但对许多人来说，冒这些险是值得的。美国不少大城市都有讲玛雅语的人，有些地方甚至有数千玛雅人。随着玛雅说唱歌曲和重金属音乐等充满创意与生机的艺术形式蓬勃发展，玛雅人也在这样的跨国迁徙中重新形成自己的身份认同。

即使在这种情况下，玛雅的本土传统依然很强大。一般而言，玛雅高地每个村庄都有自己独特的服饰风格。妇女通常穿机织的伊卡特式[1]裹裙，而她们的棉质套头连衣裙（惠皮尔）则标志着她们属于某个特定族群。沃尔特·莫里斯研究表明，花纹不仅起到装饰作用，还展示了一套基于原住民宇宙观设计的复杂图像系统，有时也包含基督教元素。这绝非静态艺术，而是在不断变化的同时投射出玛雅人与过去千丝万缕的羁绊。相比之下，男人的穿着或多或少都基于西班牙的服装模式，但即便如此，不同族群也各有独特之处。例如，索洛拉

1　一种染织结合的织作技法。

10.3 2012年竖立于喀克其奎的石碑，由帕卡尔·巴兰·罗德里格斯、科克阿维茨·伊戈尔·希永和伊亚克塞尔·科蒂·伦筹备，爱默生·奇科尔雕刻

男子穿黑白相间、缝有纺锤形纽扣的短夹克，背后有一只极具象征性意义的蝙蝠；齐纳卡坦的索西男人头戴饰有缎带的宽边帽，身披斗篷，脚踏高背凉鞋，服饰与古典期的玛雅人大同小异。能见到这样的服装当然很令人欣喜，可惜这番景象在很多村落中也正逐渐消失。

　　古玛雅的历法循环在高地保留了下来。在伊西尔和基切等文化中，260天纪年法不仅是原住民仪式的组成部分，还是他们日常生活不可分割的一部分，就像他们遥远的祖先一样。只要在还使用260天纪年法的地方，就会有"守日人"，他们的工作是记录天数。除了主持仪式，所有高地祭司的另一项重要职能便是占卜。这自然是一项有生命力且仍在不断变化的传统。一些现代仪式祭坛，如喀克其奎城市伊西姆切的祭坛，就展现了一般教科书中玛雅低地的日期符号。2012年喀克其奎人立起一块精美的石碑，上面展示了为适应喀克其奎语而经过修改的玛雅文字，其实这种文字在早期玛雅资料中并无记载（图10.3）。除了260天纪年法外，还有一种深深植根于前西班牙时期的习俗，即抛特定的红色种子或玉米粒。被抛出的谷物分成四组，人们根据每一堆数量是奇数还是偶数，或者剩余谷物的奇偶数来判断吉凶。有些仪式需要整个村落甚至整个地区的人参与，其中最引人注目的是在莫莫斯特南戈的基切族群中举行的"8猴"盛典。在这一天，成千上万的玛雅人在黎明时分聚集在碎陶片堆积成的祭坛前，另有超过200名祭司充当媒介，成为许愿人和至高天神的中间人。人们往陶片堆上添加碎片，祈祷神灵能宽恕自己过去的罪孽，施与恩惠。其他表演，特别是舞蹈，排场也相当浩大。危地马拉的玛雅城镇查朱尔中一幢建筑物内的壁画就展现了这样的场景。2007年，人们才在这个伊西尔玛雅人的聚居区内发现了多幅壁画，其年代可以追溯到殖民时期后期，画面内容可能是至今仍在高地族群中表演的"征服之舞"（图10.4）。同样壮观的还有在危地马拉苏潘戈城举办的巨型风筝节。每年11月1日，人们会从当地公墓放飞各式风筝，风筝越做越大，颜色也越来越亮眼（图10.5）。在这些盛大的庆祝活动期间，医生们会为大众提供私人诊疗服务，他们会判断引发疾病的精神原因——始作俑者通常是袭扰、折磨患者的恶灵。

10.4（上）舞蹈场景的壁画，发现于危地马拉查朱尔城一栋殖民时期后期的房屋内。这些壁画由讲伊西尔语的玛雅人创作，突出了蓄着胡子、呈坐姿的西班牙人形象，上方标注了他们的官方头衔。一名西班牙人正在敲鼓，这对外国人而言很不寻常。右边是玛雅舞者或贵族，可能穿着美洲豹皮制成的服装

10.5（下）每年11月1日在危地马拉苏潘戈城举办的风筝节

齐纳卡坦的索西玛雅人

当代高地玛雅人若能在相对和平的环境中、在不断变化的世界里决定他们自己的命运，族群便可以重新繁盛起来，齐纳卡坦的索西玛雅人就是很好的例证。以埃翁·沃格特为首的哈佛大学项目团队从1957年开始对这个族群持续进行了近20年的深入研究。

大约4.5万名齐纳卡坦人生活在崎岖的山区，其中有数千人居住在山谷中人口稠密的仪式中心，其他人则分散在边远村落。齐纳卡坦人将世界看作一个巨大的五点梅花形几何图案，其中四个点各位于正方形的四个角上，第五个点则居于正中心，代表大地的肚脐——具象化表达则是仪式中心中央一个低矮的圆形土堆。守护在四个角落的瓦萨克男神肩负着大地上的万事万物，若有一个卸下负担，就会引发地震。主宰上方天空的是太阳、月亮和星星。"我们的圣父"太阳在齐纳卡坦人的宇宙观中与上帝或耶稣联系在了一起，而月亮等同于圣母马利亚。

聚居区附近的山脉和丘陵是祖先神祇"父灵与母灵"的家园，这些超自然人物被描绘成年迈的齐纳卡坦人形象，永远生活在他们的山中居所内。齐纳卡坦人经常在祈祷和仪式中提到他们，并用黑鸡、蜡烛、熏香、烈酒等供奉（图10.6）。顺带一提，许多玛雅学家相信，这些先祖居住的圣山就相当于古典期玛雅城市中的神庙－金字塔，后者用于祭祀亡者，也可能是将王室祖先神格化的体现。在齐纳卡坦人的宗教生活中，另一位和父灵、母灵几乎同等重要的是大地之主。他是肥胖、贪婪的异族人，居住在洞穴、石灰岩天然井和水潭里。他拥有所有水潭，能制造并控制雷电和雨水。

在齐纳卡坦，最神圣的物品是圣人的木雕或石膏像，都有着自己的传说和相关信仰（并不总是和官方的圣徒传记中一致），大多保存在镇子中心的三座教堂里。齐纳卡坦人生活在父系大家庭中，而这些大家庭又被划归到当地的父系大家族"斯纳"中。每个大家族都会在附近的山上供养一批用于同祖先神灵交流的十字架神龛，而洞穴内的神龛则是为了与大地之主沟通。两个到十几个父系家族组成一个水潭团体（水潭是非常神圣的），轮流供奉自己的十字架神龛。一个村镇可能由数个水潭团体组成。

10.6 一位齐纳卡坦的索西
玛雅萨满在山间神龛为病人
的灵魂祈祷，背景是一座外
观类似玛雅金字塔的圣山

　　必须记住的是，西班牙人对每一个玛雅族群都强加了一套官员等级制度，
这种制度至今在齐纳卡坦的仪式中心仍然沿用。这里的官员等级森严，任期三
年。更重要的等级制度则往往与宗教有关，这一现象在整个美洲的土著群落中
都能看到。大约250名被称为"先知"的人拥有宗教权力，他们都是成年男性。
对族群具有重要意义的还有按"负担原则"运作的宗教职务等级体系，每个职
务都被定义为"承受负担"（西班牙语表达为"cargo"，意为"货物"）。在这一
等级制度中，有61个职位根据资历被分为4个级别，履行其他地方的兄弟会职能。
所有"承受负担之人"任职期间必须居住在城镇中心，随着级别的提高，他们
的个人开支也会变得越来越高昂。一旦升到最高等级，这名齐纳卡坦人便很有
可能在退休后成为一个一贫如洗但非常受人尊敬的人。从这个角度看来，这确
实是"千钧重担"！

　　齐纳卡坦人的祭祀活动包括正式的餐饮环节，通常还举办前往圣地朝拜的
大游行。在这些活动中，从对个人位置的安排就能明显看出他们一直看重等级

制度。在很多关系到治疗和个人幸福的仪式中，还会涉及此人的天性（ch'ulel）和与其相对应的动物。每个齐纳卡坦人都有这样一个动物形态的"第二自我"，它们都生活在9200英尺（约2804.2米）高的死火山内的畜栏里。"第二自我"的概念显然源自玛雅古典期的"伴侣精灵"。

在"承受负担"官员的主持下，仪式中心经常举办水潭和宗族仪式，以及各类庆典活动。最盛大的还是年终/新年的"负担"仪式，要一直持续到1月下旬，在纪念圣塞巴斯蒂安的活动中达到高潮。就像围绕着这位罗马圣人的神话一样（这些神话本身就是4个世纪中宗教创造的结晶），这些戏剧性的仪式展现了基督教元素和玛雅土著元素完美融合的成果。大部分活动都是纯粹的戏剧表演，演员以仪式化方式模仿猴子（创世时代遗留下来的动物）、美洲豹、黑人和西班牙男女等。整场宗教戏剧的目的是宇宙和族群的复兴。仪式最后，神圣的公职象征物会被移交到新一任"承受负担"的官员手中。

尤卡坦玛雅人

西班牙征服尤卡坦半岛是一个漫长的过程，而且绝对谈不上彻底成功，最终西班牙只控制了半岛北部的三分之一，以及西海岸和东海岸的部分地区。外来统治者住在别墅里，掌控着欧洲式行政机构，在网格平面图上规划着千篇一律的新城镇，西班牙定居点周围及之间的广阔地带则分布着数以百计的玛雅族群。他们被迫遵照监护征赋制上缴贡品，被迫劳动，还要放弃他们的"偶像崇拜"。

根据民族历史学家格兰特·琼斯记载，尤卡坦半岛南部和东部有一片巨大的区域，包括佩滕和伯利兹大部地区、半岛的东海岸以及坎佩切以南地区，居住着数以万计不甘屈服于压迫的玛雅人。塔亚索是这片反抗之地的中心，正如第八章所述，这座城市直到1697年才向西班牙军队投降。西班牙人以各种方式尝试在该地区殖民，但一次又一次以失败告终。琼斯发现，原因之一是大批尤卡坦玛雅人为了逃离可怕的监护征赋制从北方来到了这里。因此，半岛东部地区，包括后来的墨西哥金塔纳罗奥州大部分地区，直到20世纪一直是玛雅人的独立堡垒。

查恩科姆玛雅人

人类学家罗伯特·雷德菲尔德和阿方索·维拉·罗哈斯在20世纪30年代、艾丽西娅·雷·克鲁兹在20世纪80年代分别对位于尤卡坦半岛中心的查恩科姆进行了研究。这是一座典型的尤卡坦玛雅村落。查恩科姆的房屋外墙刷成白色，屋顶都是茅草，妇女们穿着洁白长裙，裙边装饰着五颜六色的刺绣。然而这幅宁静的乡村场景却无法掩盖征服者和被征服者的激烈斗争，无法掩盖玛雅低地的动荡历史。自那以后，这里发生了很大的变化，许多人移居到旅游中心坎昆工作。不过在整个半岛上还可以找到如当年查恩科姆般的定居点。

与齐纳卡坦人一样，大部分查恩科姆玛雅人无论过去还是现在，都是种植玉米的农夫，但在低地，他们仍采用刀耕火种、轮流耕作的方式，而不是像高地那样在固定的农田上耕植。这里设立有常规的西班牙式政府机构，但没有如索西人那样令人瞩目的宗教等级体系。有两类宗教人士在查恩科姆和其他传统尤卡坦定居点主持宗教活动。一种被称为"康托尔大师"（唱诗班指挥），他们并非专职教士，但知晓如何在洗礼、婚礼和葬礼等基督教仪式上行天主教祷告。另一种似乎具有更强大的精神力量，这也许是真正的力量之源：他们被称为"赫明"（hmeen），即"做事情或理解事情的人"，也就是祭司。赫明活跃于半岛各处，甚至在梅里达这样的大城市中也不鲜见。他们是举办农业仪式时不可或缺的角色，在农村有着举足轻重的地位。尽管传统的玛雅260天纪年法在尤卡坦地区已经销声匿迹，但这些宗教人士依然用水晶预测未来，在占卜和预言方面发挥着重要作用。

当地人相信，在查恩科姆及其之外的田野和森林中，永远存在一个超自然的世界。他们在定居点的四方入口处各设立一对十字架和一只巴兰神（美洲豹）雕像，让恶灵远离村民。仁慈且令人畏惧的巴拉莫布是玉米田的守护神。这里还有许多查科布，他们是古典期和后古典期雨神恰克的后裔，被想象成骑在马背上的老人，由大天使圣迈克尔引领前进。农业仪式还需要祭祀各类森林之神，如蜜蜂神、鹿和牛的守护神等，因为农民必须清理土地才能耕种。恶风在世间到处飘荡，袭击人类，致人生病。还有戴着大帽子、像妖精一样的矮人阿鲁克索，他们总是给人带来不幸，也要注意避开。

从尤卡坦半岛农耕仪式的频率和盛况来看，当地人一切以生存为中心，焦虑程度恐怕比高地人高得多。正如第一章所言，半岛的土壤普遍瘠薄，降雨量远比南部稀少。查恩科姆农民在玉米田举行仪式，是因为他们认为人类从自然中获取资源必须经得神灵同意。人们向自然之神祈求恩惠，并通过祈祷和供奉祭品，如圣洁的食物和初熟的果实，得到适当回报。

圣食包括一沓沓在地坑中烹饪的豆糊玉米饼、巴尔切蜂蜜酒、萨卡（神圣的玉米粥）以及用家禽和动物祭品烹制的肉汤等，人们日常生活中不会吃这些。大约每隔4年，就会有一名农民赞助一场"玉米田晚餐"。他要在乡村的祭坛上摆满圣食圣饮，并邀请一位赫明来主持仪式。

尤卡坦半岛农业仪式中最盛大，也最引人注目的是为丰收祈求降水的"查恰克"，因此一整个"埃基多"农场（一种墨西哥式土地分配单元，打破了过去苛劣的庄园制度）中的所有家庭都要参加。参加仪式的仅限男性，准备期间，他们要到村庄外举行查恰克仪式的地方待上两天时间。赫明通过"扎兹敦"（水晶）占卜一番后仪式就可以开始了。祭坛上摆满了家禽、鹿肉还有圣食圣饮，这些都要按照预先确定的顺序摆放。祭坛下面有四名男孩分别被系在四根支架上，如同玛雅低地预示着即将下雨的"沃"（青蛙）一样呱呱叫着。一名年长男性站在一旁，负责扮演雨神首领坤库·恰克。他一只手持葫芦往玉米地洒水，象征着下雨；另一只手拿着木刀，象征着伴随大雨而来的闪电。

玛雅赫明还肩负着其他职责，最重要的是治病，因为查恩科姆人普遍相信恶疾来自妖风和邪眼，所以要举行治病仪式，通常还会向神灵供奉祭品。与高地情况类似，这些祭司也会占卜，要么使用他们的魔法水晶，要么抛玉米粒。巫术无处不在，万分危险：巫师以动物的形式出现，可能是男性也可能是女性。他们就像欧洲民间传说中的梦魇怪一样来到沉睡之人身边，通过不正当性行为吸取精力。

拉坎敦人

来到帕伦克遗址的游客很可能会在入口处附近遇到两三个玛雅男人，他们留着长发，穿着长长的白袍，出售专门为迎合游人而制作的弓箭。这些人来自

10.7（对页）带着宠物狗的拉坎敦儿童，墨西哥恰帕斯州拉坎哈尚萨亚布，摄于约1970年

拉坎敦族群，据说只剩下250人了，也有人认为尚有500人或更多（图10.7）。之所以产生这种偏差，可能是因为某些拉坎敦人在一年中的部分时间里会改变自己的文化身份，以一种更适应外界的面貌出现。

拉坎敦人居住在墨西哥恰帕斯州东部的三个小村落里，那里曾经是一片广袤的雨林。美国亚利桑那州立大学的乔尔·帕尔卡在危地马拉和墨西哥发现了更多属于这一族群的考古遗迹，已经被遗弃了一个世纪左右。历史上，拉坎敦人是逃离尤卡坦地区的难民之一，他们选择流亡到半岛南部的丛林地带，不愿屈从于西班牙人的统治。此外，这一群体可能还包括讲乔尔兰语的民族，以及来自佩滕、伯利兹的后古典期族群后裔。虽然大多数拉坎敦人已经皈依了基督教基要派（玛雅地区许多地方也出现了这种改宗现象），但还是有些人保留了部分旧有习俗。直到最近，这些人仍然到亚斯奇兰遗址中早已变成废墟的神庙朝拜，奉上盛满香脂的陶制香炉向神灵祈福。他们一度在高覆盖率的森林里打猎耕种，因为根据20世纪70年代总统颁布的一项法令，这里成了他们的保留地，但法令很快就被废除了，伐木公司大举进入，疯狂掠夺价值不菲的木材。然而，运送原木的卡车后面是失去土地的贫困农民，他们大多是来自高地的泽套人或恰帕斯州的乔尔人。早期探险者口中的拉坎敦丛林仍然部分存在，但很多地方已变成农场和定居点。在河对岸的危地马拉，大部分森林都被保存了下来。在过去几十年里，那儿一直是游击队的基地，很少有人愿意进入。据了解，危地马拉的拉坎敦人直到20世纪60年代一直生活在这片森林内。

反抗与生存

同高地地区一样，尽管掌控玛雅地区的现代民族国家实现了独立，但这不意味着玛雅人的生存条件就得到了改善，事实上反而更差了。举个例子，约翰·劳埃德·斯蒂芬斯就曾目睹原住民在尤卡坦的龙舌兰种植园和养牛场遭到残酷对待、过着悲惨的生活，并在自己的著作中对此予以详细记载。1847年，就在斯蒂芬斯到访后不久，尤卡坦半岛爆发了被后世称为"阶级战争"的大起义。几乎半岛上所有玛雅人都拿起武器反抗压迫。到最后，政府军仅仅守住了梅里达、沿海一些城镇以及通往坎佩切的主要道路，就好像"征服"发生了逆转。

这个故事的结局众所周知：当种植玉米的时节来临，玛雅人的军队就瓦解了。不过冲突在1850年再次爆发。墨西哥金塔纳罗奥州中部的玛雅村庄查恩圣克鲁兹出现了一个不可思议的"说话十字架"，预言将发生一场驱逐压迫者的圣战。当地玛雅人从伯利兹的英国人那里得到了武器和其他军事装备支持，成立了准军事集团，在救世主热情的鼓舞下再次与压迫者的军队作战。战斗持续到1901年，直至伊格纳西奥·布拉沃将军率领的联邦军队占领了查恩圣克鲁兹。在随后的几十年里，墨西哥政府的控制逐渐消失，多地出现大量"说话十字架"（迈克尔·D.科直到1948年才在图卢姆的卡斯蒂略神庙里见到一个"说话十字架"），而金塔纳罗奥州的玛雅人得以按自己的方式生活。在过去40年里，旅游业疯狂发展，对玛雅人的崇拜仪式产生了剧烈影响，并导致半岛这一部分地区的自治权减弱。但不可否认的是，旅游业发展也带来了物质上的繁荣，尽管是以文化为代价。

恰帕斯州同样爆发了类似冲突，只不过是在不同的世纪。几个世纪以来，玛雅地区的大部分土地和所有政治权力都掌握在牧场主和大商人手中。他们与墨西哥强大的革命制度党紧密勾结，成功剥夺了占人口大多数的玛雅族群公民权利，只留下贫瘠的土地供其残喘。墨西哥和美国签署北美自由贸易协定后，可能使墨西哥东南部原住民的经济状况进一步恶化了。1994年1月1日，一名自称"副司令马科斯"的前大学生率领萨帕塔民族解放军，即一支由索西玛雅人和泽套玛雅人组成的游击队袭击了作为该州主要权力中心之一的圣克里斯托瓦尔-德拉斯卡萨斯。

这是墨西哥历史上前所未有的大事件，因为无论墨西哥经历了什么内部冲突，土著民众通常都是旁观者。尽管有数以万计的军人被调来控制局势，萨帕塔主义者还是一度坚持武装抵抗，并且巧妙利用媒体（包括互联网）赢得了墨西哥其他地区和外界对其反抗事业的莫大同情。他们不仅为恰帕斯州玛雅人，还为整个墨西哥原住民群体争取经济、政治和文化权利。至少部分冲突是官方试图取消自然保护区和拉坎敦人的传统保留地引起的。不过，并非所有索西人和泽套人都支持萨帕塔民族解放军，还有许多人设法移居到其他地方躲避战乱。伯利兹南部的凯克其人也参与了类似的冲突，这个玛雅族群是19世纪来自危地马拉的移民，此后便一直身陷土地争端之中。

大恐怖

1978年5月29日，危地马拉上维拉帕斯省一个讲凯克其语的城镇潘索斯发生了屠杀事件，从此进入了西班牙人来到玛雅地区后，所谓"征服周期"中最惨烈、最血腥的一段时间。危地马拉军队向一群因政府拒绝授予土地所有权而抗议的原住民开枪，导致数十名成人及儿童遇难。

另一个因素是游击队的出现，这使问题变得更加复杂。这支武装力量后来重组为"危地马拉全国革命联盟"，将反政府行动的根据地设在高地西部地区。游击队最初由信奉马克思主义的前陆军军官领导，将传统玛雅文化视为实现无产阶级革命的障碍。土著村民别无选择，只能为他们提供食物和住所，却导致军队的暴行更加猖狂。

危地马拉政府、军队以及警察的报复随即到来：在历届军政府（有些得到美国政府的大力支持）的授权下，安全部队和政府行刑队对玛雅人施以恐怖统治，其暴虐程度史无前例。据加拿大女王大学的地理学家乔治·洛弗尔估计，有超过100万玛雅人流离失所。美国国家科学院的一份报告指出，大约有15万人被杀害，另有4万人"失踪"，其中有许多玛雅人。到20世纪80年代这可怕的10年结束时，有3.5万土著难民被关在墨西哥的难民营中，还有数千人逃到美国，另一些则定居于密林深处，比如危地马拉的彼德拉斯-内格拉斯遗址附近就建有营地，直至20世纪90年代末仍然可见。营地内部组织非常严密，建有小教堂、厨房、难民和战斗人员的住所、医院以及可以覆盖整个营地的工事掩体。农田都远离居民区，以避免遭受空袭。大多数营地位于山壑分岔处，规划有多条逃生路线。

这的的确确就是大规模种族灭绝和屠杀，政府强制原住民背井离乡，搬进所谓的示范村（美国军事顾问根据他们在越南的经验推荐这种方式），身体健康的男子还必须加入国民巡逻队服役。对成千上万的基切人、伊西尔人、马姆人及其他玛雅人来说，他们与这片土地的传统纽带终于被割裂了——或者说至少军方领导人是这么认为的。随着文化的瓦解，来自美国的基督教基要派传教士在政府的支持下（危地马拉当时的两任总统都信仰福音派新教）开始在危地马拉的玛雅族群中大力发展教徒。由于天主教神父数量不断减少，无法为规模较大的族群提供服务，加之玛雅人渴望获取新的身份认同，某些教派又承诺给予物质帮助，因此大批玛雅人改变了宗教信仰。

转折点出现在1995年12月，一个不那么反玛雅人的新政府上台了（以及一位民主党总统入主白宫）。该政权与主要的游击队组织，即危地马拉全国革命联盟签署了一系列和平协议。协议条款（在联合国主持的谈判中达成）包括：对武装部队多年来犯下的所有侵犯人权行为负责；重新安置大约100万流离失所者（当然，其中许多人都讲玛雅语）；确保玛雅原住民的文化身份及权利。危地马拉的一些学校现在其实已实行双语教学，积极传授当地的玛雅语言。玛雅祭司获得了"精神导师"的官方头衔，并得到允许，可以在主要玛雅遗址，如伊西姆切、乌塔特兰、蒂卡尔等地的指定区域举行仪式。

危地马拉的玛雅知识分子也热切地做出了积极反应，他们确信，以前彼此分裂、说着不同玛雅语言的族群为了生存，必须团结起来保卫自己的语言和文化。里戈韦塔·门楚就是其中一位关键人物。她是基切人，大部分家人都死于行刑队之手，而她本人因自身起到的榜样作用且积极投入社会运动，于1992年获得了诺贝尔和平奖。2007年和2011年，她甚至参加了危地马拉总统竞选，这也许预示了该国即将迈向的方向。

玛雅的未来

玛雅人将会面临怎样的未来？同全球各地的人民一样，他们肯定也会在一个越来越小、联系越来越紧密的世界中发生改变。过去，他们一直受到方方面面的压力：危地马拉军队和前行刑队、蜂拥而至的游客，还有墨西哥热带森林遭到的破坏。争取土地和民族自决权的斗争还在继续；采矿业和不计后果的开发污染了水源；气候变化导致耕种难度加大、收成下降；成年人改善生活贫苦状况的机会十分有限。生活在城市里的人还面临着失业风险和治安问题。由于内战引起政局动荡，加之玛雅地区内出现种植、转运毒品的贸易网络，导致帮派斗争愈演愈烈（偏远地区甚至建有机场供走私飞机起降，土质跑道上能够看到被遗弃或坠毁的螺旋桨式甚至喷气式飞机，货仓已经空空如也）。正是这些压力导致了整个玛雅地区陷入混乱，并引发大规模移民。事实证明，其他地方的确更利于生存。尽管统计数字很难精确说明问题，但如前所述，美国大约有150万危地马拉移民，其中很大一部分是玛雅人。尤卡坦半岛的村庄数量因此几乎减半，还有很多人移居到梅里达、坎昆等地，这些城市现在已成为世界上最大的玛雅城市。据人类学家温贝托·鲁斯统计，约有10万名讲尤卡坦玛雅语的人生活在梅里达，另有约4万人生活在坎昆。他们大多居住条件恶劣，工资微薄。地理上的流动将带来新的身份认同，也必然会影响未来玛雅文明的内涵和意义。

大多数考古学家都认为，要研究玛雅的过去，就必须对当今的玛雅族群承担道德义务。他们应该与邻近村落合作，通过在学校教授课程和接触媒体来负责任地传播知识，这种联系反过来也有助于加强当地的研究组织工作。通过这种循循善诱的启发性方式，我们对某一地区的认识也能加深，不过效果也取决于附近定居点的延续性（恰帕斯和危地马佩滕地区的一些移民可能只在某座城市附近生活了几十年）。但对各国政府来说，是否应该将遗址开发为旅游景点仍然是一个挑战。此处提及的只是将遗址作为"玛雅大道"及其他修建快速路和铁路相关宏伟计划的沿线景点。这不只是资金短缺的问题，大多数现状稳定的考古遗址都受到保护，免遭盗墓贼洗劫，但也因此与世隔绝，无人问津。这些考古遗址大多未经开发，因此不像帕伦克和蒂卡尔等旅游胜地，需要考虑持续维护的负担。丰富的激光雷达数据还将引发新的辩论，围绕如何以利于当地族群的方式保护历史景观，而不是将遗址一封了之。许多考古学家来自国外，当然不是玛雅人，这意味着他们是从访客的角度来看待东道国面临的这些难题。他们是最无关紧要的利益相关者，因此需要原住民考古学家为这类争论贡献自己的智慧。

讲玛雅语的人其实并没有减少，反而越来越多。玛雅人对自己引以为豪的历史有着高度认识，他们祖先留下的非凡作品和城市就是明证。他们必将适应未来的世界，而且毫无疑问的是，充满活力的玛雅文明也必将经久不衰，永远值得后人惊叹和钦佩。

游览玛雅

基本信息

玛雅遗址多达数百处，分布在墨西哥、危地马拉、伯利兹、洪都拉斯和萨尔瓦多五个国家，规模和重要性各不相同。想要参观所有遗址，恐怕需要耗费几十年甚至一生的时间。有兴趣的旅行者在决定探索某处之前，必须先在预算和时间之间取得平衡。只有几周时间的游客或许应该把精力集中在规模最大也最容易到达的地方，那里的住宿条件往往也会更舒适。然而对更富冒险精神的旅行者来说，如果可以忍受不那么豪华的住宿条件，比如挂在茅草屋里的吊床，就有机会探索其他游客少有目睹的丛林废墟……前提是要带上可靠的向导和蚊帐！

什么时候是去玛雅地区的最佳旅行时节？虽然可以在一年中的任何时候前往，但应该牢记，中美洲东部有两个明显的季节划分时段。旱季从11月下旬开始，一直持续到次年5月下旬雨季到来。大多数有组织的考古之旅都集中在这段时间。一些旅行社认为最佳时间段是11月至次年2月初，此时白天相对凉爽。但打算前往的游客应该注意，在这几个月里，寒冷的强北风可能偶尔会从得克萨斯州席卷而来，尤卡坦半岛将乌云密布，时常降雨。随着旱季来临，白天温度会上升。对许多去过玛雅城市的资深游客来说，最不适宜的月份是4月和5月，这两个月的温度将达到顶峰，焚烧玉米田产生的烟霾也会遮天蔽日。那时的玛雅地区大地干枯，树叶落尽，乡村一片枯黄（至少在尤卡坦如此）。

尽管雨季湿度很高，但其实也有好处：此时游客要少得多；扁虱（旱季流行于偏僻地区传播疫病的昆虫）几乎绝迹；植被新绿，更显古迹之美。除低地东南部地区，其他地方的降雨通常每天只持续几个小时，一般在下午或晚上，所以早晨很可能阳光明媚。麻烦当然也有：偏僻的道路和小径会变得泥泞不堪，经常无法通行，即使是四驱车也无可奈何；昆虫，特别是蚊子，总是贴人叮咬，需要不停喷洒驱蚊剂。登革热和疟疾在部分地区仍是顽疾，一些地方还暴发了寨卡病毒。

这里是热带地区，建议白天穿轻薄的衣服，但一年中任何时候晚上都会很冷（尤其是危地马拉和恰帕斯州高地，冬季气温很低，海拔最高的地方甚至还会降雪），所以旅行者应该随身携带一件毛衣。建议穿优质登山鞋，最好防水，遮阳帽和其他防晒措施是必备品——在大多数废墟，正午的阳光非常强烈，甚至还会将人晒伤。请记住，即使在旱季，也可能会在意想不到的时候下雨。

任何一本优秀的墨西哥和中美洲旅行指南中都会罗列需要注意的医疗事项。不光是刚来的新人，就算是经验丰富的考古学家也会抱怨无孔不入的旅行者腹泻，这使原本愉快的旅行变得痛苦不堪。首要措施是预防。除非是喝封装在瓶子里或至少煮沸了20分钟的水，否则任何情况下都不能饮用当地水。冰也同样危险。其他谨慎之举还有避免吃沙拉、未煮熟的蔬菜和配菜以及未去皮的水果等。好消息是，大多数旅行者腹泻在几天内就会痊愈。难以预测的是当地安全问题，某些地方犯罪分子猖獗，治安正在恶化。游览危地马拉城和伯利兹城的部分区域存在一定风险，因为当地帮派活动越发频繁，乘坐市区公共汽车可能非常不安全。

玛雅大部分地区交通都很便利，尤其是墨西哥，拥有可靠的公路系统，全天候通行，各大城市之间也有非常完善的巴士服务。对资金宽裕的游客来说，租车具有很强的灵活性，与公共交通相比可以游览更多的遗址。无论在何地，最好都不要开夜车。低地的某些地方，特别是佩特斯巴顿地区，道路不发达，只能以传统方式旅行，如使用骡马、独木舟代步，或干脆徒步。游客应始终留心照看自己身体各部位，因为有毒生物可能就在附近。

正规的旅游参考书，如《孤独星球》《易行指南》等值得信赖，而且信息也会一直更新。那么是否应该聘请导游呢？参加旅行团的好处之一是，团队中可能会有专业的考古学家或艺术史学家陪同，他们精通玛雅文化历史，甚至（最好是）掌握了玛雅文字。确实有一些非常优秀的当地导游，特别是在洪都拉斯的科潘或危地马拉的蒂卡尔，但许多导游只接受过很少的培训，有的甚至根本没有受过培训，所以很可能传递一些没有事实依据的信息。真正的玛雅文明爱好者最好事先尽可能多地阅读有关古代玛雅的资料，并参加得克萨斯大学奥斯汀分校或杜兰大学举办的为期一周的研讨会。欧洲游客可以从每年在欧洲大陆举行的瓦耶伯会议中受益匪浅，开会地点每年都会变动。

主要玛雅城市遗址的精确地图可以从各种出版物，包括考察最终报告中获取。在探索某个特定遗址时，手中拿着这些资料的复印件总是个好主意。较偏远的废墟可能因尚未清理现场而暂不开放。如果执意探访，最好随身携带地图、袖珍指南针以及纯净水。当然，这样的活动存在很多危险，只推荐给丛林经验丰富的探险者。在墨西哥的一些遗址，游客可以使用智能手机或平板电脑上的应用程序来一场自助游，这也是未来考古旅行的发展趋势。

"必看"遗址

每位专业的玛雅学家和每位经验丰富的玛雅旅行者都有自己喜爱的目的地。那些最受青睐的遗址不仅规模比其他的更大，还拥有杰出的建筑和大量保存完好的雕塑。几乎每个人的清单上都有以下六个名字：墨西哥的帕伦克、亚斯奇兰、乌斯马尔、奇琴伊察，危地马拉的蒂卡尔以及洪都拉斯的科潘。危地马拉的基里瓜拥有独一无二的宏伟雕刻，但从危地马拉城开车过去要走很远的路。如果还没有参观过所有这些遗址，就不能算是真正了解玛雅地区。旅行者若能下定决心，也许可以在三周内参观完所有遗址，不过每处都至少需要三天时间才能一探究竟。科潘博物馆是目前玛雅领域最优秀的博物馆之一，而且似乎很快就会有一座更大的博物馆建成，取而代之。

当然，还有几十个"较小"的遗址值得一去，其中一些在规模上甚至可能比上述遗址还要大，如坎佩切州的卡拉克穆尔和危地马拉北部的埃尔米拉多，但这些地方很难抵达或缺乏地面景观，只有最狂热的玛雅迷才会认为值得克服重重困难前去游览。现在的埃尔米拉多仍是如此，但卡拉克穆尔的交通有所改善，以切图马尔-埃斯卡塞加主干路上的虚普西[1]古典期遗址为起点，已经有一条可全天候通行的公路向西南延伸到卡拉克穆尔。此外，全长932英里（约1500千米）的铁路系统"玛雅火车"也在规划之中，工程人员已经开始使用激光雷达

1　前文多次出现的"希普西"原文拼写为"Xpuhil"，此处"虚普西"为"Xpujil"，为表区分采用不同译法，但猜测是同一词的不同拼写方式。——编者注

技术评估最佳铺设路线。这条铁路将完全改变墨西哥境内玛雅遗址的游览体验。截至2021年，该系统已经完成了10%。然而并不是当地所有族群都支持这一方案，所以为了逐步解决各种合理担忧，可以预见修建时间一定会推迟。

普克遗址

梅里达是前往乌斯马尔和普克地区其他遗址的起点，也是墨西哥较为宜人的省会城市之一，这里有优质的酒店和至少两座考古博物馆，包括规模宏大的玛雅世界大博物馆和极具艺术观赏性的坎顿宫。拥有古典期终期宏伟建筑的乌斯马尔遗址位于通往坎佩切州的主要公路旁边，梅里达以南约一小时车程处，那里的总督宫和四方修女院激发了弗兰克·劳埃德·赖特和我们这个时代许多建筑师的灵感，绝对不能错过。那些不仅希望参观乌斯马尔，还要探索卡巴、萨依尔和拉伯纳的朋友可以轻松乘车前往，但许多更偏远的普克遗址必须依靠四驱车辆。任何玛雅爱好者都不应该忽视洛尔顿洞，洞里现在已经安装了照明电灯。如果要去的话，聘请一名熟悉洞穴的当地导游是个好主意。保存完好的殖民地城市坎佩切及市内光线充足的博物馆也非常值得一游。

奇琴伊察和东部半岛

奇琴伊察是一座错综复杂的巨大城市，长期以来一直是研究的焦点，至少需要三天时间才能游览完毕。从梅里达驶上高速公路可以轻松前往此地，从尤卡坦半岛坎昆市一处名为"里维埃拉玛雅"的度假胜地出发也可以。奇琴伊察有时会挤满游客，但毕竟规模庞大，人群不会过度聚集。这处遗址拥有数量相当可观的雕塑和浮雕，都属于古典期终期至后古典期早期。它的球场是中美洲地区最大的一座，庄严的卡斯蒂略大金字塔和献祭之井具有深厚的历史，足以给人留下难以磨灭的印象。游客们也不应该错过非同凡响的埃克巴兰灰泥浮雕，此处位于奇琴伊察东北方向约33英里（约53.1千米）。

东海岸分布着很多后古典期晚期遗址，有些规模堪称迷你。参观人数最多（也许太多了）的一处是小小的图卢姆。它坐落在蓝色加勒比海的悬崖上，蔚为壮观。

遗憾的是，各种旅行团和游轮团客对它"爱得死去活来"。内陆城市科巴位于一连串美丽的湖泊之间，游客较少。

有一条可全天候通行的主干公路横穿尤卡坦半岛的底部，可以通往几处令人印象深刻的里奥贝克文化遗址，如希普西、贝坎、奇卡内尔以及科洪利奇一座年代非常久远（前古典期晚期或古典期早期之初）的金字塔。这座金字塔上装饰着代表玛雅诸神的大型灰泥面具。兹班切可能是卡拉克穆尔末代王朝的所在地，非常值得游览。这些地方都可以在一天内参观完毕。不过若想去更远的地方，比如里奥贝克遗址本身，就得付出更多时间和一定的精力。

帕伦克和托尼纳

如果只能参观一处玛雅遗址，相信帕伦克是许多人的首选：郁郁葱葱的森林、沿海平原的美景、精致的建筑、绝美的浮雕和灰泥雕塑，现代学者已经为这座伟大的城市提供了详细的历史背景，这一切都增强了它的魅力。游客至少需要两到四天的时间来欣赏帕伦克，不过即便在这里度过一个星期也不会觉得枯燥。游客一定不能错过美丽的十字神庙、王宫和巴加尔大王的陵墓。附近有几家不错的酒店，而且遗址里还建有一座一流的现代化博物馆。

从帕伦克和图斯特拉·古铁雷斯（恰帕斯州首府）之间主干公路上的小镇奥科辛哥出发，开车经过一条硬化公路，可以到达类似卫城的托尼那废墟。这处遗址目前正在发掘中。托尼那拥有数量不菲的古典期晚期立体雕塑，而且考古学家最近还发现了一件灰泥浮雕，描绘了玛雅史诗《波波尔·乌》中的情节。不过令人倍感困惑的是，当地有一座展品优秀但管理不佳的博物馆。精美的展品总是随意摆放，标签信息也乱七八糟。

亚斯奇兰和博南帕克

参观亚斯奇兰和博南帕克最便捷的方式是在帕伦克或比亚埃尔莫萨租一架轻型飞机。现在也有一些游客从陆路前往，据说这条路在雨季也能通行。亚斯奇兰是这两座玛雅遗址中较大的一座，是古典期晚期城市，位于乌苏马辛塔河上方的一串低矮的丘陵和山脊上，目前仍留有很多雕塑。博南帕克因当地一座小型建筑里的精美壁画闻名于世，但由于清理不当、修复不善，再加上自然因素的影响，这些壁画已受到严重损坏，昔日精妙已荡然无存。顺便提一下，亚斯奇兰是可以乘坐充气筏沿河顺流而下游览的几处乌苏马辛塔遗址之一，但这条河是墨西哥和危地马拉两国的界河，所以能否顺利通行取决于两国之间的政治局势。此地仍然属于不安全地带，而通过危地马拉北部到墨西哥最终抵达美国的毒品走私和人口贩运激增，让安全状况更令人担忧。

危地马拉：高地地区和太平洋沿岸

危地马拉城最大的博物馆是国家考古和民族学博物馆，收藏了许多从该国玛雅遗址中发掘的珍品文物。不过游客也不应该错过弗朗西斯科·马罗昆大学更为现代化的伊希切尔博物馆，它专注于展示土著服装和纺织品；还有波波尔·乌博物馆，精心布置的展品包括华丽的前征服时期文物。危地马拉城西郊有一片公园，曾经是巨大的卡米纳胡尤遗址所在地，但现在除了土堆几乎什么都看不到了。不过在蒂卡尔富图罗大厦附近的米拉弗洛雷斯博物馆对该遗址前古典期和古典期的历史做了精彩介绍。除了激动人心的阿蒂特兰湖以及周边的玛雅城镇和村庄外，前往高原旅行的游客还应该参观任意一座或全部的后古典期晚期主要城市，如伊西姆切、乌塔特兰（库马尔卡伊）和米克斯科别霍。这三个地方都可以乘车前往。

抽空前往埃斯昆特拉和面积不大的科特苏马尔瓜帕地区是非常值得推荐的一日游项目。比较重要的遗址都位于咖啡和（或）棉花种植园内。每座种植园的接待中心通常都收藏有古玛雅雕塑。如果在周日上午参观埃尔包尔种植园，还可能看到玛雅巫师在古老的雕刻品前举行仪式。白天在太平洋海岸的平原活动时应注意防范高温。

佩滕

从危地马拉城乘飞机可以到达蒂卡尔，大多数游客会在佩滕首府弗洛雷斯

（伊察国首都，岛城塔亚索遗址所在地）城内或附近下榻，然后乘公共汽车或出租车前往遗址。在旱季，人们也可以从伯利兹边境开车抵达弗洛雷斯。这座古城拥有高耸的神庙－金字塔，若要真正欣赏其伟大之处，至少应预留三天时间。它最吸引人的是周边的热带森林，有丰富的鸟类和动物。遗址内的几座博物馆正在改造或翻新，目前还不清楚能看到什么展品。现已废弃的飞机跑道对面有一座石碑博物馆，收藏了丰富的雕刻珍品。

佩滕北部还有十来座主要的古典期遗址，但除了乌夏克吞，其他遗址都很难到达，可能需要乘坐吉普车、骡子或步行，有时某些路段会非常泥泞。只有最坚定的玛雅文明爱好者才适合挑战这段旅程。亚萨哈遗址有一片迷人的湖泊和一座小型博物馆，刚刚经历大修，还没有配备说明牌，但仍然值得从弗洛雷斯出发前来游览，或在前往伯利兹的路上顺道参观。

佩滕西南部的玛雅遗迹相对容易到达。边境小镇萨亚斯切是出发前的大本营，这里的住宿条件非常简陋，各种走私非法买卖十分猖獗，一定要小心。要抵达玛雅遗址，必须在萨亚斯切租一艘配备舷外马达的小艇，停靠后还得徒步一段距离。塞巴尔位于萨亚斯切上游，是帕西翁河畔一座非常大的废墟城市，哈佛大学曾在此挖掘并做了部分修复，亚利桑那大学的猪侯健和丹妮拉·特里亚丹最近也在此展开了研究，目前原址仍有几块重要的石碑。游客可以乘船前往萨亚斯切南部和西南部的几处佩特斯巴顿遗址，但要到达其中最大的多斯皮拉斯遗址，则需要在泥泞的小路上徒步相当长的距离。有意前往的游客一定要携带野营装备。这里原本是禁止开发的国家公园，但1995年危地马拉和平协议签署后，已经有数百名无地农民搬进了这片保护区生活。

伯利兹

伯利兹最大的遗址卡拉科尔位于玛雅山区的西部边缘，在旱季要经过一条长长的土路才能抵达。它有20座主要广场，周围都是神庙，其中一些已经得到修复。大部分有雕刻的石碑已经被转移到费城的大学博物馆和伯利兹首都贝尔莫潘。还有些游客可能会对伯利兹城的伯利兹博物馆（殖民时期曾是监狱）感兴趣，那里的氛围提醒着人们伯利兹属于加勒比地区说英语的国家。游客在伯利兹以及危地马拉和洪都拉斯的部分地区都应该多加小心，因为那些地区的犯罪率很高。

就其环境和历史遗产而言，伯利兹在某些方面是该地区最优秀的国家，而且当地正在推进一项颇具长远眼光的考古计划。该国有两处值得一看的主要遗址。一处是中等规模的古典期玛雅城市阿尔顿哈，在伯利兹城以北约35英里（约56.3千米）处，有硬化公路连通。另一处是苏南图尼奇，靠近危地马拉边境，位于现代城镇本克别霍附近，规模远大于前者。这两处遗址都没有引人注目的石碑，但苏南图尼奇的特点在于一座大型神庙－金字塔顶部立面上装饰着的华丽灰泥雕塑。坐落在河边的拉马奈遗址视野开阔，建有一座小型博物馆，也值得一游。

扩展阅读

　　要全面整理一份关于古代、殖民时期和当代玛雅的最新参考书目，恐怕需要列出成千上万的条目。最符合要求的在线资源便是具有检索功能的优秀网站FAMSI（http://research.famsi.org/mesobib.php）。还有其他网站也值得有兴趣的读者去探索，如https://www.mesoweb.com。在本书的编写过程中，我们参考了大量文章和书籍，将在此集中推荐那些最有价值的著作，以及希望进一步深入研究某一主题的读者可能会感兴趣的作品。有三套专门研究玛雅文化的丛书必须重点参考：《玛雅文化研究》（*Estudios de Cultura Maya*），自1961年起由墨西哥国立自治大学玛雅研究中心出版；《古玛雅文字研究报告》（*Research Reports on Ancient Maya Writing*），自1985年起由华盛顿特区的玛雅研究中心出版，但作为一个系列现在已无新作出版；《PARI期刊》（*The PARI Journal*），由旧金山前哥伦布艺术研究所出版。贾斯廷·克尔创建的玛雅陶瓶数据库包含超过1850张玛雅古典期彩绘或刻纹陶瓶的照片，可访问网址http://www.mayavase.com或通过位于华盛顿特区的敦巴顿橡树园获取资料。《古代中部美洲》（*Ancient Mesoamerica*）、《古代拉丁美洲》（*Latin American Antiquity*）以及《墨西哥》（*Mexicon*）等杂志也刊登有专家文章。《墨西哥考古学》（*Arqueología Mexicana*）发表了多篇彩色印刷的高质量文章，介绍来自玛雅地区以及墨西哥其他地区的发现。还可以通过http://www.asociaciontikal.com网址查询危地马拉的一系列年度会议记录，非常有参考价值。大卫·斯图尔特开通了一个内容翔实可靠且更新频繁的博客，网址为http://mayadecipherment.org。宾夕法尼亚大学博物馆编撰的《蒂卡尔报告》（*The Tikal Reports*）是迄今为止关于单个重要城市最全面的调查报告，不过内容相当学术，而且索引不完整。

Abrams, Elliot M. *How the Maya Built Their World: Energetics and Ancient Architecture*. Austin 1994. (Useful report on labor and construction practices.)

Andrews, Anthony P. *Maya Salt Production and Trade*. Tucson 1983. (Thorough study of an important Maya industry.)

Andrews, E. Wyllys IV, and E. Wyllys Andrews V. *Excavations at Dzibilchaltun, Yucatán, Mexico*. Middle American Research Institute, Tulane University, Publication 48. New Orleans 1980. (Thorough report on excavations at crucial city in Yucatan.)

Arroyo, Bárbara, *et al.* "Refining Kaminaljuyu chronology: new radiocarbon dates, Bayesian analysis, and ceramics studies," *Latin American Antiquity*, vol. 31 (2020):477–497. (Important review of dates in crucial Maya city.)

Ashmore, Wendy. *Settlement Archaeology at Quirigua*. University Museum Monograph 126. Philadelphia 2007. (Important report on settlement at a key Maya city.)

Asselbergs, Florine. *Conquered Conquistadors: The Lienzo de Quauhquechollan, A Nahua Vision of the Conquest of Guatemala*. Boulder 2004. (Pictorial document detailing the role of Indigenous allies from central Mexico in the subjugation of the Mayas of Guatemala.)

Aveni, Anthony F. *Skywatchers of Ancient Mexico*. Austin 1980. (The clearest introduction to Maya astronomy.)

Beach, Timothy, *et al.* "Stability and instability on Maya lowlands tropical hillslope soils," *Geomorphology* 305 (2018):185–208. (Key study of erosion and its impacts.)

—, *et al.* "Ancient Maya wetland fields revealed under tropical forest canopy from laser scanning and multiproxy evidence," *Proceedings of the National Academy of Sciences*, 116 (2019):21469–21477. (How to evaluate lidar in investigations of ancient agriculture.)

Beliaev, Dmitri, and Stephen Houston. "A sacrificial sign in Maya writing," *Maya Decipherment: Ideas on Ancient Maya Writing and Iconography*, 2020, https://mayadecipherment.com/2020/06/20/a-sacrificial-sign-in-maya-writing/. (Report on how the Maya showed and recorded sacrifice.)

Bell, Ellen E., Marcello Canuto, and Robert J. Sharer

(eds.). *Understanding Early Classic Copan.* Philadelphia 2004. (Among seventeen essays are descriptions and analyses of the spectacular finds at the base of the city's state temple.)

Benson, Elizabeth P., and Gillett G. Griffin (eds.). *Maya Iconography.* Princeton 1988. (Pioneering essays on Maya art and epigraphy.)

Berlin, Heinrich. "El glifo emblema en las inscripciones mayas," *Journal de la Société des Américanistes,* vol. 47 (1958):111–119. (Article that presaged the historical approach to the inscriptions.)

Brenner, Mark, *et al.* "Paleolimnology of the Maya lowlands: long-term perspectives on interactions among climate, environment, and humans," *Ancient Mesoamerica,* vol. 13 (2002):141–157. (Pioneering essay on environmental evidence from Maya lowlands.)

Bricker, Harvey M., and Victoria R. Bricker. *Astronomy in the Maya Codices.* Memoirs of the American Philosophical Society 265. Philadelphia 2011. (Numerically focused report on astronomy in Maya books.)

Brylak, Agnieszka. "'Some of them just die like horses': contact-induced changes in peripheral Nahuatl of the sixteenth-century petitions from Santiago de Guatemala," *Journal of Language Contact,* vol. 12 (2019):344–377. (Fascinating study of language use in Colonial Guatemala.)

Canuto, Marcello A., *et al.* "Ancient lowland Maya complexity as revealed by airborne laser scanning of northern Guatemala," *Science,* vol. 361 (2018):eaau0137. (The largest lidar capture to date, with discoveries about ancient Maya settlement.)

Carmack, Robert M. *Quichean Civilization.* Berkeley 1973. (Overview of the Postclassic K'iche' Maya of Guatemala.)

—, *The Quiché Maya of Utatlán.* Norman 1981. (Overview of important Highland kingdom.)

—, *Rebels of Highland Guatemala: The Quiche-Mayas of Momostenango.* Norman 1995. (Further detail on the K'iche' Maya and their history.)

Carrasco Vargas, Ramón, and María Cordeiro Baqueiro. "The murals of Chiik Nahb Structure Subt 1–4, Calakmul, Mexico," in *Maya Archaeology 2,* eds. C. Golden, S. Houston, and J. Skidmore, 8–59. San Francisco 2012. (Description of spectacular murals at Calakmul.)

Carter, Nicholas, *et al.* (eds.) *The Adorned Body: Mapping Ancient Maya Dress.* Austin 2020. (Comprehensive exploration of ancient Maya clothing.)

Chase, Arlen F., and Prudence M. Rice (eds.). *The Lowland Maya Postclassic.* Austin 1985. (Nineteen essays covering all aspects of the subject, up to the fall of Tayasal in 1697.)

Chávez, René, *et al.,* "Karst detection beneath the pyramid of El Castillo, Chichen Itza, Mexico, by non-invasive ERT-3D methods," *Scientific Reports,* vol. 8 (2018):15391. (Possible detection of cave under the Castillo at Chichen Itza.)

Chinchilla Mazariegos, Oswaldo. *Cotzumalguapa: la ciudad arqueológica, El Baúl-Bilbao-El Castillo.* Guatemala 2012. (Important, non-Maya cities in coastal and piedmont Guatemala, touching on relations to the Pipil.)

—, *Art and Myth of the Ancient Maya.* New Haven 2017. (Recent interpretation of Maya myths.)

—, "The southern cities: urban archaeology in Pacific Guatemala and eastern Soconusco, Mexico." *Journal of Archaeological Research* vol. 29 (2021):47–91. (Thorough review of recent research on the Cotzumalguapa sites.)

Christensen, Allen J. (trans. and ed.). *Popol Vuh. The Sacred Book of the Maya.* New York 2003. (A scholarly edition of the great K'iche' Maya epic, a masterpiece of Native American literature.)

Clark, John E., and David Cheetham. "Mesoamerica's tribal foundations," in *The Archaeology of Tribal Societies,* ed. W. A. Parkinson. Ann Arbor 2002. (Overview of Mesoamerica from Archaic times through the Middle Preclassic.)

Coe, Michael D. *The Maya Scribe and His World.* New York 1973. (Iconographic and epigraphic study of Maya vases, with description of the Grolier Codex.)

—, *Breaking the Maya Code.* Third edition. London and New York 2011. (History of the Maya decipherment.)

—, and Kent V. Flannery. *Early Cultures and Human Ecology in South Coastal Guatemala.* Washington 1967. (Early Preclassic investigations.)

—, and Justin Kerr. *The Art of the Maya Scribe.* London 1997, New York 1998. (A study of Maya calligraphy, and of the scribes and artists who produced it.)

—, and Mark Van Stone. *Reading the Maya Glyphs.* Revised edition. London and New York 2005. (An epigraphic handbook for beginning students.)

Coe, Sophie D. *America's First Cuisines.* Austin 1994. (Maya foodstuffs and cooking are described in Chapters 7–11.)

Coe, William. *Tikal: A Handbook of the Ancient Maya Ruins.* Philadelphia 1967. (Still the best guidebook on any Maya city.)

Coggins, Clemency C., and Orrin C. Shank (eds.). *Cenote of Sacrifice: Maya Treasures from the Sacred Well at Chichen Itza.* Austin 1984. (Catalogue of objects recovered from the *cenote* at the beginning of the twentieth century.)

Cojtí Ren, Iyaxel. "The experience of a Mayan student," in *Being and Becoming Indigenous Archaeologists,* ed. G. P. Nicholas, 84–92. London 2010. (Perspectives of an Indigenous archaeologist.)

—, "The Emergence of the Ancient Kaqchikel Polity: A Case of Ethnogenesis in the Guatemalan Highlands." Ph.D. dissertation, Vanderbilt University, 2019. (Study by Indigenous scholar of polity formation in Highland Guatemala.)

Curtis, Jason H., David A. Hodell, and Mark Brenner. "Climate variability on the Yucatan Peninsula (Mexico) during the past 3500 years, and implications for Maya cultural evolution," *Quaternary Research,* vol. 46 (1996):37–47. (Climate change among the ancient Maya.)

Demarest, Arthur, Prudence M. Rice, and Don S. Rice (eds.). *The Terminal Classic in the Maya Lowlands: Collapse, Transition, and Transformation.* Boulder 2004. (Essays on the end of the Classic period.)

Diehl, Richard A. *The Olmecs: America's First Civilization.* London and New York 2004. (A readable, up-to-date introduction to the "mother culture" of Mesoamerica.)

Doyle, James A. *Architecture and the Origins of Preclassic Maya Politics*. Cambridge 2017. (Report on Preclassic constructions and their symbolic and ritual import.)

Dull, Robert A., *et al.* "Radiocarbon and geologic evidence reveal Ilopango volcano as source of the colossal 'mystery' eruption of 539/40 CE," *Quaternary Science Reviews*, vol. 222 (2019):105855. (Precise dating of a momentous volcanic explosion.)

Estrada-Belli, Francisco. *The First Maya Civilization: Ritual and Power Before the Classic Period*. New York 2011. (Synthesis of research on the Preclassic period.)

—, *et al.* "Two Early Classic Maya murals: new texts and images in Maya and Teotihuacan style from La Sufricaya, Petén, Guatemala." http://antiquity.ac.uk/projgall/estrada_belli308/ (Important murals from Guatemala.)

Fash, William L. *Scribes, Warriors and Kings: The City of Copán and the Ancient Maya*. Revised edition. London and New York 2001. (Authoritative introduction to this important city, combining archaeology, iconography, and dynastic analysis.)

Fedick, Scott L. (ed.). *The Managed Mosaic: Ancient Maya Agriculture and Resource Use*. Salt Lake City 1996.

Finamore, Daniel, and Stephen Houston. *Fiery Pool: The Maya and the Mythic Sea*. New Haven 2010. (Catalogue of exhibit on the maritime orientation of Maya society.)

Fizsimmons, James L. *Death and the Classic Kings*. Austin 2009. (Synthesis of research about royal death-practices and beliefs.)

Fox, John W. *Quiché Conquest: Centralism and Regionalism in Highland Guatemalan State Development*. Albuquerque 1978. (Argues for the Gulf Coast origin of the Postclassic highland elites.)

Freidel, David, Linda Schele, and Joy Parker. *Maya Cosmos: Three Thousand Years on the Shaman's Path*. New York 1993. (Interpretation of creation myth and cosmology in the lives of the ancient and modern Maya.)

Golden, Charles, *et al.* "Centering the Classic Maya kingdom of Sak Tz'i'," *Journal of Field Archaeology*, vol. 45(2020):67–85. (Rediscovery of an important "lost city.")

—, *et al.* "Airborne lidar survey, density-based clustering, and ancient Maya settlement in the Upper Usumacinta River region of Mexico and Guatemala," *Remote Sensing*, vol. 13(2021): 4109. https://doi.org/10.3390/rs13204109

González Cruz, Arnold. *La reina roja: una tumba real de Palenque*. Mexico City 2011. (Lavish publication about queen's tomb.)

Graham, Elizabeth. *Maya Christians and Their Churches in Sixteenth-Century Belize*. Gainesville 2011. (Archaeology of religious encounters in the early Colonial period.)

Graham, Ian. *Alfred Maudslay and the Maya*. Norman 2002. (Biography of a pioneering Maya archaeologist.)

Grube, Nikolai (ed.). *Maya: Divine Kings of the Rain Forest*. Köln 2001. (Lavishly and beautifully illustrated collection of essays on all aspects of the Maya.)

—, and Werner Nahm. "A census of Xibalbá: a complete inventory of Way characters on Maya ceramics," in *The Maya Vase Book*, No. 4, 686–715. New York 1994. (Study of companion spirits among the ancient Maya.)

Guernsey, Julia. *Sculpture and Social Dynamics in Preclassic Mesoamerica*. Cambridge 2012. (Early sculptures in coastal and piedmont Guatemala and adjacent zones.)

Halperin, Christina T. *Maya Figurines: Intersections between State and Household*. Austin 2014. (Perceptive study of Maya figurines.)

—, and Zachary Hruby, "A Late Postclassic (*c.* AD 1350–1521) border shrine at the site of Tayasal, Petén, Guatemala," *Latin American Antiquity*, vol. 30 (2019):55–69.

Hanks, William F. *Referential Practice: Language and Lived Space among the Maya*. Chicago 1990. (Sophisticated description of Maya ritual practice and daily use of language.)

—, *Converting Words: Maya in the Age of the Cross*. Berkeley 2010. (Language and religious conversion in Yucatan.)

Hansen, Richard D. "The Maya rediscovered: the road to Nakbé," *Natural History*, May 1991, pp. 8–14. New York. (Investigations at a Late Preclassic city.)

—, "El Mirador, Guatemala, y el apogeo del Preclásico en el area maya," *Arqueología Mexicana* II, 66 (2004):26–33. (Report on research at largest Preclassic city.)

Harrison, Peter D., and B. L. Turner (eds.). *Pre-Hispanic Maya Agriculture*. Albuquerque 1978.

Hawkins, John P. (ed.). *Religious Transformations in Maya Guatemala: Cultural Collapse and Christian Pentecostal Revitalization*. Santa Fe 2021. (Broad study of religious change in Highland Guatemala.)

Hay, Clarence L., *et al.* (eds.). *The Maya and their Neighbors*. New York 1940. (A now-classic festschrift dedicated to the great Mayanist Alfred M. Tozzer.)

Helmke, Christophe, *et al.* *A Reading of the Komkom Vase Discovered at Baking Pot, Belize*. San Francisco 2018. (Exemplary study of an extraordinary ceramic vase.)

Hoggarth, Julie A., *et al.* "Drought and its demographic effects in the Maya lowlands," *Current Anthropology*, vol. 58 (2018):82–113. (Recent review of drought literature among the Maya.)

Houston, Stephen D. *Hieroglyphs and History at Dos Pilas. Dynastic Politics of the Classic Maya*. Austin 1993. (Study of micro-history in one region of Peten, Guatemala.)

—, *The Life Within: Classic Maya and the Matter of Permanence*. New Haven 2014. (Maya concepts about vitality in the material world.)

—, *The Gifted Passage: Young Men in Classic Maya Art and Text*. New Haven 2018. (How Maya glyphs and imagery focus on noble youths.)

—, and Takeshi Inomata. *The Classic Maya*. Cambridge 2009. (A synthesis of the period with greatest glyphic and archaeological evidence.)

—, Karl A. Taube, and David Stuart. *The Memory of Bones: Body, Being, and Experience among the Classic Maya*. Austin 2006. (Emotions and the human senses as expressed in iconography and hieroglyphs.)

—, *et al.* *Veiled Brightness: A History of Ancient Maya Color*. Austin 2009. (Study of color use and meaning over time.)

Hutson, Scott. *Dwelling, Identity, and the Maya: Relational Archaeology at Chunchucmil*. Lanham 2010. (Ways of life in ancient Yucatan.)

Iannone, Gyles (ed.). *The Great Maya Droughts in Cultural Context*. Boulder 2014. (Discussion of droughts and their effects on the Maya.)

Inomata, Takeshi, and Daniela Triadan (eds.). *Burned Palaces and Elite Residences of Aguateca: Excavations and Ceramics*. Salt Lake City 2010. (Report on the Classic Maya "Pompeii" in a first-rate monograph.)

—, and Stephen D. Houston (eds.). *Royal Courts of the Ancient Maya*. 2 vols. Boulder, Colorado, and Oxford 2001. (Essays about the dynastic core of Maya cities.)

—, *et al.* "Early ceremonial constructions at Ceibal, Guatemala, and the origins of lowland Maya civilization," *Science*, vol. 340 (2013):467–471. (Key report on early settlement in the Maya region.)

—, *et al.* "Archaeological application of airborne LiDAR to examine social changes in the Ceibal region of the Maya lowlands," *PLoS ONE*, vol. 13 (2018):e0191619. (An application of lidar to ancient settlement at a key Maya city.)

—, *et al.* "Artificial plateau construction during the Preclassic period at the Maya site of Ceibal, Guatemala," *PloS ONE*, vol. 14 (2019):e0221943. (A study of how lidar changes our views of immense platforms underlying Maya cities.)

—, *et al.* "Monumental architecture at Aguada Fénix and the rise of Maya civilization," *Nature*, vol. 582 (2020):530–533. (The discovery of an unsuspected site by lidar and subsequent excavations.)

—, *et al.* "Origins and spread of formal ceremonial complexes in the Olmec and Maya regions revealed by airborne lidar," *Nature Human Behavior*, vol. 5 (2021):1487–1501. (Masterful study of how site plans developed from Olmec origins and spread into the Maya area.)

Jones, Grant D. *Maya Resistance to Spanish Rule: Time and History on a Colonial Frontier*. Albuquerque 1989. (Documentary history of the independent Maya of southern Yucatan and the Peten.)

Jordan, Keith. "From Tula Chico to Chichén Itzá: implications of the Epiclassic sculpture of Tula for the nature and timing of Tula-Chichén contact," *Latin American Antiquity*, vol. 27 (2016):462–478. (Debunks theory that Toltec art styles in Chichen Itza predated those in Central Mexico.)

Just, Bryan. *Dancing into Dreams: Maya Vase Painting of the Ik' Kingdom*. Princeton 2012. (Best monograph on a single class of fine Classic-era pottery.)

Kennett, Douglas S., *et al.* "Development and disintegration of Maya political systems in response to climate change," *Science*, vol. 338 (2012):788–791. (Study of cave deposits in Belize as indicators of climate change.)

Kerr, Justin. *The Maya Vase Book*. Vols. 1–5. New York 1989–1997. (A series presenting rollouts of Maya vases, accompanied by important essays on ceramic iconography and epigraphy.)

Kidder, Alfred V., Jesse L. Jennings, and Edwin M. Shook. *Excavations at Kaminaljuyu, Guatemala*. Carnegie Institution of Washington, publ. 561. Washington 1946. (Excavation of Early Classic tombs.)

Kistler, Logan, *et al.* "Archaeological Central American maize genomes suggest ancient gene flow from South America," *Proceedings of the National Academy of Sciences* vol. 117 (2020): 33124–33129. (A report on discoveries about the complexity and multi-regional centers of plant domestication.)

Knorosov, Yuri V. "The problem of the study of the Maya hieroglyphic writing," *American Antiquity*, vol. 23, no. 3 (1958):284–291. (First American publication of Knorosov's revolutionary approach to the glyphs.)

Kowalski, Jeff K. *The House of the Governor: A Maya Palace at Uxmal, Yucatan, Mexico*. Norman 1987. (Important architectural and iconographic study of a major administrative building of the Puuc.)

Kristan-Graham, Cynthia, and Jeff Kowalski (eds.). *Twin Tollans: Chichén Itzá, Tula, and the Epiclassic to Early Postclassic Mesoamerican World*. Washington 2007. (Essays from a Dumbarton Oaks conference on one of Mesoamerica's thorniest problems.)

Laporte, Juan Pedro, and Juan Antonio Valdés. *Tikal y Uaxactún en el Preclásico*. Mexico 1993. (Important study of Guatemalan research on two crucial sites.)

Law, Danny. "Mayan historical linguistics in a new age," *Language and Linguistics Compass*, vol. 7 (2013):141–156. (Recent developments in Mayan linguistics.)

Lentz, David L., *et al.* "Molecular genetic and geochemical assays reveal severe contamination of drinking water reservoirs at the ancient Maya city of Tikal," *Scientific Reports*, vol. 10 (2020):10316. (An evaluation of water supply and quality at a large Maya city.)

Little, Walter E. *Mayas in the Marketplace: Tourism, Globalization, and Cultural Identity*. Austin 2004. (Maya economic relations with the outside world, especially in tourist centers of Guatemala.)

Lohse, Jon C. "Archaic origins of the lowland Maya," *Latin American Antiquity*, vol. 21, no. 3 (2010):312–352.

—, "Archaic matters," in *The Maya World*, ed. S. R. Hutson and T. Arden, 11–28. Milton Park 2020. (A useful summary of recent work on the Archaic in the Maya region.)

Looper, Matthew G. *To Be Like Gods: Dance in Ancient Maya Civilization*. Austin 2009. (A study of ritual dance among the Maya elite, and its many levels of meaning.)

Lothrop, Samuel K. *Tulum, An Archaeological Study of the East Coast of Yucatan*. Carnegie Institution of Washington, publ. 335. Washington 1924. (Vital if dated resource on a site visited by very many tourists.)

Lounsbury, Floyd G. "Maya numeration, computation, and calendrical astronomy," in *Dictionary of Scientific Biography*, vol. 15, supplement I (1978):759–818. (Full account of these subjects, written for the advanced student.)

Lowe, Gareth W., Thomas E. Lee, and Eduardo E. Martínez. *Izapa: An Introduction to the Ruins and Monuments*. Papers of the New World Archaeological Foundation, no. 31. Provo 1973. (Basic study of the type site of the Izapan.)

Luzzadder-Beach, Sheryl, *et al.* "Maya models and distant mirrors: wetland fields, drought, and the Maya abandonment," *Proceedings of the National Academy of Science*, vol. 109 (2012):3646–3651. (Insightful report on wetland agriculture and its broader impact.)

Martin, Simon. "Hieroglyphs from the painted pyramid: the epigraphy of Chiik Nahb Structure Sub 1–4, Calakmul, Mexico," in *Maya Archaeology 2*, eds. C. Golden, S. Houston, and J. Skidmore, 60–81. San Francisco 2012. (Study of hieroglyphs in murals at Calakmul.)

—, *Ancient Maya Politics: A Political Anthropology of the Classic Period 150–900 CE*. Cambridge 2020. (A definitive study of the people and processes that affected Maya kingdoms.)

—, and Nikolai Grube. *Chronicle of the Maya Kings and Queens*. Second edition. London and New York 2008. (Complete guide to the dynasties that ruled Classic cities, based upon the latest epigraphic and archaeological research.)

Martínez del Campo Lanz, Sofía, ed. *El Códice Maya de México, antes Grolier*. Mexico City 2018. (A conclusive technical study of the material and dating of the earliest surviving book in the Americas.)

Masson, Marilyn A. A., and Carlos Peraza Lope. *Kukulcan's Realm: Urban Life at Ancient Mayapán*. Boulder 2014. (Excavations in urban settlement at important Postclassic city in Yucatan.)

Matheny, Ray T. (ed.). *El Mirador, Petén, Guatemala: An Interim Report*. Papers of the New World Archaeological Foundation, no. 45. Provo 1980. (Investigations at the largest Late Preclassic city.)

—, *et al. Investigations at Edzná, Campeche, Mexico*. Papers of the New World Archaeological Foundation, no. 46. Provo 1980 and 1983. (Thorough study of excavations at important city in Campeche.)

Matsumoto, Mallory E. "La estela de Iximche' en el contexto de la revitalización lingüística y la recuperación jeroglífica en las comunidades mayas de Guatemala," *Estudios de Cultura Maya*, vol. 45 (2015):225–258. (Fascinating report on renewed use of Mayan writing in Guatemala.)

Maudslay, Alfred P. *Biologia Centrali-Americana, Archaeology*. Text and 4 vols. of plates. London 1889–1902. (Magnificent photographs and drawings of Maya monuments and cities; a milestone in the history of Maya research.)

Maxwell, Judith M., and Robert M. Hill II. *Kaqchikel Chronicles: The Definitive Edition*. Austin 2006. (English translation of highland Maya historical documents.)

McAnany, Patricia. *Living with the Ancestors: Kinship and Kingship in Ancient Maya Society*. Second edition. Austin 2014. (Sophisticated study of relations with the ancestors in Preclassic and Classic periods.)

—, *Maya Cultural Heritage: How Archaeologists and Indigenous Communities Engage the Past*. Lanham 2016. (On ethical practice in Maya archaeology.)

McGee, R. Jon. Life, *Ritual and Religion Among the Lacandón Maya*. Belmont 1990. (Useful overview of the Lacandon.)

Menchú, Rigoberta. *I, Rigoberta Menchú*. London 1984. (First-hand account of the terror inflicted on the Maya of Guatemala, by the winner of the 1992 Nobel Prize for Peace.)

Miller, Arthur G. *On the Edge of the Sea: Mural Painting at Tancah-Tulum, Quintana Roo*. Washington 1982. (Postclassic art in the eastern Yucatan Peninsula.)

Miller, Mary. *The Art of Mesoamerica from Olmec to Aztec*. Fifth edition. London and New York 2012. (Excellent introduction to Mesoamerican culture as a whole.)

—, and Claudia Brittenham. *The Spectacle of the Late Maya Court: Reflections on the Murals of Bonampak*. Austin 2013. (Thorough study of the greatest Maya murals.)

—, and Simon Martin. *Courtly Art of the Ancient Maya*. London and New York 2004. (Superb exhibition catalogue concentrating on the royal palace art of the Late Classic period.)

—, and Megan E. O'Neil. *Maya Art and Architecture*. Second edition. London and New York 2014. (Strong overview of Maya visual production.)

—, and Karl Taube. *The Gods and Symbols of Ancient Mexico and the Maya: An Illustrated Dictionary of Mesoamerican Religion*. London and New York 1993. (Indispensable for understanding the mental world of the ancient Maya.)

Morris, Earl H., *et al. The Temple of the Warriors at Chichen Itzá, Yucatan*. Carnegie Institution of Washington, publ. 406, 2 vols. Washington 1931. (Impressively illustrated publication of "Toltec" building at Chichen Itza.)

Morris, Walter F., Jr. *Living Maya*. New York 1987. (The text emphasizes the weaver's art, and has photographs of the contemporary Maya of Chiapas.)

Palka, Joel. *Unconquered Lacandon Maya: Ethnohistory and Archaeology of Indigenous Culture Change*. Gainesville 2005. (Archaeological vestiges of the Lacandon Maya.)

Paris, Elizabeth H., *et al.*, "Violence, desecration, and urban collapse at the Postclassic Maya political capital of Mayapán," *Journal of Anthropological Archaeology*, vol. 48 (2017):63–86.

Pendergast, David M. *Excavations at Altun Ha, Belize, 1964–1970*. Toronto: vol. 1, 1979; vol. 2, 1982; vol. 3, 1990. (Exemplary excavation reports of key site in Belize.)

—, "Lamanai, Belize: summary of excavation results 1974–1980," *Journal of Field Archaeology*, vol. 8, no. 1 (1981):29–53. (Finds from important site in Belize.)

Pillsbury, Joanne, *et al.* (eds.). *Ancient Maya Art at Dumbarton Oaks*. Washington DC 2012. (Finest museum catalogue yet produced of Maya art.)

Pollock, H. E. D. *The Puuc: An Architectural Survey of the Hill Country of Yucatan and Northern Campeche, Mexico*. Memoirs of the Peabody Museum of Archaeology and Ethnology, Harvard University, vol. 19. Cambridge, Mass. 1980. (Most thorough study of Puuc architecture.)

—, *et al. Mayapán, Yucatan, Mexico*. Carnegie Institution of Washington, publ. 619. Washington 1962. (The account of Itza history in Chapter 8 is largely based upon the Roys essay.)

Posth, C., *et al.* "Reconstructing the deep population history of Central and South America," *Cell*, vol. 175 (2018):1185–1197. (A re-evaluation of the genetics of early Indigenous groups.)

Price, T. Douglas, *et al.*, "Early African diaspora in colonial Campeche, Mexico: strontium isotopic evidence," *American Journal of Physical Anthropology*, vol. 130 (2006):485–490. (Detection of Africans through bioarchaeological evidence.)

Proskouriakoff, Tatiana. *An Album of Maya Architecture.* Carnegie Institution of Washington, publ. 558. Washington 1946. (Reconstructions of Maya cities.)

—, *A Study of Classic Maya Sculpture.* Carnegie Institution of Washington, publ. 593. Washington 1950. (Stylistic dating of Maya monuments.)

—, "Historical implication of a pattern of dates at Piedras Negras, Guatemala," *American Antiquity*, vol. 25, no. 4 (1960):454–475. (A now-classic paper that established the historical nature of the Maya inscriptions.)

Prufer, Keith M., *et al.* "Linking late Paleoindian stone tool technologies and populations in North, Central and South America," *PLoS ONE*, vol. 14 (2019):e0219812. (Major reworking of the chronology of Paleoindian stone tools.)

Pugh, Timothy W., and Prudence M. Rice. "Early urban planning, spatial strategies, and the Maya gridded city of Nixtun-Ch'ich', Petén, Guatemala," *Current Anthropology*, vol. 58, no. 5 (2017):576–603. (Intriguing and unexpected find of gridded city.)

—, *et al.*, "Technologies of domination at mission San Bernabé, Petén, Guatemala," *Ancient Mesoamerica*, vol. 27 (2016):49–70. (Comprehensive study of early Spanish mission near Flores, Guatemala.)

Redfield, Robert, and Alfonso Villa Rojas. *Chan Kom, A Maya Village.* Chicago 1962. (Classic anthropological study of a Yucatec Maya community.)

Reed, Nelson. *The Caste War of Yucatán.* Stanford 1964. (Documentary history of the great nineteenth-century uprising by the Yucatec Maya.)

Reents-Budet, Dorie. *Painting the Maya Universe.* Durham and London 1994. (Beautiful exposition of Maya vase painting.)

Restall, Matthew. *Maya Conquistador.* Boston 1998. (Documentary study of the conquest of Yucatan, a complex history of collaboration, resistance, and adjustment.)

—, *The Black Middle: Africans, Mayas, and Spaniards in Colonial Yucatan.* Stanford 2006. (Pioneering investigation of the presence of Blacks in Yucatan.)

Rice, Prudence M., and Don S. Rice (eds.). *The Kowoj: Identity, Migration, and Geopolitics in Late Postclassic Petén, Guatemala.* Boulder 2009. (Postclassic and Colonial history and archaeology in northern Guatemala.)

Ringle, William M., "Debating Chichen Itza," *Ancient Mesoamerica*, vol. 28 (2017):119–136. (Overview of the chronology of a key city in Yucatan.)

—, *et al.*, "Lidar survey of ancient Maya settlement in the Puuc region of Yucatan, Mexico,." *PLoS ONE*, vol. 16 (2021):e0249314. https://doi.org/10.1371/journal.pone.0249314 (Report on lidar in Puuc area of Mexico.)

Robertson, John S., Danny Law, and Robbie A. Haertel. *Colonial Ch'olti': The Seventeenth-Century Morán Manuscript.* Oklahoma 2010. (Authoritative analysis of language most closely linked to the Classic-period inscriptions.)

Robertson, Merle Greene. *The Sculpture of Palenque.* 4 vols. Princeton 1983–1991. (The most complete survey of the sculpture of any Maya city, magnificently illustrated.)

Robin, Cynthia. *Everyday Life Matters: Maya Farmers at Chan.* Gainesville 2014. (Study of farmers' lives in Belize.)

Rosenswig, Robert M., *et al.* "Archaic period settlement and subsistence in the Maya lowlands: new starch grain and lithic data from Freshwater Creek, Belize," *Journal of Archaeological Science*, vol. 41 (2014):308–321. (Important synthesis of the Maya Archaic.)

—, and Ricardo López-Torres "Lidar reveals the entire kingdom of Izapa during the first millennium BC," *Antiquity*, vol. 92 (2018):1292–1309. (Report on lidar over key polity in coastal Chiapas.)

—, and Ricardo Vásquez Leiva, "Chacmools in Costa Rica: long-distance interaction between lower Central America and Mesoamerica, *c.* AD 1000," *Antiquity*, vol. 95 (2021):160–179. (Discovery of Chacmool statue in Costa Rica, with implications for long-distance contact.)

Roys, Ralph L. *The Book of Chilam Balam of Chumayel.* Carnegie Institution of Washington, publ. 438. Washington 1933. (Annotated translation of the most important native Colonial-period text from the Maya lowlands.)

—, *The Indian Background of Colonial Yucatán.* Carnegie Institution of Washington, publ. 548. Washington 1943. (Classic documentary study of Late Postclassic Yucatan.)

—, *The Political Geography of the Yucatán Maya.* Carnegie Institution of Washington, publ. 613. Washington 1957. (Should be read in conjunction with the above.)

Ruhl, Thomas, *et al.*, "Lidar reveals possible network of ancient Maya marketplaces in southwestern Campeche, Mexico," *Mexicon*, vol. 40 (2018):83–91. (The discovery of evident markets throughout a part of the Maya region.)

Ruppert, Karl, J. E. S. Thompson, and Tatiana Proskouriakoff. *Bonampak, Chiapas, Mexico.* Carnegie Institution of Washington, publ. 602. Washington 1955. (Reproduces Antonio Tejeda's copies of the murals.)

Ruz Lhuillier, Alberto. *El Templo de las Inscripciones, Palenque.* Mexico City 1973. (Report on Pakal the Great's tomb, by its excavator.)

Sabloff, Jeremy A. (ed.). *Tikal: Dynasties, Foreigners & Affairs of State.* Santa Fe 2003. (Useful overview of research on the city.)

Saturno, William A., *et al.* "Ancient Maya astronomical tables from Xultun, Guatemala," *Science* 336 (2012):714–717. (Extraordinary discovery of esoteric texts on buried temple walls.)

—, David Stuart, and Boris Beltrán, "Early Maya writing at San Bartolo, Guatemala," *Science* 311(2006):1281–1293. (Study of early texts from the Preclassic.)

—, Karl A. Taube, and David Stuart. *The Murals of San Bartolo, El Petén, Guatemala.* Ancient America 7. Barnardsville 2006. (Report on highly important paintings.)

Scarborough, Vernon L. "Ecology and ritual: water management and the Maya," *Latin American Antiquity*, vol. 9 (1998):135–159. (Pioneering report on water use in the Maya region.)

Schele, Linda, and Peter Mathews. *The Code of Kings: The Language of Seven Sacred Maya Temples and Tombs.* New York 1998. (Study of seven Classic and Postclassic sites.)

—, and Mary E. Miller. *The Blood of Kings: Dynasty and*

Ritual in Maya Art. Fort Worth 1986, London 1992. (Catalogue of a ground-breaking exhibition of Maya art.)

Scherer, Andrew K. *Mortuary Landscapes of the Classic Maya: Rituals of Body and Soul*. Austin 2015. (Insightful exploration of Maya concepts of death and burial.)

Sharer, Robert J., "Quiriguá Project 1974–1979," *Expedition*, vol. 23, no. 1 (1980):5–10. (Good overview of archaeological project at this ruin.)

—, with Loa Traxler. *The Ancient Maya*. Sixth edition. Stanford 2005. (A comprehensively rewritten edition of Sylvanus Morley's classic general book on the Maya, with extensive bibliography.)

Sheets, Payson (ed.). *Before the Volcano Erupted: The Ancient Cerén Village in Central America*. Austin 2002. (Study of Mesoamerica's "Pompeii.")

Shook, Edwin M., and Alfred V. Kidder. *Mound E III-3, Kaminaljuyu, Guatemala*. Carnegie Institution of Washington, Contributions to American Anthropology and History, no. 53. Washington 1952. (Excavation of rich Miraflores-period tombs.)

Smith, A. Ledyard. *Uaxactún, Guatemala: Excavations of 1931–1937*. Carnegie Institution of Washington, publ. 588. Washington 1950. (Principal report on excavations at this important city.)

Stephens, John L. *Incidents of Travel in Central America, Chiapas, and Yucatan*, 2 vols. New York 1841. (With the 1843 work, both illustrated by Frederick Catherwood, brought the Maya to the attention of the outside world; still eminently readable.)

—, *Incidents of Travel in Yucatan*, 2 vols. New York 1843. (See above.)

Stone, Andrea. *Images from the Underworld: Naj Tunich and the Tradition of Maya Cave Painting*. Austin 1995. (Complete publication of the Naj Tunich paintings and texts, along with a perceptive treatment of the role played by caves in the Maya psyche.)

—, and Marc Zender. *Reading Maya Art: A Hieroglyphic Guide to Ancient Maya Painting and Sculpture*. London and New York 2011. (Insightful integration of Maya imagery and writing.)

Stuart, David. *Ten Phonetic Syllables*. Research Reports on Ancient Maya Writing, no. 14. Washington 1987. (A major epigraphic advance, building on the methodology pioneered by Knorosov.)

—, "The arrival of strangers: Teotihuacan and Tollan in Classic Maya History," in *Mesoamerica's Classic Heritage*, eds. D. Carrasco, L. Jones, and S. Sessions, 465–513. Boulder, Col. 2000. (Crucial historical study of contact between the Maya and Teotihuacan.)

—, *The Inscriptions from Temple XIX at Palenque*. San Francisco 2005. (The hieroglyphic record of one of Palenque's greatest kings, K'inich Ahkal Mo' Nahb.)

—, *The Order of Days: Unlocking the Secrets of the Ancient Maya*. New York 2012. (Thorough account of the function and meaning of the Maya calendar, with critical comment on the "2012" phenomenon.)

—, and Stephen Houston. *Classic Maya Place Names*. Washington 1994. (Discovery of glyphs for ancient Maya geography.)

—, and George E. Stuart. *Palenque: Eternal City of the Maya*. London and New York 2008. (An immensely readable and well-illustrated history of this beautiful Maya city.)

Stuart, George E. "Quest for decipherment: a historical and biographical survey of Maya hieroglyphic investigation," in *New Theories on the Ancient Maya*, eds. E. C. Danien and R. J. Sharer, 1–63. Philadelphia 1992. (Compact study of Maya decipherment, especially in the nineteenth century.)

Tate, Carolyn E. *Yaxchilan: The Design of a Maya Ceremonial Center*. Austin 1992. (Useful report on carvings and buildings at this city.)

Taube, Karl A. *The Major Gods of Ancient Yucatan*. Dumbarton Oaks Studies in Pre-Columbian Art and Archaeology, no. 32. Washington 1992. (Definitive study of Maya religious iconography.)

—, *Aztec and Maya Myths*. London 1993. (Synthesis of structuring narratives of the region.)

—, *et al. The Initial Series Group at Chichen Itza, Yucatan: Archaeological Investigations and Iconographic Interpretations*. San Francisco 2020. (Incisive study of recent finds in sector of Chichen Itza.)

Tedlock, Barbara. *Time and the Highland Maya*. Albuquerque 1982. (Herself an initiated day-keeper, the author shows how the ancient calendar functions in K'iche' life and society.)

Thompson, J. Eric S. *Maya Hieroglyphic Writing: Introduction*. Carnegie Institution of Washington publ. 589. Washington 1950. (A monumental survey of Maya calendrics, religion, and astronomy, but written before the adoption of the historical and phonetic approaches to the glyphs.)

—, *A Catalog of Maya Hieroglyphs*. Norman 1962. (Covers glyphs of both the monuments and codices, now being revised digitally by the University of Bonn's Maya glyph dictionary project.)

—, *Maya History and Religion*. Norman 1970. (Contains first-class studies of Maya ethnohistory. Especially important for its treatment of the Putun Maya.)

Tozzer, Alfred M. *Chichen Itzá and its Cenote of Sacrifice*. Memoirs of the Peabody Museum of Archaeology and Ethnology, Harvard University, vols. 11, 12. Cambridge, Mass. 1957. (Influential study of this important site.)

—, (ed.). *Landa's Relación de las Cosas de Yucatan*. Papers of the Peabody Museum of Archaeology and Ethnology, Harvard University, vol. 18. Cambridge, Mass. 1941. (Thanks to the extensive notes that accompany Landa's text, this is virtually an encyclopedia of Maya life.)

University of South Florida Libraries Digital Heritage and Humanities Collections. *3D World Heritage of Quiriguá Guatemala*, 2019. https://sketchfab.com/USF_digital/collections/3d-world-heritage-of-quirigua-guatemala. (Interactive 3D models of Altar O and other monuments from Quiriguá.)

VanValkenburgh, Parker. *Alluvium and Empire: The Archaeology of Colonial Resettlement and Indigenous Persistence on Peru's North Coast*. Tucson 2021. (Definitive investigation of forced settlement in the Spanish empire.)

Vogt, Evon Z. *Zinacantan: A Maya Community in the Highlands of Chiapas*. Cambridge, Mass. 1969. (A classic study of the contemporary Tsotsil Maya.)

Volta, Benjamino, and Geoffrey E. Braswell.

"Alternative narratives and missing data: refining the chronology of Chichen Itza," in *The Maya and Their Central American Neighbors: Settlement Patterns, Architecture, Hieroglyphic Texts and Ceramics*, ed. G. F. Braswell, 402–356. New York 2014. (Useful study of Chichen Itza's difficult chronology.)

Webster, David. *The Fall of the Ancient Maya*. London and New York 2002. (A balanced overview of the Maya Collapse, with evidence from such sites as Copan and Piedras Negras.)

Willey, Gordon R. *The Altar de Sacrificios Excavations: General Summary and Conclusions*. Papers of the Peabody Museum of Archaeology and Ethnology, vol. 74, no. 3. Cambridge, Mass. 1973. (Good example of Maya excavations in the mid-1900s.)

—, "General summary and conclusions," in *Excavations at Seibal*. Memoirs of the Peabody Museum of Archaeology, Harvard University, vol. 17, no. 4. Cambridge, Mass. 1990. (Ceibal, or "Seibal", was a huge Classic city on the Pasión, with important Preclassic and Terminal Classic components.)

Źrałka, Jarosław, *et al.* "The Maya wall paintings from Chajul, Guatemala," *Antiquity*, vol. 94 (2020):760–779. (Superb study of Colonial murals.)

图片来源

pp. 2–3 Photo © Kenneth Garrett (kennethgarrett.com); **1.1** Drazen Tomic, after Martin Lubikowski; **1.2** Simon Dannhauer/Alamy Stock Photo; **1.3** Courtesy of Joel Palka; **1.4** Courtesy of Shanti Morell-Hart; **1.5** Courtesy of Nick Dunning; **1.6**, **1.7** Michael D. Coe; **1.8** Drazen Tomic, after Martin Lubikowski; **1.9** Drazen Tomic, after Danny Law, The University of Texas at Austin; **2.1** Drazen Tomic, after Martin Lubikowski; **2.2** Photo © Paul Nicklen; **2.3a** Peabody Museum, Harvard University, Cambridge, MA; **2.3b** Courtesy of Ruth Gruhn and Alan L. Bryan; **2.4**, **2.5** Courtesy of Keith Prufer of the University of New Mexico; **2.6**, **2.7** Courtesy of the New World Archaeological Foundation; **2.8** Photo © Jorge Pérez de Lara; **2.9**, **2.10** Takeshi Inomata, University of Arizona; **2.11** After Shook, 1951; **2.12** Peabody Museum, Harvard University, Cambridge, MA; **2.13** Takeshi Inomata, University of Arizona; **3.1** Drazen Tomic, after Martin Lubikowski; **3.2** drawing by Michael D. Coe; **3.3** drawing © Mark Van Stone; **3.4** drawing by Michael D. Coe; **3.5** Ayax Moreno; **3.6** drawing by Michael D. Coe; **3.7** Takeshi Inomata, University of Arizona; **3.8** After Shook and Kidder, 1952; **3.9** Collection Museo Popol Vuh, Universidad Francisco Marroquín, Guatemala. Photo Eduardo Sacayón; **3.10**, **3.11** Photos Michel Zabé; **3.12** Museo Nacional de Antropología, Mexico. Photo © INAH, Archivo digital de las Colecciones del Museo Nacional de Antropología, INAH-CANON (http://mediateca. inah.gob.mx, A18099). Reproduction authorized by the Instituto Nacional de Antropología e Historia, Mexico City; **3.13** Peabody Museum, Harvard University, Cambridge, MA; **3.14** Photo William R. Coe, University of Pennsylvania Tikal Project. Courtesy of the Penn Museum, Philadelphia, image #CX63-4-180; **3.15** National Geographic Creative; **3.16** Eddie Gerald/Alamy Stock Photo; **3.17** San Bartolo Mural, illustration by Heather Hurst, © 2004; **3.18** San Bartolo Mural, illustration by Heather Hurst, © 2007; **3.19** Timothy Pugh, Queens College, City University of New York; **3.20** Courtesy Linda Schele; **4.1** Drazen Tomic, after Martin Lubikowski; **4.2** Metropolitan Museum of Art, New York, The Michael C. Rockefeller Memorial Collection, Bequest of Nelson A. Rockefeller, 1979 (Acc. 1979.206.1063); **4.3** World History Archive/Alamy Stock Photo; **4.4a** Justin Kerr, K2909, Justin Kerr Maya Archive, Dumbarton Oaks, Trustees for Harvard University, Washington, D.C.; **4.4b** After S.G. and F.R. Morley, 1939; **4.5** Collection Museo Popol Vuh, Universidad Francisco Marroquín, Guatemala. Photo Nicholas Hellmuth, FLAAR Photo Archive; **4.6** © Project Plaza of the Columns Complex; **4.7** drawing by Michael D. Coe; **4.8**, **4.9** Photos © Jorge Pérez de Lara; **4.10a**, **4.10b** Photo Jorge Pérez de Lara, courtesy of Stephen Houston, El Zotz Archaeological Project, Brown University; **4.11** Photo © Kenneth Garrett (kennethgarrett.com); **4.12** Generated by Thomas Garrison, University of Texas, Austin; **4.13** Courtesy Penn Museum, Philadelphia; **4.14** Photo Center for Advanced Spatial Technologies, University of Arkansas; **4.15** Photo © Kenneth Garrett (kennethgarrett.com); **4.16** Photo William R. Coe, University of Pennsylvania Tikal Project. Courtesy of the Penn Museum Philadelphia, image 61-4-808; **4.17** Photo © Kenneth Garrett (kennethgarrett.com); **4.18** Peabody Museum, Harvard University, Cambridge, MA; **4.19** Photo courtesy Heather Hurst; **4.20** © Christopher A. Klein; **4.21** Bristol Museums, Galleries & Archives/Bridgeman Images; **5.1** PACUNAM/Canuto and Auld-Thomas, initial capture and processing by the National Center for Airborne Laser Mapping (NCALM); **5.2** After Carr and Hazard, 1961; **5.3** Photo © Barry Brukoff; **5.4a**, **5.4b**, **5.4c**, **5.4d** Photos Ricky López Bruni, courtesy of the Peru-Waka' Regional Archaeological Project. Ministerio de Cultura y Deportes de Guatemala; **5.5** drawing by Stephen Houston; **5.6** Courtesy William Fash (Barbara Fash); (and Refugio Murcia); **5.7** Gift of the Carnegie Institution of Washington, 1950. © President and Fellows of Harvard College, Peabody Museum of Archaeology and Ethnology, Harvard University, Cambridge, MA, 50-63- 20/18489; **5.8** Gift of the Carnegie Institution of Washington, 1950. Courtesy of the Peabody Museum of Archaeology and Ethnology, Harvard University Cambridge, MA, 50-63- 20/18488; **5.9**, **5.10** Justin Kerr; **5.11** Photo © Kenneth Garrett (kennethgarrett.com); **5.12** Jorge González/ Noelia García Asenjo/Travis Doering/Lori Collins, University of South Florida Libraries, Center for Digital Heritage and Geospatial Information in collaboration with Oswaldo Gomez, Archaeological Park and Ruins of Quiriguá; **5.13** Photo © Robin Heyworth/uncoveredhistory.com; **5.14** Trustees of the British Museum, London; **5.15** Peabody Museum, Harvard University, Cambridge, MA; **5.16** Heritage Image Partnership Ltd/Alamy Stock Photo; **5.17**, **5.18** After A. Trik;

5.19 Photo Alexandre Tokovinine, courtesy of Holmul Archaeological Project and Peabody Museum/CMHI; **5.20** Architectural reconstruction of Xultun, Structure 10K2, illustration by Heather Hurst, © 2014; **5.21** David Stuart; **5.22** Simon Martin, used with permission of Ramón Carrasco and the Proyecto Arqueológico Calakmul; **5.23** Trustees of the British Museum, London; **5.24** Courtesy of Penn Museum, Philadelphia; **5.25** Photo by Giles Healey; **5.26, 5.27, 5.28** Reconstruction, Yale University Art Gallery, Gift of Bonampak Documentation Project, illustrated by Heather Hurst and Leonard Ashby; **5.29** © Prakich Treetasayuth/Dreamstime.com; **5.30** American Museum of Natural History, New York; **5.31** After Holmes, 1895–97; **5.32** Photo © Kenneth Garrett (kennethgarrett.com); **5.33** Merle Greene Robertson; **5.34** Photo © Kenneth Garrett (kennethgarrett.com); **5.35** Photo © Jorge Pérez de Lara; **5.36** Geoffrey Braswell, University of California, San Diego; **5.37** Michael D. Coe; **5.38** Gift of the Carnegie Institution of Washington, 1950. © President and Fellows of Harvard College, Peabody Museum of Archaeology and Ethnology, Harvard University, 50-63- 20/18502; **5.39** BAMW Photography; **5.40, 5.41, 5.42, 5.43** Justin Kerr; **5.44** © Dumbarton Oaks, Pre-Columbian Collection, Washington, D.C.; **5.45** Courtesy the Division of Anthropology, American Museum of Natural History, New York (30.3/2530); **5.46** Metropolitan Museum of Art, New York, The Michael C. Rockefeller Memorial Collection, Bequest of Nelson A. Rockefeller, 1979 (acc. 1979.206.953); **5.47** Inga Calvin; **5.48** © Dumbarton Oaks, Pre-Columbian Collection, Washington, D.C.; **5.49, 5.50** Justin Kerr; **5.51a, 5.51b** Collection Museo Popol Vuh, Universidad Francisco Marroquín, Guatemala. Photo Camilo Luin; **5.52** British Museum, London; **6.1** Diane Griffiths Peck; **6.2** Sächsische Landesbibliothek – Staats- und Universitätsbibliothek Dresden **6.3** by Enrico Ferorelli, courtesy of David Stuart; **6.4** Justin Kerr; **6.5** Photo © Jorge Pérez de Lara; **6.6** Photo George Mobley, courtesy of David Stuart; **6.7** Drawing by David Stuart; **6.8** Diane Griffiths Peck; **6.9a, 6.9b** Jorge Pérez de Lara; **6.10** Photo © Kenneth Garrett (kennethgarrett.com); **6.11, 6.12** Justin Kerr; **6.13** Princeton University Art Museum, New Jersey. Museum purchase (y?1990-74). Photo Bruce M. White; **6.14** (top and bottom) Justin Kerr; **6.15** Photo © Stephen Alvarez; **6.16, 6.17** Michael D. Coe; **6.18** From *Researches in the Central Portion of the Usumatsintla Valley: Report of Explorations for the Museum*, 1898-1900. Memoirs 2(1). Peabody Museum of American Archaeology and Ethnology, Harvard University, Cambridge, MA (1901) Photo Teobert Maler; **6.19** Photo © Jorge Pérez de Lara; **6.20** drawing by Michael D. Coe; **6.21** Photo courtesy Harri Kettunen and Real Academia de la Historia, Madrid; **6.22, 6.23** drawings by Michael D. Coe; **6.24, 6.25** John Montgomery; **6.26** drawing by Ian Graham, CMHI; **6.27** Photograph by Christophe Helmke, courtesy of the Belize Valley Archaeological Reconnaissance Project; **6.28** Tracy Wellman after Simon Martin; **6.29** With permission of the Royal Ontario Museum, Toronto © ROM; **6.30** Courtesy Penn Museum, Philadelphia; **7.1** Photo © Jorge Pérez de Lara; **7.2** Jean Blackburn; **7.3** Michael D. Coe; **7.4** After G. Kubler, 1962; **7.5** Smithsonian Libraries, Washington, D.C.; **7.6** © Jesus Eloy Ramos Lara/Dreamstime.com; **7.7** Stephen Houston; **7.8** Courtesy Travis Stanton, José Osorio León and Francisco Pérez Ruíz; **7.9** Courtesy Simon Martin; **7.10** Gift of the Carnegie Institution of Washington, 1946. Courtesy of the Peabody Museum of Archaeology and Ethnology, Harvard University Cambridge, MA, 46-34-20/26287; **7.11** After Lothrup, 1952; **7.12** Hemis/Alamy Stock Photo; **7.13** Michael D. Coe; **7.14** Photo Bjørn Christian Tørrissen (bjornfree.com); **7.15** © Tose/Dreamstime.com; **7.16a** © Justin Fegan/ Dreamstime.com; **7.16b** © Cezary Wojtkowski/Dreamstime.com; **7.17** Richard Maschmeyer/Alamy Stock Photo; **7.18** drawing by Michael D. Coe; **7.19** Photo © Dennis Jarvis; **7.20,7.21** Photos © Jorge Pérez de Lara; **7.22, 7.23** eabody Museum, Harvard University, Cambridge, MA; **7.24** Drawing Oswaldo Chinchilla. © President and Fellows of Harvard College, Peabody Museum of Archaeology and Ethnology, Cambridge, MA, 2016.23.1.4; **8.1** Drazen Tomic, after Martin Lubikowski; **8.2** Museo Regional de Antropologia, Palacio Canton, Merida, Yucata. Photo © INAH, Archivo digital de las Colecciones del Museo Regional Palacio de Cantón, INAH (http://mediateca.inah.gob.mx, A1333). Reproduction authorized by the Instituto Nacional de Antropología e Historia, Mexico City; **8.3** Lamanai Archaeological Project; **8.4** Drazen Tomic, after Martin Lubikowski; **8.5** From Gann, T. 'Mounds in Northern Honduras', extract from nineteenth Annual Report of the Bureau of American Ethnology, 1900; **8.6** Photo © Jorge Pérez de Lara; **8.7** Lothrup, 1924; **8.8** Peabody Museum, Harvard University, Cambridge, MA; **8.9** Artwork Felipe Davalos, Dumbarton Oaks, Trustees for Harvard University, Washington, D.C.; **8.10** © Brendan James Photography; **8.11** Gift of the Carnegie Institution of Washington, 1950. © President and Fellows of Harvard College, Peabody Museum of Archaeology and Ethnology, Harvard University, Cambridge, MA, 58-34- 20/44029; **8.12** Courtesy Elizabeth Graham, UCL Institute of Archaeology, drawing by Claude Belanger and Louise Belanger; **9.1** After T.A. Joyce; **9.2** Courtesy Jarosław Źrałka; **9.3** After T.A. Joyce; **9.4** After H.T. Webster; **9.5** after A. Trik; **10.1** Archivo General de Indias, Seville. **10.2** Photo © Alberto Buscató; **10.3** Photo Mallory Matsumoto; **10.4** Courtesy Jarosław Źrałka; **10.5** Michael DeFreitas Central America/Alamy Stock Photo; **10.6** Frank Cancian; **10.7** Photo Marvin Vann, c. 1970. Courtesy Special Collections, Albion College Library, MI

译名对照表

人名

Abbé Brasseur de Bourbourg 布拉瑟尔·德·布尔伯格

Adela Breton 阿德拉·布雷顿

Adolfo Batún Alpuche 阿道夫·巴图·阿尔普切

Agnieszka Brylak 阿格尼兹卡·布莱拉克

Akira Kaneko 金子昭

Alan Bryan 艾伦·布赖恩

Alberto Nava 阿尔贝托·纳瓦

Alexandre Tokovinine 亚历山大·托可维宁

Alfonso Morales 阿方索·莫拉莱斯

Alfonso Villa Rojas 阿方索·维拉·罗哈斯

Alfred Maudslay 阿尔佛雷德·莫兹利

Amara Solari 阿玛拉·索拉里

Andrea Stone 安德里亚·斯通

Andrew Scherer 安德鲁·谢勒

Andrew Turner 安德鲁·特纳

Anthony Andrews 安东尼·安德鲁斯

Antonio del Río 安东尼奥·德尔·里奥

Arlen Chase 阿伦·蔡斯

Arlene Colman 阿琳·科尔曼

Arnoldo González Cruz 阿诺尔多·冈萨雷斯·克鲁兹

Aubrey Trik 奥布里·特里克

Bárbara Arroyo 芭芭拉·阿罗约

Barbara Fash 芭芭拉·法什

Barbara Voorhies 芭芭拉·伍里斯

Brendan James 布兰登·詹姆斯

Brigitte Kovacevich 布丽吉特·科瓦切维奇

Bruce Dahlin 布鲁斯·达林

Camilo Luin 卡米洛·卢伊

Carlos Peraza Lope 卡洛斯·佩拉萨·洛佩

Charles Golden 查尔斯·戈尔登

Christa Schieber de Lavarreda 克丽斯塔·希伯·德·拉瓦雷达

Christian Prager 克里斯蒂安·普拉格

Claudia Brittenham 克劳迪娅·布里滕纳姆

Claudia García-Des Lauriers 克劳迪娅·加西亚-德斯·洛里耶

Clifford Brown 克利福德·布朗

Cogolludo 科戈柳多

Cortés 科尔特斯

Cotton Mather 科顿·马瑟

Cristopher Helmke 克里斯托弗·黑尔姆克

Daniela Triadan 丹妮拉·特里亚丹

Danny Law 丹尼·劳

David Cheetham 大卫·奇塔姆

David Lentz 大卫·伦茨

David Sedat 大卫·塞达特

David Stuart 大卫·斯图尔特

David Wallace 大卫·华莱士

David Webster 大卫·韦伯斯特

Diego de Landa 迭戈·德·兰达

Diego de Velázquez 迭戈·德·委拉斯开兹

Diego Muñoz Camargo 迭戈·穆诺兹·卡马戈

Dmitri Beliaev 德米特里·别利亚耶夫

Donald Robertson 唐纳德·罗伯森

Douglas Kennett 道格拉斯·肯尼特

Dylan Clark 狄伦·克拉克

Edwin Román 埃德温·罗曼

Elizabeth Graham 伊丽莎白·格雷厄姆

Elizabeth Palmer 伊丽莎白·帕尔默

Elizabeth Paris 伊丽莎白·帕里斯

Emerson Chicol 爱默生·奇科尔

Erick Ponciano 埃里克·庞西亚诺

Erick Rochette 埃里克·罗谢特

Erik Velásquez 埃里克·贝拉斯克斯

Ernst Förstemann 恩斯特·弗尔斯特曼

Evon Vogt 埃翁·沃格特

Father Avendaño 阿文达尼奥神父

Felipe Davalos 费莉佩·达瓦洛斯

Fernanda Salazar 费尔南达·萨拉萨尔

Fernando Robles Castellanos 费尔南多·罗夫莱斯·卡斯特利亚诺斯

Florine Asselbergs 弗洛伦·阿塞尔韦格斯

Francisco Antonio de Fuentes y Guzmán 弗朗西斯科·安东尼奥·德·富恩特斯·古斯曼

Francisco Estrada-Belli 弗朗西斯科·埃斯特拉达-贝利

Franco Rossi 弗兰考·罗西

Frank Lloyd Wright 弗兰克·劳埃德·赖特

Fray Antonio de Ciudad Real 弗雷·安东尼奥·德·休达·雷亚尔

Frederick Catherwood 弗雷德里克·卡瑟伍德

Gareth Lowe 加雷思·劳

Geoffrey Braswell 杰弗里·布拉斯韦尔

George Bey 乔治·贝

George Brainerd 乔治·布雷纳德

George Cowgill 乔治·考吉尔

George Harlow 乔治·哈洛

George Lovell 乔治·洛弗尔

George Stuart 乔治·斯图尔特

Giles Healey 贾尔斯·希利

Grant Jones 格兰特·琼斯

Guillermo Bernal Romero 吉列尔莫·伯纳尔·罗梅罗

Harri Kettunen 哈里·凯图宁

Heather McKillop 海瑟·麦克基洛普

Heinrich Berlin 海因里希·柏林

Hernández de Córdoba 埃尔南德斯·德·科尔多瓦

Humberto Ruz 温贝托·鲁斯

Ignacio Bravo 伊格纳西奥·布拉沃

Inga Calvin 因加·卡尔文

Ivan Šprajc 伊凡·施普赖策

Iyaxel Cojtí Ren 伊亚克塞尔·科蒂·伦

Jaime Awe 杰米·阿韦

James Brady 詹姆斯·布雷迪

James Doyle 詹姆斯·多伊尔

Jarosław Źrałka 雅罗斯瓦夫·拉瓦卡

Jason De León 詹森·德·莱昂

Jeffrey Hurst 杰弗里·赫斯特

Jeremy Sabloff 杰里米·萨布罗夫

Joel Palka 乔尔·帕尔卡

Joel Skidmore 乔尔·斯基德莫尔

John Chuchiak 约翰·楚奇亚克

John Clark 约翰·克拉克

John Justeson 约翰·贾斯特森

John Lloyd Stephens 约翰·劳埃德·斯蒂芬斯

John Monaghan 约翰·莫纳汉

Jon Erlandson 乔恩·厄兰森

Jon Lohse 乔恩·洛斯

Jorge Pérez de Lara 豪尔赫·佩雷斯·德·拉腊

Juan Yadeún 胡安·亚德翁

Julia Guernsey 朱莉娅·格恩齐

Julie Gazzola 朱莉·加佐拉

Justin Jennings 贾斯廷·詹宁斯

Justin Kerr 贾斯廷·克尔

Karl Taube 卡尔·陶贝

Kazuo Aoyama 青山和夫

Keith Prufer 基思·普鲁弗

Ken Seligson 肯·塞利格松

Kenichiro Tsukamoto 冢本宪一郎

Kirk French 柯克·弗伦奇

Kowalski 科瓦尔斯基

Leticia Vargas de la Peña 莱蒂西娅·瓦加斯·德·拉·培尼亚

Linda Schele 琳达·谢勒

Liz Graham 莉兹·格雷厄姆

Logan Kistler 洛根·基斯特勒

Luis Méndez Salinas 路易斯·门德斯·萨利纳斯

Marc Zender 马克·岑德尔

Marcelo Canuto 马塞洛·卡努托

Marilyn Masson 玛丽莲·马森

Marion Hatch 玛丽昂·哈奇

Mark Sapwell 马克·萨普韦尔

Mary Jane Acuña 玛丽·简·阿库纳

Mary Miller 玛丽·米勒

Matthew Restall 马修·雷斯塔尔

Maurice Swadesh 莫里斯·斯沃德什

Merle Greene Robertson 默尔·格林·罗伯森

Michael Blake 迈克尔·布莱克

Michael Callaghan 迈克尔·卡拉汉

Michael Love 迈克尔·洛夫

Miguel Orrego 米格尔·奥雷戈

Mut Bahlam 穆特·巴赫拉姆

Nawa Sugiyama 杉山奈和

Nicholas Carter 尼古拉斯·卡特

Nicholas Dunning 尼古拉斯·邓宁

Nikolai Grube 尼古拉·格鲁贝

Octavio Esparza Olguín 奥克塔维奥·埃斯帕萨·奥尔京

Oliver La Farge 奥利弗·拉·法格

Oswaldo Chinchilla Mazariegos 奥斯瓦尔多·钦奇利亚·马萨列戈斯

Otto Neugebauer 奥托·诺伊格鲍尔

Pakal B'alam Rodrguez 帕卡尔·巴兰·罗德里格斯

Pānini 波你尼

Parker VanValkenburgh 帕克·范瓦尔肯堡

Paul Mangelsdorf 保罗·曼格尔斯多夫

Payson Sheets 佩森·希茨

Pedro de Alvarado 佩德罗·德·阿尔瓦拉多

Peter Harrison 彼得·哈里森

Peter Schmidt 彼得·施密特

President Rufino Barrios 鲁菲诺·巴里奥斯总统

Q'aq'awitz Igor Xoyón 科克阿维
茨·伊戈尔·希永

Ralph Roys 拉尔夫·罗伊斯

Ramón Carrasco Vargas 拉蒙·卡
拉斯科·巴尔加斯

Ray Matheny 雷·马西尼

Ricardo Agurcia 里卡多·阿奎
尔西亚

Ricardo Almendáriz 里卡多·阿
尔门达雷斯

Ricardo Armijo 里卡多·阿米霍

Richard Adams 理查德·亚当斯

Richard Hansen 理查德·汉森

Rigoberta Menchú 里戈韦塔·门楚

Rob Rosenswi 罗布·罗森斯威格

Robert Carmack 罗伯特·卡马克

Robert Redfield 罗伯特·雷德菲
尔德

Robert Rosenswig 罗伯特·罗森
韦格

Robert Sharer 罗伯特·沙雷尔

Rodrigo Liendo Stuardo 罗德里
戈·连多·斯图亚多

Ross Hassig 罗斯·哈西格

Russell Seitz 拉塞尔·塞茨

Ruth Gruhn 鲁思·格鲁恩

Saburo Sugiyama 杉山三郎

Sarah Newman 萨拉·纽曼

Scott Hutson 斯科特·赫特森

Sebastián Toral 塞巴斯蒂安·托
拉尔

Sequoyah 塞阔雅

Sergio Gómez Chávez 塞尔吉奥·
戈麦斯·查韦斯

Shanti Morell-Hart 尚蒂·莫雷
尔-哈特

Sheryl Beach 谢里尔·比奇

Sheryl Luzzadder-Beach 谢里尔·
卢扎德-比奇

Simon Martin 西蒙·马丁

Sir Eric Thompson 埃里克·汤
普森爵士

Sylvanus Morley 西尔韦纳斯·
莫利

Takeshi Inomata 猪俣健

Tatiana Proskouriakoff 塔季扬娜·
普罗斯库里亚科夫

Terrence Kaufman 特伦斯·考
夫曼

Terry Powis 特里·波伊斯

Thomas Dillehay 托马斯·迪尔海

Thomas Garrison 托马斯·加里森

Thomas Hester 托马斯·赫斯特

Thomas Ruhl 托马斯·鲁尔

Tim Beach 蒂姆·比奇

Timothy Beach 蒂莫西·比奇

Timothy Pugh 蒂莫西·皮尤

Tom Garrison 汤姆·加里森

Tomás Barrientos 托马斯·巴里
恩托斯

Tomás Gallareta Negrón 托马斯·
加拉雷塔·内格罗

Tomás Pérez Suárez 托马斯·佩
雷斯·苏亚雷斯

Traci Arden 特拉奇·阿登

Travis Stanton 特拉维斯·斯坦顿

Vernon Scarborough 弗农·斯卡
伯勒

Verónica Ortega Cabrera 韦罗妮
卡·奥尔特加·卡夫雷拉

Victor Castillo Borges 维克托·卡
斯蒂略·博尔格斯

Virginia Sisson 弗吉尼亚·西森

Walter Morris 沃尔特·莫里斯

Wendy Ashmore 温迪·阿什莫尔

William Fash 威廉·法什

William Ringle 威廉·林格尔

William Saturno 威廉·萨图尔诺

地名

Acanceh 阿坎塞

Aguada Fénix 阿瓜达菲尼克斯

Aguateca 阿瓜特卡

Alta Verapaz 上维拉帕斯省

Altar de Sacrificios 阿尔塔-德
萨克里菲乔斯

Altun Ha 阿尔顿哈

Antigua 安提瓜

Arroyo de Piedra 阿罗约德彼德拉

Atitlan 阿蒂特兰湖

Baking Pot 贝金波特

Balsas 巴尔萨斯河

Bay of Amatique 阿马蒂克湾

Becan 贝坎

Belize 伯利兹

Bilbao 毕尔巴鄂

Bladen Nature Reserve 布莱登自
然保护区

Bonampak 博南帕克

Buenavista-Nuevo San José 布埃
纳维斯塔-努埃沃·圣·何塞

Cacaxtla 卡卡希特拉

Cahal Pech 卡哈尔佩奇

Calakmul 卡拉克穆尔

Campeche 坎佩切

Cancuen 坎昆

Cantón Corralito 坎顿科拉利托

Caracol 卡拉科尔

Caribbean 加勒比海

Caye Coco 卡耶可可

Ceibal 塞巴尔

Cerén 塞伦

Chajul 查朱尔

Chalchuapa 查尔丘阿帕

Chan Kom 查恩科姆

Chan Santa Cruz 查恩圣克鲁兹

Chancenote 尚塞诺特

Chenes 切内斯

Chetumal 切图马尔

Chiapa de Corzo 恰帕斯德科尔索

Chiapas 恰帕斯

Chichen Itza 奇琴伊察

Chicxulub 希克苏鲁伯陨石坑

Chiquimula 奇基穆拉省

Chivacabe 奇瓦卡贝

Chixoy Valley 奇霍伊河谷

Chochola 乔乔拉

Chuitinamit 崔蒂纳米

Chunchucmil 春楚克米尔

Cival 西瓦尔

Coatzacoalcos 夸察夸尔科斯

Coba 科巴

Colha 科尔哈

Comalcalco 科马尔卡尔科

Comitán 科米坦

Copan 科潘

Copolchi 科波尔奇

Cozumel Island 科苏梅尔岛

Cuello 奎略

Dolores 多洛雷斯

Dos Pilas 多斯皮拉斯

Dumbarton Oaks 敦巴顿橡树园

Dzibanche 兹班切

Dzibilchaltun 迪兹比尔查吞

Ecab 埃卡布省

Edzna 埃德兹纳

Ejido Emiliano Zapata 埃希多-
　埃米利亚诺-萨帕塔

Ek Balam 埃克巴兰

El Baúl 埃尔包尔

El Carmen 埃尔卡门

El Castillo 埃尔卡斯蒂略

El Cerrito 埃尔塞里托

El Diablo 埃尔迪亚波罗

El Duende 埃尔杜安德

El Mirador 埃尔米拉多

El Palmar 埃尔帕尔马

El Perú 埃尔佩鲁

El Rosario 埃尔罗萨里奥

El Zotz 埃尔佐茨

Escuintla 埃斯昆特拉省

Flores 弗洛雷斯

Grijalva 格里哈尔瓦河

Gulf of Honduras 洪都拉斯湾

Hidalgo 伊达尔戈州

Hixwitz 希克斯维茨

Holmul 霍穆尔

Holtun 霍尔顿

Hoyo Negro 奥约内格罗

Huehuetenango 韦韦特南戈

Ilopango 伊洛潘戈

Isla Cerritos 塞里托斯岛

Isla de Sacrificios 萨克里菲西奥
　斯岛

Isla Mujeres 穆赫雷斯岛

Iximche 伊西姆切

Izabal 伊萨瓦尔湖

Izamal 伊萨马尔

Izapa 伊萨帕

Jaina 杰纳岛

Jutiapa 胡蒂亚帕

Kabah 卡巴

Kaminaljuyu 卡米纳胡尤

Kiuic 奇维克

Kohunlich 科洪利奇

La Blanca 拉布兰卡

La Corona 拉科罗纳

La Cuernavilla 拉库尔纳维拉

La Mojarra 拉莫哈拉

La Mula West 拉穆拉西

La Sufricaya 拉苏弗里卡亚

La Venta 拉本塔

Labna 拉伯纳

Lacanja Chansayab 拉坎哈尚萨
　亚布

Laguna de Términos 特尔米诺斯

潟湖

Lakamha 拉卡姆哈

Lakamtuun 拉坎图恩

Lake Amatitlan 阿马蒂特兰湖

Lake Peten Itza 佩滕伊察湖

Lake Punta Laguna 蓬塔拉古纳
　自然保护区

Lamanai 拉马奈

Las Charcas 拉斯查尔卡斯

Lacanjá Tzeltal 拉坎加泽套

Leiden 莱顿

Loltun Cave 洛尔顿洞穴

Loma Caldera 洛马卡尔德拉

Los Horcones 洛斯奥科内斯

Los Tapiales 洛斯塔皮亚莱斯

Lubaantun 卢巴安敦

Mani 玛尼

Matacapan 马塔卡潘

Mayahak Cab Pek 马亚哈克卡
　波佩克岩棚

Mayapan 玛雅潘

Mejicanos 梅希卡诺斯

Mérida 梅里达

Michoacan 米却肯

Mirador Basin 米拉多盆地

Miramar 米拉马尔

Mixco Viejo 米克斯科别霍

Momostenango 莫莫斯特南戈

Montana 蒙大拿

Monte Verde 蒙特贝尔德

Morelos 莫雷洛斯州

Motul de San José 莫图尔德圣
　何塞

Mut 穆特

Nakbe 纳克贝

Nakum 纳库姆

Naranjo 纳兰霍

Nebaj 内巴赫

New River 新河

Nim Li Punit 尼姆李普尼特

Nito 尼托

Nixtun-Ch'ich' 尼克斯顿-奇奇

Nohpat 诺帕特

Oaxaca 瓦哈卡

Olmeca-Xicallanca 奥尔梅卡-希拉兰卡

Oxkintok 奥克斯金托克

Pachuca 帕丘卡

Palenque 帕伦克

Panzos 潘索斯

Pasión River 帕西翁河

Peten 佩腾

Petexbatun 佩特斯巴顿湖

Piedras Negras 彼德拉斯-内格拉斯

Planadas 普拉纳达

Playa del Carmen 普拉亚德尔卡曼

Pomona 波莫纳

Poxila 波西拉

Puebla 普埃布拉

Puerto Barrios 巴里奥斯港

Punta de Chimino 蓬塔德奇米诺

Punta Ycacos Lagoon 蓬塔伊卡科斯潟湖

Pusilha 普西拉

Puuc 普克

Querétaro 克雷塔罗

Quetzaltenango 克萨尔特南戈

Quintana Roo 金塔纳罗奥

Quirigua 基里瓜

Q'umarkaj 库马尔卡伊

Rastrojón 拉斯特罗洪

Río Azul 里奥阿苏尔

Río Bec 里奥贝克

Río Dulce 杜尔塞河

Río Hondo 翁多河

Río Lacanha 拉坎哈河

Río Lagartos 里奥拉加托斯

Río Motagua 莫塔瓜河

Río Negro 内格罗河

Río Pánuco 帕努科河

Río San Pedro 圣佩德罗河

Sac Actun 萨克阿克顿洞

Sakalum 萨卡卢姆

Saki Tzul 萨基特苏尔岩棚

Salamá 萨拉马

Salinas de los Nueve Cerros 萨利纳斯-德洛斯-努埃塞罗斯

San Barnabé 圣巴纳贝

San Bartolo 圣巴托洛

San Carlos 圣卡洛斯

San Cristóbal de las Casas 圣克里斯托瓦尔-德拉斯卡萨斯

San Lorenzo 圣洛伦佐

San Martín Jilotepeque 圣马丁希洛特佩克

San Rafael 圣拉斐尔

Santa Lucía Cotzumalhuapa 圣卢西亚-科特苏马尔瓜帕

Santa Rita Corozal 圣丽塔科罗扎尔

Santiago Atitlan 圣地亚哥·阿蒂特兰

Sayaxche 萨亚斯切

Sierra de las Minas 拉斯米纳斯山脉

Soconusco（Xoconochco）索科努斯科

Solola 索洛拉

Sotuta 索图塔

Straits of Magellan 麦哲伦海峡

Sumpango 苏潘戈

Tabasco 塔巴斯科

Tacaná volcano 塔卡纳火山

Tajín 塔欣

Takalik Abaj 阿巴赫塔卡利克

Tamarindito 塔马林迪托

Tamaulipas 塔毛利帕斯

Tapachula 塔帕丘拉

Tayasal 塔亚索

Tecolote 特科洛特

Tecpan 特克潘

Tehuacan 特瓦坎

Tehuantepec 特万特佩克

Tenochtitlan 特诺奇蒂特兰

Tenosique 特诺西克

Teotihuacan 特奥蒂瓦坎

Tetitla 特蒂特拉

the White Sands National Park 白沙国家公园

Tikal 蒂卡尔

Tintal 丁塔尔

Tipu 提普

Tiquisate 蒂基萨特

Tlaxcala 特拉斯卡拉州

Tonina 托尼那

Topoxte 托普克特岛

Totonicapan 托托尼卡潘

Tres Zapotes 特雷斯萨波特斯

Tula 图拉

Tulum 图卢姆

Turrialba 图里亚尔瓦

Tzibana-Mensabak 齐巴纳-门萨巴克遗址

Tzibte Yux 特兹伯特尤克斯岩棚

Uaxactun 乌夏克吞

Ucanal 乌卡纳尔

Ulua 乌卢阿

Usumacinta 乌苏马辛塔河

Utatlan 乌塔特兰

Uxmal 乌斯马尔

Veracruz 韦拉克鲁斯

Wakna 瓦克纳

Xcalumkin 希卡鲁姆金

Xcambo 希坎博

Xcoch 希科赫

Xicallanco 西卡兰科

Xochicalco 霍奇卡尔科

Xocnaceh 霍科纳克

Xotbo 霍特博

Xultun 胡尔通

Xunantunich 苏南图尼奇

Yaxchilan 亚斯奇兰

Yaxha 亚萨哈

Yaxuna 亚述那

Yucatan 尤卡坦

Zacpeten 扎克佩滕

Zuywa 祖瓦

专有名词

Adelantado 阿德兰塔多（先驱者）

aguadas 阿瓜达斯（水潭）

ah tz'ib 书写员

Aj 1 K'in K'ahk 第一太阳火大人

aj ix'im 卖玉米粒的人

aj kakaw 巧克力饮料

Aj Pakal Than 阿赫·巴加尔·塔恩

aj tz'am 卖盐的人

ak 野猪

Ak'ab Tz'ib 阿卡布茨比（黑暗文字宫）

aluxob 阿鲁克索（矮人）

Arenal 阿雷纳尔时期

atan 妻子

atole 玉米粥

Aztec 阿兹特克帝国

baah 身体、肖像、袖珍囊地鼠

baak 骨器

Baaknal Chahk 巴克纳·恰克

bajos 巴霍斯（湿地）

bakab 大地之首

balam 巴兰（美洲豹）

Balamku 巴兰库洞

balamob 巴拉莫布神

Balankanche 巴兰坎切地下洞穴

Barra phase 巴拉时期

batabob 巴塔布

Beringia 白令陆桥

Bird Jaguar 鸟·美洲豹（人名）

Butz' Chan 布兹·禅

Calendar Round 历法循环

Cenote/tz'onot 天然井

ch'ulel 天性

Ch'aa'-chaak 查恰克仪式

Chaakob 查科布（雨神）

chacmool 查克穆尔

Chahk 恰克

chak ch'ok 重要的王室青年

Chak Tok Ich'aak I 查克·托克·伊查克一世（美洲虎爪一世）

Chak Xib Chak 查克·西布·查克

Chakan Putun 恰坎·普顿

Chantuto 尚图托人

Cherokee syllabary 切罗基文字

Chicanel 奇卡内尔文化

Chichimec 奇奇梅克人

chih、pulque 契、普奎（一种龙舌兰酒）

Chiik Nahb 奇克纳比建筑群

chij 鹿、马

Chilam 契兰

ch'ok 王室青年

Ch'ol 乔尔语（人）

Ch'olan 乔尔兰语（人）

Ch'olan-Tseltalan 乔尔兰-泽套兰语

Ch'olti' 奇欧蒂语（人）

Chontal 琼塔尔语（人）

Ch'orti' 奇奥蒂语（人）

Chuj 祖赫语（人）

chultun 楚尔敦（地下蓄水池）

Ciudadela 希乌达德拉（城堡）

Classic Ch'olti'an 古典奇欧蒂安语

Classic 古典期

Climatic Optimum 气候最宜期

Clovis 克洛维斯文化（人）

Codz Pop Palace（Kotz' Po'op）科德兹波普宫

cofradía 兄弟会

Cotzumalhuapa 科特苏马尔瓜帕

Dance Platform 舞蹈平台

Danta pyramid 丹塔金字塔

dendrochronology 树轮年代学

Ecab 伊卡布省

E-group E群模式

Ejido 埃基多农场

Ek' Chuwah 埃克楚瓦（黑神）

Emblem Glyph 徽章字符

encomienda 监护征赋制

Epi-Olmec script 伊皮奥尔梅克文

Esperanza 埃斯佩兰萨文化

florero 弗洛雷罗陶瓶

G1 1号神

Governor's Palace 总督宫

Gran Museo del Mundo Maya 玛雅世界大博物馆

hachas 阿查（球场标记物）

halach winik 哈拉赫·温尼克（真男人）

Hidatsa 希多特萨人

hmeen 赫明（祭司）

holkanob 霍尔卡诺布（勇士）

House of the Magician 巫师宫

House of the Turtles 海龟宫

Huastec 瓦斯特克语（人）

huipil 惠皮尔（套头连衣裙）

Hun Batz 胡·巴茨

Hun Chuwen 胡·丘文

Hunac Ceel 乌纳克·基尔

Hunahpu 乌纳普

Ik' 风

ikat 伊卡特

Initial Series Group 初始系列建
筑群

Inuit 因纽特人

Isthmian script 地峡文

Itzaj 伊萨语（人）

Itzam 伊察姆（神）

Ixil 伊西尔语（人）

Ixim 伊西姆

Izapan 伊萨帕

Jasaw Chan K'awiil 贾索·查
恩·克阿维尔

Jester God 小丑神

juhtaj 锯开

Juun Ajaw 胡恩·阿乔

K'ahk' Joplaj Chan K'awiil 卡克
霍普拉赫

K'ahk' Tiliw Chan Yopaat 卡克
天（炽焰天空闪电神）

K'ahk' Yipyaj Chan K'awiil 卡克
易普亚

K'inich Ajaw 太阳神

K'ahk' Nahb 狂暴之池

k'ahk' 火

K'ahk'upakal K'awiil 卡库帕卡
尔·克阿维尔

K'ahk'upakal K'awiil 炽热的克
阿维尔之盾

ka-ka-w(a) 可可

Kan Bahlam II 坎·巴兰二世
（蛇·美洲豹二世）

Kan Ek' 坎·埃克（天空·美
洲豹）

K'an Joy Chitam 坎·霍伊·
奇坦

Kanek' 卡内克

Kanul 卡努尔（守卫），墨西哥

雇佣兵

Kaqchikel 喀克其奎语（人）

Kawek 卡韦克家族

k'eyen 克耶（水和酸面团的混
合物）

K'iche' 基切语（人）

k'in 太阳

K'inchil 伟大的太阳之地

K'inich Ahkal Mo' Nahb III 基尼
奇·阿卡尔·莫纳布三世

K'inich Janahb Pakal 基尼奇·哈
纳布·巴加尔（巴加尔大王）

K'inich K'uk' Bahlam II 基尼奇·
库克·巴兰二世

K'inich Yax K'uk' Mo' 亚克库毛
（像太阳一样的绿咬鹃-金刚
鹦鹉）

k'iwik 市场

Kokaaj Bahlam II 科卡赫·巴兰
二世（盾牌·美洲豹大王）

Kooj 美洲狮

Kowoj 科沃赫人

Kuhpaj 切开

K'uk'ulkan 库库尔坎，羽蛇神

K'unk'u-chaak 坤库·恰克

Kupoom Yohl Ahiin 库伯姆·约
勒·阿因（鳄鱼之心的献祭者）

Lacandon 拉坎敦人

Ladinos 拉迪诺人

lak 盘子

Las Pinturas "拉斯平图拉斯"
金字塔

Linear B 线性文字B

Locona phase 罗科纳时期

Long Count 长纪历

Lowe Point 劳氏尖状器

Machaquila 马查基拉

Maestro Cantor 康托尔大师（唱
诗班指挥）

Mam 马姆语（人）

mam 祖先

Mamean 马姆安语支

mano 手磨

Maximón 马克西蒙

may 烟草

Mesoamerica 中部美洲

milpa 米勒巴（玉米田）

Mixe-Zoquean 米些-索克语

Mixtecs 米斯特克文化

Moche 莫切人

Mocho' 莫丘语（人）

Monte Alto Red 蒙特阿尔托红陶

Montículo de la Culebra 蛇之山

Mopan 莫潘语（人）

Mundo Perdido "失落世界"建
筑群

Museo Ixchel 伊希切尔博物馆

Museo Miraflores 米拉弗洛雷斯
博物馆

NAFTA 北美自由贸易协定

Naj Tunich 纳赫图尼西洞穴

Nahuatl 纳瓦特尔语

nakom 纳科姆

Nawat 纳瓦特语

New World Archaeological Foundation
新世界考古基金会

Nunnery Quadrangle 四方修女院

Ocosingo 奥科辛哥

Ocós phase 奥科斯时期

Olmec 奥尔梅克文明

Osario pyramid 奥萨里奥金字塔

Pakal the Great 巴加尔大王

Palacio Cantón 坎顿宫

Palenque Triad 帕伦克三位一体
建筑群

Paleoindian 古印第安人

Paso de la Amada 帕索德拉阿
玛达

phytolith 植硅体

pibnal 汗蒸浴

Pipil 匹普语（人）

planadas 普拉纳达（一种肥沃的土壤）

pom 珀姆（香脂油）

Poptun 波普敦

Poqomam 波库马姆国

Postclassic 后古典期

Preclassic 前古典期

pre-Mamom phase 前马蒙时期

prestige language 强势语言

Principal Bird Deity 主鸟神

ProtoMayan 祖玛雅语

Pueblo 普韦布洛文化

Putun 普顿

Q'anjob'al 坎合巴语（人）

Q'eqchi' 凯克其语（人）

Quetzalcoatl 魁札尔科亚特尔（羽蛇神）

Q'ukumatz 古祖马兹（神）

Rastrojón complex 拉斯特罗洪建筑群

Riviera Maya 里维埃拉玛雅

Sacred Cenote 献祭之井

Sak Tz'I' 白狗

saka' 萨卡

sakbih（sakbe）白色之路

Satunsat 萨顿萨特建筑

Shield Jaguar 盾牌·美洲豹

Short Count 短纪历

Sihyaj Chan K'awiil II 西亚赫·查恩·克阿维尔二世（生于天空的克阿维尔）

Sihyaj K'ahk' 西亚赫·卡克（"火之诞生"或"生于烈火"）

Smithsonian 史密森尼学会

sna 斯纳（当地父系家族）

Spearthrower Owl 掷矛者猫头鹰

Sun God's Tomb 太阳神之墓

taaj 匕首

talud-tablero 塔卢德–塔佩罗

Tahcobo 塔科博

Tantun 坦顿人

Tapa-chultec 塔帕–丘尔特克语

Tarascans 塔拉斯坎王国

Teenek 提奈克语（人）

Temple of the Chacmool 查克穆尔神庙

Temple of the Hieroglyphic Stairway 文字阶梯神庙

Temple of the Jaguars 美洲豹神庙

Temple of the Warriors 武士神庙

Temple of Tojil 托希尔神庙

teosinte 大刍草

Tepew 特佩乌（神）

Terminal Classic 古典期终期

Tezcatlipoca 特斯卡特利波卡

Tuxtla Gutierrez 图斯特拉·古铁雷斯

the Zona Arqueológica Kaminaljuyu project（ZAK）卡米纳胡尤佐纳考古项目

Tigre pyramid 蒂格雷金字塔

Tikal Futuro skyscraper 蒂卡尔富图罗大厦

Tlaloc 特拉洛克（雨神）

Tlapallan 红色之地

Tojol-ab'al 托霍拉瓦尔语（人）

Toltec 托尔特克文明

Toltecs 托尔特克人

Topiltzin 托皮尔岑

tortilla 托尔提亚（玉米薄饼）

Tripsacum 摩擦禾属植物

Tseltal 泽套语（人）

Tseltalan 泽套兰语（人）

tsimin 貘、马

Tsotsil 索西语（人）

tuun 石头

tuup 耳饰

Tuxtla 图斯特拉雕像

Tzakol 扎卡尔文化

tzolk'in 卓尔金历

Tzompantli 头骨架

Tz'utujil 苏都伊语（人）

u hanli kol 玉米田晚餐

uch 负鼠

Uir phase 乌尔时期

Ukit Kan Lehk 乌基特·坎·托克

Universidad Francisco Marroquín 弗朗西斯科·马罗昆大学

URNG 危地马拉全国革命联盟

Uukil-abnal 乌基尔–阿布纳尔

Vague Year 不定年

Vaxak 瓦萨克神

Verbena 韦尔贝纳时期

Villahermosa 比亚埃尔莫萨

waaj、tamale 瓦赫、塔马利（玉米粉蒸肉）

Wajxaqib Batz' 8猴盛典

War of the Castes 阶级战争

Wat'ul K'atel 瓦图尔·卡泰尔

Waxaklahun Ubaah K'awiil 瓦沙克拉胡恩（十八兔）

Wayeb 瓦耶伯（不吉利的日子）

wayib 沉睡之地

West Kaloomte' 西面的至高王

winik 人

wo 沃（青蛙）

Wuqub Kaquix 维科布·卡库伊科斯（七鹦鹉）

Xbalanque 斯巴兰克

Xinka 辛卡语（人）

Xipe Totec 西佩托堤克（春神）

Yajaw Chan Muwaan 雅乔·查恩·穆瓦恩

Yajaw K'ahk' 火祭司（火之主人）　潘（破晓天空闪电神一世）　三世

yajaw ti'il 门廊之主

Yax Ehb Xook 雅克斯·埃赫布索克（"第一阶梯"或"第一平台鲨"）

yax 雅克斯（蓝绿色）　　　Yucatec Maya 尤卡坦玛雅语

yaxte' 木棉树　　　　　　Yukatekan 尤卡特坎语

ye'tuun 刀　　　　　　　yuklaj kab 摇晃的大地

Yich'aak K'ahk' 伊查克（火爪）　Yuknoom the Great 尤克努姆大王

Yax Nuun Ahiin 雅克斯·努恩阿因一世（第一鳄鱼）

Yik'in Chan K'waiil 伊克金·查恩·克阿维尔　Zapotec 萨波特克人

zaztun 扎兹敦（水晶）

Yax Pahsaj Chan Yopaat 雅克斯　Yo'nal Ahk III 约纳尔·阿克　Zoquean 索克语（人）